NOVA LEI DE LICITAÇÕES SOB A ÓTICA DA ADVOCACIA PÚBLICA
REFLEXÕES TEMÁTICAS

JULIANA PEREIRA DINIZ PRUDENTE
FÁBIO ANDRADE MEDEIROS
IVANILDO SILVA DA COSTA

Coordenadores

NOVA LEI DE LICITAÇÕES SOB A ÓTICA DA ADVOCACIA PÚBLICA

REFLEXÕES TEMÁTICAS

Belo Horizonte

FÓRUM
CONHECIMENTO JURÍDICO

2022

© 2022 Editora Fórum Ltda.

É proibida a reprodução total ou parcial desta obra, por qualquer meio eletrônico, inclusive por processos xerográficos, sem autorização expressa do Editor.

Conselho Editorial

Adilson Abreu Dallari
Alécia Paolucci Nogueira Bicalho
Alexandre Coutinho Pagliarini
André Ramos Tavares
Carlos Ayres Britto
Carlos Mário da Silva Velloso
Cármen Lúcia Antunes Rocha
Cesar Augusto Guimarães Pereira
Clovis Beznos
Cristiana Fortini
Dinorá Adelaide Musetti Grotti
Diogo de Figueiredo Moreira Neto (*in memoriam*)
Egon Bockmann Moreira
Emerson Gabardo
Fabrício Motta
Fernando Rossi
Flávio Henrique Unes Pereira
Floriano de Azevedo Marques Neto
Gustavo Justino de Oliveira
Inês Virgínia Prado Soares
Jorge Ulisses Jacoby Fernandes
Juarez Freitas
Luciano Ferraz
Lúcio Delfino
Marcia Carla Pereira Ribeiro
Márcio Cammarosano
Marcos Ehrhardt Jr.
Maria Sylvia Zanella Di Pietro
Ney José de Freitas
Oswaldo Othon de Pontes Saraiva Filho
Paulo Modesto
Romeu Felipe Bacellar Filho
Sérgio Guerra
Walber de Moura Agra

FÓRUM
CONHECIMENTO JURÍDICO

Luís Cláudio Rodrigues Ferreira
Presidente e Editor

Coordenação editorial: Leonardo Eustáquio Siqueira Araújo
Aline Sobreira de Oliveira

Rua Paulo Ribeiro Bastos, 211 – Jardim Atlântico – CEP 31710-430
Belo Horizonte – Minas Gerais – Tel.: (31) 2121.4900
www.editoraforum.com.br – editoraforum@editoraforum.com.br

Técnica. Empenho. Zelo. Esses foram alguns dos cuidados aplicados na edição desta obra. No entanto, podem ocorrer erros de impressão, digitação ou mesmo restar alguma dúvida conceitual. Caso se constate algo assim, solicitamos a gentileza de nos comunicar através do *e-mail* editorial@editoraforum.com.br para que possamos esclarecer, no que couber. A sua contribuição é muito importante para mantermos a excelência editorial. A Editora Fórum agradece a sua contribuição.

Dados Internacionais de Catalogação na Publicação (CIP) de acordo com ISBD

P971n   Prudente, Juliana Pereira Diniz

           Nova Lei de Licitações sob a ótica da Advocacia Pública: reflexões temáticas / Juliana Pereira Diniz Prudente, Fábio Andrade Medeiros, Ivanildo Silva da Costa. - Belo Horizonte : Fórum, 2022.
           220p. ; 14,5cm x 21,5cm.

           Inclui bibliografia.
           ISBN: 978-65-5518-381-8

           1. Direito. 2. Direito Administrativo. 3. Direito Público. 4. Licitações. 5. Contratos Administrativos. I. Medeiros, Fábio Andrade. II. Costa, Ivanildo Silva da. III. Título.
                                                                        CDD 341.3
2022-1123   CDU 342.9

Elaborado por Vagner Rodolfo da Silva - CRB-8/9410

Informação bibliográfica deste livro, conforme a NBR 6023:2018 da Associação Brasileira de Normas Técnicas (ABNT):

PRUDENTE, Juliana Pereira Diniz; MEDEIROS, Fábio Andrade; COSTA, Ivanildo Silva da. *Nova Lei de Licitações sob a ótica da Advocacia Pública*: reflexões temáticas. Belo Horizonte: Fórum, 2022. 220p. ISBN 978-65-5518-381-8.

A todos os Procuradores do Estado que exercem com louvor o trabalho de defesa do erário, seja na atuação judicial, seja na orientação aos gestores públicos, contribuindo assim com o aprimoramento da administração pública e, por consequência, das políticas públicas desenvolvidas em prol da sociedade.

Aos Procuradores do Estado que, não obstante a lida diária, dedicaram tempo para elaboração dos artigos que compõem a presente obra.

SUMÁRIO

O CONTROLE EXTERNO EXERCIDO PELA CORTE DE CONTAS E O TEMOR DO GESTOR EM DECIDIR: AS LIMITAÇÕES CONSTANTES NA NOVA LEI DE LICITAÇÕES E CONTRATOS PARA UMA ADMINISTRAÇÃO PÚBLICA INOVADORA E NÃO PARALISANTE

Vanessa de Mesquita e Sá...17

1	Introdução 17
2	O contexto normativo-institucional do controle externo exercido pelo Tribunal de Contas..19
3	O avanço dos órgãos de controle na análise dos atos e decisões afetas ao gestor público: os excessos do controle sobre o administrador público 26
4	O Direito Administrativo do inimigo e a cultura do medo no gestor público 33
5	As limitações constantes na Nova Lei de Licitações e Contratos para uma Administração Pública inovadora e não paralisante..........39
5	Considerações finais..56
	Referências...56

A NOVA LEI DE LICITAÇÕES E CONTRATAÇÕES PÚBLICAS E O EXAME DA SUA APLICAÇÃO ÀS PARCERIAS CONTRATUAIS DO ESTADO COM AS *STARTUPS*

Jasson Hibner Amaral, Iuri Carlyle do Amaral Madruga, Horácio Augusto Mendes De Sousa 61

1	Introdução..61
2	As licitações e contratações públicas de *startups* no Direito brasileiro...63
3	Exame da aplicabilidade jurídica da Lei nº 14.133/2021 às licitações e contratos públicos do Estado com as *startups*...................72
4	Considerações finais..75
	Referências...76

CONTRATAÇÃO DIRETA E A DEVIDA INSTRUÇÃO PROCESSUAL DE ACORDO COM A NOVA LEI DE LICITAÇÕES E CONTRATOS ADMINISTRATIVOS

Anderson Sant'ana Pedra 79
1 Introdução 79
2 Necessidade de um procedimento administrativo simplificado 81
2.1 Utilização de um procedimento competitivo simplificado (*express*)...82
3 Contratação direta e o receio de sua utilização: necessidade de maximizar a eficiência da contratação direta 84
4 Requisitos necessários para a devida instrução para a contratação direta 86
4.1 Fase preparatória 86
4.2 Estimativa de despesa 87
4.3 Pareceres e o princípio da motivação 89
4.3.1 Enquadramento legal e fundamentação subsidiária 90
4.3.2 Análise pela assessoria jurídica 90
4.4 Recurso orçamentário 92
4.5 Comprovação dos requisitos mínimos de qualificação 92
4.6 Razão de escolha 93
4.7 Justificativa de preço 93
4.8 Autorização 94
4.9 Divulgação da contratação direta 95
5 Considerações finais 96
Referência 96

REAJUSTE, REPACTUAÇÃO E RESTABELECIMENTO NA NOVA LEI DE LICITAÇÕES E CONTRATOS ADMINISTRATIVOS

Pericles Ferreira De Almeida 99
1 Introdução 99
2 Reajuste 100
3 Repactuação 104
4 Restabelecimento (repartição de riscos) 108
5 Extinção do direito ao reajuste, repactuação e restabelecimento (preclusão) 113
6 Conclusão 115
Referências 115

O VALOR PREVIAMENTE ESTIMADO DA CONTRATAÇÃO E SUA FUNÇÃO NA FASE DE JULGAMENTO DA PROPOSTA À LUZ DA LEI FEDERAL Nº 14.133/2021

André Lopes Carvalho, Rafael Koehler Sanson 119

1	Introdução	119
2	A indefinição do legislador ao conceituar o valor previamente estimado da contratação	121
3	A formação do valor previamente estimado da contratação	123
4	O valor previamente estimado da contratação na fase de julgamento	131
5	Da conclusão	137
	Referência	138

ESTIMATIVA DO VALOR DAS CONTRATAÇÕES NA LEI Nº 14.133: COMPRAS E SERVIÇOS EM GERAL

Kunibert Kolb Neto 139

1	Introdução	139
2	O planejamento das contratações na Lei Federal nº 14.133	140
2.1	A importância do planejamento na nova Lei de Licitações	140
2.2	O planejamento global e específico das contratações	142
3	A estimativa do valor da contratação	142
3.1	O momento da elaboração da estimativa do valor da contratação ..	143
3.2	O regime legal geral da estimação do valor das contratações públicas	144
3.3	Possibilidade de regulamentação diferenciada pelos Estados, Distrito Federal e Municípios	146
3.4	A atualidade do orçamento	146
4	A estimativa do valor da contratação nos processos de aquisição de bens e contratação de serviços em geral	146
4.1	Melhor preço ao invés de menor preço	147
4.2	Utilização dos parâmetros de forma combinada ou não	147
4.3	Preços constantes do Portal Nacional de Contratações Públicas	149
4.4	Preços de outras contratações da Administração Pública	149
4.5	Dados de pesquisas publicadas em mídia especializada, de tabelas de referência aprovadas pelo Poder Executivo Federal e de *sites* especializados ou de domínio amplo	150
4.6	Pesquisa junto a fornecedores	151
4.7	Pesquisa na base nacional de notas fiscais eletrônicas	153

5	A estimativa do valor da contratação nos processos de contratação direta	153
6	O sigilo do valor estimado	153
7	Considerações finais	155
	Referências	156

O MÉTODO SISTÊMICO ADOTADO PELO ESTADO DO PARANÁ PARA A CONSTRUÇÃO DO REGULAMENTO DA LEI Nº 14.133/2021

Hamilton Bonatto 159

I	Introdução	159
II	O pensamento sistêmico	162
III	O conteúdo do regulamento	166
IV	A edição do regulamento e as normas gerais	170
V	A regulamentação de lei pelo método sistêmico	173
VI	A opção metodológica do Estado do Paraná para a construção do regulamento da Lei nº 14.133/2021	175
VII	Considerações finais	177
	Referências	179

BREVES NOTAS SOBRE A PREVISÃO DOS MÉTODOS CONSENSUAIS DE RESOLUÇÃO DE CONFLITOS NA LEI Nº 14.133/2021 (ARTS. 151 A 154)

Heloysa Simonetti Teixeira 181

Introdução 181
Dos meios alternativos de resolução de conflitos (art. 151) 185
Instrumentos previstos e características 187
Conciliação e mediação 188
Dispute Board 189
Arbitragem 191
Arbitragem de direito 192
Princípio da publicidade 193
Entendimento do Tribunal de Contas da União – TCU 194
Entendimento do Superior Tribunal de Justiça – STJ 195
Aditivo para incluir meios alternativos de resolução de conflitos no contrato 195
Processo de escolha dos árbitros e dos membros dos comitês de disputas. Observância à isonomia 196

Conclusão 199
Referências 199

A PROMOÇÃO DA DESAPROPRIAÇÃO PELO CONTRATADO PRIVADO NA NOVA LEI DE LICITAÇÕES – LEI Nº 14.133/2021
Andre Luiz Dos Santos Nakamura 203
    Introdução 203
1   Ampliação do rol de legitimados à promoção de desapropriações 203
2   Procedimento da desapropriação no âmbito da Lei nº 14.133/2021 206
3   Necessidade de demonstração da vantajosidade da escolha pela promoção da desapropriação pelo contratado 210
4   Possíveis vantagens na promoção da desapropriação pelo contratado privado 213
5   A ideologia do Estado mínimo e a falácia da ineficácia da atuação dos agentes públicos: os verdadeiros entraves ao rápido andamento das desapropriações que não serão solucionados pela promoção da desapropriação pelo contratado privado 214
    Conclusões 216
    Referências 217

SOBRE OS AUTORES 219

A presente obra é fruto de parceria entre a Editora Fórum e o Colégio Nacional de Procuradores-Gerais dos Estados e Distrito Federal (CONPEG). A ideia é apresentar à comunidade jurídica a percepção da Advocacia Pública a respeito da Nova Lei de Licitações (Lei Federal nº 14.133/2021), norma tão utilizada no cotidiano das Procuradorias dos Estados e Distrito Federal.

O CONTROLE EXTERNO EXERCIDO PELA CORTE DE CONTAS E O TEMOR DO GESTOR EM DECIDIR: AS LIMITAÇÕES CONSTANTES NA NOVA LEI DE LICITAÇÕES E CONTRATOS PARA UMA ADMINISTRAÇÃO PÚBLICA INOVADORA E NÃO PARALISANTE

VANESSA DE MESQUITA E SÁ

1 Introdução

Num Estado Democrático de Direito e regime republicano, o controle da Administração Pública é uma atividade inerente até em razão do fato de aquela existir para o fim de atender certa finalidade pública.

Com o advento da Emenda Constitucional nº 19/1998, passou-se a exigir que a ação administrativa seja eficiente e eficaz, havendo, portanto, uma cobrança constitucional para a concretização desses primados, o que não significa exercício de um controle extremado de modo a comprometer a boa gestão, partindo-se da premissa de que os gestores púbicos, em princípio, são suspeitos de alguma coisa.

Hodiernamente, tem-se deparado com atividade controlada transpondo as delimitações previstas nas Constituição Federal e legislações, adentrando-se, inclusive, na forma de implementação de determinada formatação contratual. Considerar o gestor público como mero "braço mecânico" das leis e das recomendações/determinações ditadas pelo Tribunal de Contas importa em reduzir o papel de relevância desenvolvido pelo administrador, que também é fonte de criação de normas.

Em virtude de controle disfuncional, o gestor público, quando da tomada de decisão, despende mais tempo para a sua prolação ou acaba por contratar nos moldes do que já fora aprovado pelo órgão de controle externo, preocupando-se mais com o fato de não ser responsabilizado em razão de sua atuação e, assim, colocando em risco o interesse primário perseguido pela atividade administrativa ante a paralisia organizacional ou a execução tardia da atividade-fim da Administração Pública.

Constatado o menor erro possível, ainda que no plano da hermenêutica, há imposição de penalização ao administrador sem que haja qualquer perquirição com relação à sua culpabilidade, aos obstáculos e dificuldades reais e às exigências das políticas públicas a seu cargo na interpretação das normas de gestão pública. Além disso, atos são invalidados e declaração de irregularidades de comportamento a partir da invocação de princípios, sem avaliar as consequências do controle antes da adoção de determinada medida.

Dessa forma, com o presente artigo, objetiva-se demonstrar que esse controle do Tribunal de Contas de forma desordenada e com interferência na competência afeta ao administrador, ao invés de beneficiar, cria a cultura do medo e inibe a atuação mais criativa e propositiva da Administração Pública, o que obsta o gestor de aplicar o Direito da forma que lhe entende mais adequado à necessidade com a qual se depara.

Pretende-se demonstrar que a Lei nº 14.133/2021, seguindo a sistemática incluída na LINDB pela Lei nº 13.655/2018, voltada ao reconhecimento de uma limitação à atividade de controle externo da Corte de Contas, a fim de assegurar o equilíbrio entre o desenvolvimento pleno das atividades pelos gestores e a necessária responsabilização daqueles que atuam com improbidade, assegurando-se uma maior segurança ao gestor público honesto e combatendo-se, por conseguinte, a paralisia decisória na esfera pública.

2 O contexto normativo-institucional do controle externo exercido pelo Tribunal de Contas

Por muito tempo, os Tribunais de Contas exerciam funções de meros autorizadores burocráticos das despesas,[1] o que fez predominar, no âmbito doutrinário, a ideia de que o controle externo da Administração Pública necessitava ser fortalecido institucionalmente, para fins de conferir-lhe as prerrogativas e os instrumentos necessários a uma fiscalização para além do aspecto da legalidade da despesa realizada.

O controle formal era visto como não dotado de capacidade para melhorar, de forma satisfatória, a qualidade da ação administrativa, por focar tão somente nas falhas, a partir do momento em que se concentra na verificação da regularidade da conduta do gestor público à luz do ordenamento jurídico, exercendo, assim, uma supervisão de forma limitada.

Com a Constituição Federal de 1988, passou a prever uma nova estrutura jurídico-institucional aos órgãos de controle externo, já que, além de se voltar ao exame da legalidade, da legitimidade e economicidade dos atos dos gestores públicos, incide sobre as esferas contábil, financeira, orçamentária, operacional e patrimonial.

Valendo-se do escólio de Willeman,[2] as fiscalizações contábil, financeira, orçamentária e patrimonial referem-se ao controle historicamente desenvolvido e praticado no Brasil, por meio do qual se realiza o exame de conformidade da atuação administrativa (ou seja, atendimento às exigências legais e regulamentares), integrando o que a literatura especializada identifica por *compliance accountability*.[3] Assim, ao centrar-se na verificação da regularidade do comportamento do gestor

---

[1] GODINHO, Heloísa Helena Antonacio M. Controle externo das licitações e a Lei nº 14.133/2021. *In*: CARVALHO, Matheus; BELÉM, Bruno; TORRES, Ronny Charles L. de. *Temas controversos da nova Lei de Licitações e Contratos*. Salvador: Juspodivm, 2021, p. 198.

[2] WILLEMAN, Marianna Montebello. *Accountability democrática e o desenho institucional dos tribunais de contas no Brasil*. 2. ed. Belo Horizonte: Fórum, 2020, p. 279-280.

[3] A referida doutrinadora sustenta que por meio desse controle busca-se examinar e avaliar a gestão pública financeira a partir dos seguintes elementos informadores: (i) regularidade material/patrimonial, entendida como a salvaguarda da integridade física dos bens que conformam o patrimônio público; (ii) regularidade legal, que afere o cumprimento da normatividade financeira e administrativa aplicável aos procedimentos de gestão dos recursos públicos; (iii) regularidade contábil, que incide sobre o adequado reflexo da situação patrimonial e financeira do Estado nas contas anuais e na execução orçamentária; e (iv) regularidade econômica, aferindo se as operações e a gestão administrativa são realizadas de acordo com critérios de racionalidade econômica (WILLEMAN, Marianna Montebello. *Accountability democrática e o desenho institucional dos tribunais de contas no Brasil*. 2. ed. Belo Horizonte: Fórum, 2020, p. 280).

público à luz das normas financeiras, contábeis, procedimentais, dentre outras, o referido controle valoriza as consequências sancionatórias decorrentes dos erros e das irregularidades identificadas.

Com a fiscalização operacional busca-se a eficiência administrativa, por meio da maximização quantitativa e qualitativa dos resultados, com minimização dos dispêndios, instrumentalizando a chamada *accountability de performance*. Esse controle tem como objetivo identificar os fatores e as circunstâncias que estejam prejudicando o desempenho da Administração Pública, comprometendo-se, assim, os resultados legitimamente esperados pelos destinatários dos programas governamentais a serem alcançados. Ao priorizar a lógica colaborativa e de cooperação, promovendo-se a avaliação sistemática do desempenho dos programas, projetos e atividades governamentais, esse controle valoriza, nas precisas palavras de Willeman, "a busca pelo bom e satisfatório desempenho através do incremento de medidas cooperativas que tornam os atores do ciclo de *accountability* aliados e parceiros".[4]

O Tribunal de Contas (TC) fora enumerado constitucionalmente como órgão responsável pela execução do controle externo, atuando com independência em relação aos demais órgãos dos demais poderes e possuindo autonomia funcional, administrativa, financeira, orçamentária e patrimonial. Nas precisas palavras de Mileski, a Corte de Contas assume:

> [...] um lugar de destaque na estrutura orgânica do Estado, revelando-se como um órgão de função constitucional subordinante, com atuação autônoma e independente dos demais poderes, cuja atividade de fiscalização está dirigida para o interesse público, no sentido de fazer com que os atos dos gestores do Estado sejam praticados sempre em favor do cidadão e da sociedade, com atendimento dos princípios da legalidade, legitimidade e economicidade.[5]

A partir do disposto nos arts. 70 e 71, da CF, e da Lei Complementar nº 101/2000, Medauar leciona que:

> As principais atribuições do Tribunal de Contas são as seguintes: a) dar parecer prévio sobre as contas prestadas anualmente pelo Chefe do Executivo; b) exercer auditoria financeira, orçamentária, contábil,

---

[4] WILLEMAN, Marianna Montebello. *Accountability democrática e o desenho institucional dos tribunais de contas no Brasil*. 2. ed. Belo Horizonte: Fórum, 2020, p. 282.

[5] MILESKI, Hélio Saul. Tribunal de Contas: Evolução, natureza, funções e perspectivas futuras. *Revista Interesse Público*, Belo Horizonte, n. 45, p. 257-279, set./out. 2007, p. 267-268.

operacional e patrimonial sobre os entes controlados; c) apreciar as contas dos administradores e demais responsáveis por bens e valores públicos; d) apreciar, para fins de registro, a legalidade dos atos de admissão de pessoal e das concessões de aposentadorias, reformas e pensões; apreciar a legalidade das licitações e contratos; tomar providências ante a verificação de ilegalidades.
[..]
Nos termos da Lei de Responsabilidade Fiscal – LC 101/2000 – cabe ainda aos Tribunais de Contas: I – fiscalizar o cumprimento das normas desta Lei; II – alertar os poderes e órgãos quanto a uma série de deveres aí impostos, inclusive se o montante de gasto de pessoal ultrapassar os limites fixados, se houver fatos comprometedores de custos ou resultados de programas e se existirem indícios de irregularidades na gestão orçamentária; III – verificar os cálculos dos limites de despesa com pessoal de cada Poder e órgão; IV – processar e julgar os agentes estatais quanto às infrações administrativas previstas no art. 5º da Lei 10.028, de 19.10.2000.[6]

A atuação dos TCs é de extrema importância, uma vez que o efetivo controle das ações executadas pelo Executivo está intimamente relacionado à legitimidade democrática, haja vista que a proteção dos direitos e garantias fundamentais depende do controle do Estado e dos atos praticados por seus agentes, motivo pelo qual o ordenamento jurídico os apresenta como instituições essencialmente democráticas, inerentes ao Estado Democrático de Direito.[7]

Nas precisas palavras de Marques Neto, "uma adequada e eficiente estrutura de controle (em todas as suas dimensões) é pressuposto para a boa administração, o que em última instância constitui direito de todo administrado".[8]

---

[6] MEDAUAR, Odete. *Direito administrativo moderno*. 18. ed. rev. e atual. São Paulo: Revista dos Tribunais, 2014, p. 441-442.

[7] O Supremo Tribunal Federal, em sede de Mandado de Segurança nº 22.240-DF (rel. Min. Luiz Fux), ressaltou que as Cortes de Contas, com o advento da Constituição Federal de 1988, passaram a exercer um "autêntico controle de legitimidade, economicidade e de eficiência", já que aferem "a compatibilidade dos atos praticados por aqueles que são controlados com a plenitude do ordenamento jurídico, em especial com a moralidade, eficiência, proporcionalidade". Dessa forma, "[d]eixaram de configurar meros órgãos auxiliares do Poder Legislativo, ou seja, passaram de 'ser órgão do parlamento para tornar-se da sociedade', assumindo a figura de 'um dos principais instrumentos republicanos destinados à concretização da democracia e dos direitos fundamentais, na medida em que o controle do emprego de recursos públicos propicia, em larga escala, justiça e igualdade'".

[8] MARQUES NETO, Floriano de Azevedo. Os grandes desafios do controle da Administração Pública. *Fórum de Contratação e Gestão Pública – FCGP*, Belo Horizonte, ano 9, n. 100, abr. 2010.

Dessa forma, não restam dúvidas de que o controle dos atos e decisões administrativas é algo imprescindível e inevitável para a construção de instrumentos eficazes para inibir condutas arbitrárias, ímprobas e ilegais, assim como para fiscalizar as ações do gestor do interesse coletivo. Todavia, o seu exercício deve-se dar de forma coordenada para fins de não gerar efeitos colaterais indesejáveis mediante a implementação de uma cultura pelo excesso de controle e de sobreposição de fiscalização, já que, como admoesta Guimarães, não se deve prestigiar "um equipamento essencialmente burocrático de controle, desprezando-se seus aspectos finalísticos".[9]

O sistema de controle externo no Brasil é, como bem delineado por Dionísio,[10] valendo-se do escólio de Thomas Schillemans e Mark Bovens, um exemplo típico de *multiple accountability*, ante a existência de multiplicidade de órgãos e entidades com competências, muitas vezes, sobrepostas para a fiscalização de diversos atos praticados na seara administrativa.

Esse fato também é destacado por Marques Neto[11] ao ressaltar a fragmentação do quadro normativo e institucional da atividade de controle, de modo com que as competências são exercidas de maneira randômica e sobreposta, hipótese em que deixou delineado que nem sempre a multiplicidade de controles gera eficiência, podendo, inclusive, com esse excesso e sobreposição, constituir entrave ao bom funcionamento da máquina estatal.

Logo, depara-se com o fato de que o controle externo é exercido envolvendo múltiplas temáticas e, ao mesmo, por mais de um órgão diferente, entre os quais não há um sistema de hierarquia, motivo pelo qual os entendimentos firmados por um determinado agente controlador, como regra, não vinculam os demais.[12]

---

[9] GUIMARÃES, Fernando Vernalha. O Direito Administrativo do Medo: A crise da ineficiência pelo controle. Direito do Estado, Seção Colunistas, *Instituto Brasileiro de Direito Público*, Salvador, n. 71, 31/1/2016. Disponível em: http://www.direitodoestado.com.br/colunistas/fernando-vernalha-guimaraes/o-direito-administrativo-do-medo-a-crise-da-ineficiencia-pelo-controle. Acesso em: 18 fev. 2022.

[10] DIONÍSIO, Pedro de Hollanda. *O direito ao erro do administrador público no Brasil*: Contexto, fundamentos e parâmetros. Rio de Janeiro: GZ Editora, 2019, p. 24.

[11] MARQUES NETO, Floriano de Azevedo. Os grandes desafios do controle da Administração Pública. *Fórum de Contratação e Gestão Pública – FCGP*, Belo Horizonte, ano 9, n. 100, abr. 2010.

[12] Dionísio apresenta que dois são os motivos para essa não vinculação entre os órgãos de controle externo, quais sejam, (i) o reconhecimento pela jurisprudência e doutrina nacionais da relativa independência entre as instâncias cível administrativa e criminal, hipótese em que deixam explicitados que somente no caso de absolvição no âmbito penal por inexistência do fato ou negativa de autoria havia coisa julgada e os órgãos de controle estariam impedidos

Se de um lado a ação administrativa deve ser eficiente e eficaz, até porque, com a Emenda Constitucional nº 19/1998, esses atributos foram eleitos como primado norteador da atividade administrativa, havendo, portanto, uma cobrança constitucional para sua concretização; por outro, não se deve exercer um controle extremado de modo a comprometer a boa gestão, partindo-se da premissa de que os gestores púbicos, em princípio, são suspeitos de alguma coisa.

Como adverte Sundfeld,[13] os problemas na máquina pública brasileira decorrem da "preferência jurídica pelo máximo de rigidez e controle, mesmo comprometendo a gestão pública", quando a "[b]oa gestão pode e deve conviver com limites e controles, mas não com esse maximalismo", já que, "[s]em inverter a prioridade, não há reforma administrativa capaz de destravar a máquina", hipótese em que o novo lema de defesa deve ser "mais sim, menos não; mais ação, menos pressão".

Em razão da existência de multiplicidade de órgãos e entidades voltadas ao controle externo, o primeiro problema que se depreende é a falta de unidade, articulação e coordenação das diversas esferas, para fins de otimização dessa função primordial ao Estado Democrático de Direito.

Como é cediço, o controle público enseja custos econômicos diretos e indiretos, a partir do momento em que há necessidade de se assegurar a manutenção de grandes estruturas governamentais e pagamento de servidores dotados de qualificação para o desempenho deste mister (gasto de ordem econômica direta), além dos voltados à prestação de contas e à adequação das ações da Administração às determinações do agente fiscalizador, já que, para fins de atendimento à decisão dos órgãos de controle, demandam-se tempo e esforço dos agentes públicos, gerando, por si só, despesas ao Estado.

A partir do momento em que há falta de unidade, articulação e coordenação entre os órgãos de controle, segundo Campana,[14] tem-se

---

de responsabilizarem o gestor público; e (ii) autonomia conferida pela Constituição Federal aos principais atores do controle público brasileiro. (DIONÍSIO, Pedro de Hollanda. *O direito ao erro do administrador público no Brasil*: Contexto, fundamentos e parâmetros. Rio de Janeiro: GZ Editora, 2019, p. 24-25).

[13] SUNDFELD, Carlos Ari. Contratação sem licitação para o desenvolvimento institucional (art. 24, XIII da Lei 8.666/1993) – limites e controle. *Revista de Direito Administrativo – RDA*, v. 267, p. 85-108, set./dez. 2014.

[14] CAMPANA, Priscilla de Souza Pestana. A cultura do medo na administração pública e a ineficiência gerada pelo atual sistema de controle. *Revista de Direito*, v. 9, n. 1, p. 189-216, 2017, p. 194-195. Disponível em: https://periodicos.ufv.br/revistadir/article/view/252703892017090107/pdf. Acesso em: 18 fev. 2022.

dispêndio de tempo, recursos humanos, logísticos e financeiros, que contrariam totalmente a lógica racional, sobrecarregando de modo irracional e injustificável a sociedade, quem arcará com os encargos por meio da tributação. Isso em razão do fato de investigarem "de forma isolada os mesmos fatos ao mesmo tempo", apurando-se, muitas das vezes, "as mesmas responsabilidades, o que acaba gerando conflitos entre os próprios controladores, acirrando a competição por maior espaço de atuação" e "destoando da própria economicidade exigida da atuação estatal".

De outro lado, além da despesa apresentada, a sobreposição de diversas instâncias de controle sobre um mesmo ato administrativo enseja outro custo de ordem econômica, ligada à atuação do gestor. Segundo afirma Santos, um dos problemas jurídicos:

> [...] é que a sobreposição de diversas instância de controle sobre um mesmo ato administrativo (controlável pelo TCU, CGU, Ministério Público etc.), fez com que a Administração passasse a dedicar considerável tempo para responder aos questionamentos e processos instaurados por esses órgãos, e, mesmo atendendo a determinação de alguns órgãos de controle, não ter qualquer segurança jurídica em relações aos demais, podendo ocorrer entendimentos contraditórios entre eles.[15]

A falta de uniformidade de entendimento cria um ambiente de insegurança jurídica, já que, como bem delineado por Marques Neto,[16] tem-se "um desenho complexo do arcabouço de controle, mas sem a devida sistematização e definição das atividades desenvolvidas por cada instituição", o que, além de atingir diretamente o gestor, afasta o interesse de particulares em firmar contratos com a Administração Pública ante a possibilidade de terem seus investimentos prejudicados por posições contraditórias daqueles que controlam os ajustes celebrados pela Administração Pública.[17]

---

[15] SANTOS, Rodrigo Valgas dos. *Direito administrativo do medo* [livro eletrônico]: Risco e fuga da responsabilização dos agentes públicos. São Paulo: Thomson Reuters Brasil, 2021.

[16] MARQUES NETO, Floriano de Azevedo. Os grandes desafios do controle da Administração Pública. *Fórum de Contratação e Gestão Pública – FCGP*, Belo Horizonte, ano 9, n. 100, abr. 2010.

[17] Pensa-se num certame licitatório deflagrado pelo Estado para fins de contratação de empresa prestadora de serviço de tratamento de resíduos sólidos de saúde. Além do conhecimento dos regramentos constantes na Lei Nacional de Licitação e nas leis especiais, setoriais, regulatórias e ambientais editadas pelos entes das três esferas da Federação (União, Estado, Municípios/Distrito Federal), que na maioria das vezes não se encontram codificados em texto único, exige-se do gestor o levantamento das determinações, recomendações e orientações expedidas pelos Tribunal de Contas Estadual e Tribunal de Contas da União em casos

Dessa forma, em razão do controle sobreposto entre diversas instâncias, o gestor público, quando da tomada de decisão, despende mais tempo para a sua prolação, preocupando-se mais com o fato de não ser responsabilizado em razão de sua atuação. Por conseguinte, esse modo de agir coloca em risco o interesse primário perseguido pela atividade administrativa, causando ou a paralisia organizacional ou a execução tardia da atividade-fim para atendimento das diversas recomendações e exigências dos órgãos de controle, como será devidamente explanado em tópico próprio.

Isso é muito bem destacado por Santos:

> Essas tensões fizeram com que a Administração Pública brasileira, em vez de tomar suas decisões com base no seu privativo juízo de conveniência e oportunidade, tivesse de curvar-se à opinião e às determinações dos órgãos de controle externo. O principal trunfo para que a burocracia do controle pudesse ter a palavra final sobre qualquer tema é a possibilidade de imposição de pesadas sanções sobre os administradores que não sigam suas determinações.
> É ínsito ao bom controle da Administração Pública que os órgãos dele encarregados possam orientar e mesmo determinar em caso de evidente ilegalidade, que certos atos administrativos sejam ou deixem de ser praticados, sob pena de sanções. A princípio isto nada tem de errado. O problema é que no caso brasileiro estas garantias institucionais trouxeram postura pouco deferencial destes órgãos para com os administradores, pois mesmo decidindo legitimamente, têm de ceder às decisões dos órgãos de controle em face do risco da imposição de sanções.[18]

Ademais, o ordenamento jurídico brasileiro assegurou que o controle externo brasileiro seja realizado em face de primados e conceitos jurídicos indeterminados e flexíveis, sendo possível identificar que, como bem destacado por Santos, "[q]uase qualquer conduta do administrador público pode ser questionada quanto a sua juridicidade, possibilitando a interpretação e aplicação das normas jurídicas nos moldes fixados pelos órgãos de controle".[19]

---

precedentes. Isso porque, na hipótese de ser identificada divergência, será o procedimento licitatório paralisado, colocando em risco todo o cronograma de tramitação do processo de seleção e o ato de contratação, sem se esquecer da sujeição à sanção decorrente dessa constatação.

[18] SANTOS, Rodrigo Valgas dos. *Direito administrativo do medo* [livro eletrônico]: Risco e fuga da responsabilização dos agentes públicos. São Paulo: Thomson Reuters Brasil, 2021.

[19] SANTOS, Rodrigo Valgas dos. *Direito administrativo do medo* [livro eletrônico]: Risco e fuga da responsabilização dos agentes públicos. São Paulo: Thomson Reuters Brasil, 2021.

Como já enfatizado anteriormente, um dos parâmetros de controle é o da legitimidade e da economicidade da ação administrativa o que, por conseguinte, permitiu aos órgãos de controle que passassem a interferir, por meio de conceitos vagos e abrangentes, em matérias antes reservadas à discricionariedade do Executivo, inclusive quanto à decisão de alocação de recursos orçamentários para execução de determinada política pública.

Hodiernamente, constata-se que os normativos que dão sustentabilidade ao controle externo encontram-se marcados pela indeterminação dos dispositivos legais. Diante dessa vagueza e amplitude dos diplomas legais, o controlador acaba se valendo desse cenário e define, na prática, o significado dos conceitos jurídicos indeterminados, hipótese em que o gestor público, caso não siga o entendimento firmado pelo órgão de controle, tem grande probabilidade de sofrer imposição de alguma penalidade. Ademais, como bem destacado anteriormente, o controle externo é desempenhado por múltiplos e independentes órgãos, sobre os quais não há uma hierarquia para fins de consolidação de entendimento, o que acarreta, por conseguinte, a existência de diversos procedimentos instaurados para apuração de um mesmo fato e possibilidade de conclusões diversas.

Nas precisas palavras de Santos,[20] o exercício de controle externo de maneira autônoma pode implicar graves disfuncionalidades, em especial quando aquele se der de forma desproporcional e acabe por usurpar a função administrativa efetivamente exercida pelos agentes públicos, sob pena de colocar em cheque o primado maior da República Federativa do Brasil explicitado no art. 2º da CF.

3   O avanço dos órgãos de controle na análise dos atos e decisões afetas ao gestor público: os excessos do controle sobre o administrador público

Como enfatizado no tópico anterior, o TC tem realizado um "ativismo", até em razão de defesas levantadas no sentido de que o controle exercido por aquele órgão deveria ser fortalecido, a fim de não ficar adstrito à função pedagógica, por ser necessária a sua interferência, com mais vigor, "no âmbito da Administração Pública

---

[20] SANTOS, Rodrigo Valgas dos. *Direito administrativo do medo* [livro eletrônico]: Risco e fuga da responsabilização dos agentes públicos. São Paulo: Thomson Reuters Brasil, 2021.

objeto do controle", tudo com o objetivo de "concretizar, em maior ou menor grau, os valores e fins estabelecidos na Constituição".[21][22]

Com esse "ativismo" passou-se a alterar a competência de quem, em razão do cargo que ocupa, deve tomar a decisão ou praticar determinado ato quando diante de problemas com os quais se depara quando da execução da política pública ou formatação da contratação. Retira-se do gestor público esse *munus* e o transfere àquele órgão de controle, inclusive com relação aos aspectos discricionários da implementação da política pública e da própria modelagem da contratação, concessão e parceria.

Não restam dúvidas de que o TC é dotado de competência para orientar o gestor público, todavia, a despeito do rigor desmedido do controle externo brasileiro, aquele tem-se colocado no lugar do gestor ao decidir, ditando orientações e recomendações a serem seguidas pela Administração Pública, inclusive a serem levadas em consideração em futuras contratações e compras públicas, como se fossem dotadas de caráter normativo e vinculante, ameaçando a ação do gestor, o qual acaba por abandonar ou atrasar a execução de projetos sensíveis à população ou deixa de inovar.

Ao emplacar em todos os julgados do E. TCU um efeito vinculante, inclusive dos próprios motivos determinantes (que, diga-se de passagem, leva em consideração toda a normativa editada pela União), está-se, nas palavras de Streck e Abboud, dando respostas antes mesmo das perguntas, já que:

> [...] Texto e norma não são a mesma coisa. Somente os fundamentos da decisão possuem força vinculante. O *dictum* é apenas uma observação ou uma opinião. Mas o mais importante a dizer é que os precedentes

---

[21] CABRAL, Flávio Garcia. O ativismo de Contas do tribunal de Contas da União (TCU). *Revista de Direito Administrativo e Infraestrutura*, vol. 16, p. 215-257, jan./mar. 2021, p. 220.

[22] CASTRO, que em sua dissertação de mestrado defende o "ativismo de Contas", destaca que aquele "se caracterizaria, dentre outras coisas, por: (i) uma maior eficácia e efetividade das decisões tomadas pelos Tribunais de Contas, com a imposição das sanções necessárias ao cumprimento de tudo quanto ordenado pelo órgão; (ii) uma efetiva utilização das competências corretivas dos Tribunais, admitindo-se que a insuficiência/deficiência no financiamento/realização de uma política pública configura uma "ilegalidade" (para usar a dicção do art. 71, IX da CRFB) a ser corrigida e (iii) uma valorização das competências de investigação/auditoria das Cortes de Contas, para além do mero controle da conformidade, visando também o controle do desempenho das políticas públicas (com a verificação, na realidade concreta, do maior/menor grau de realização do direito fundamental envolvido)". (CASTRO, José Ricardo Parreira de. *Ativismo de contas*: Controle das políticas públicas pelos Tribunais de Contas. Dissertação (Mestrado) – Curso de Direito, Universidade Federal do Estado do Rio de Janeiro – Unirio, Rio de Janeiro, 2015).

são "feitos" para decidir casos passados; sua aplicação em casos futuros é incidental.

Tudo isso pode ser resumido no seguinte enunciado: precedentes são formados para resolver casos concretos e eventualmente influenciam decisões futuras: as súmulas (ou os ementários em geral, coisa muito comum em *terrae brasilis*), ao contrário, são enunciados "gerais e abstratos" — características presentes na lei — que são editados visando à "solução de casos futuros".

[...] Quem faz uma ementa e dela se serve de forma atemporal e a-histórica está igualando texto e norma, lei e direito. Trata-se de uma pretensão com viés anti-hermenêutico. E por que é anti-hermenêutico? Porque a hermenêutica é exatamente a construção para demonstrar que é impossível ao legislador antever todas as hipóteses de aplicação.[23]

Ademais, não se pode deixar de mencionar que a intensificação do controle aumenta a possibilidade de abusos por parte do órgão de controle quando de seu exercício, como bem delineado por Jordão:

Para começar, o óbvio: assim como os controladores podem corrigir erros, eles também podem desfazer acertos. O controlador não é infalível. Enxergar apenas as possíveis consequências positivas da sua intervenção é adotar concepção idealizada e irrealista da sua atuação. É natural que esta visão seja popular no direito, já que transfere poder para os seus profissionais. Mas isto não significa que a solução que ela propõe seja socialmente desejável.

No mais, se a intensificação do controle reduz a possibilidade de abusos de poder perpetrados pelo administrador público, por outro lado ela aumenta a possibilidade de abusos cometidos pelo próprio controlador. E, assim como não há razão para crer que apenas o administrador público erra, tampouco há razão para crer que ele possui o monopólio do abuso de poder.

Finalmente, num cenário em que as determinações jurídicas são cada vez mais inexatas e abertas à interpretação, é irreal supor que há respostas corretas para cada questão que é levada ao controlador. Há espaço de liberdade em grande parte das decisões tomadas pelo administrador público. E, se é assim, há um risco de que o controle veicule não a correção de decisões tomadas pela entidade controlada, mas mera substituição de suas escolhas pelas do controlador.[24]

---

[23] STRECK, Lenio; ABBOUD, Georges. *O que é isto*: O precedente judicial e as súmulas vinculantes? 2. ed. rev. e atual. Porto Alegre: Livraria do Advogado Editora, 2013, p. 31.

[24] JORDÃO, Eduardo. Por mais realismo no controle da administração pública. *Direito do Estado*, n. 183, 2016. Disponível em: http://www.direitodoestado.com.br/colunistas/

Ainda que atuando dentro do campo das interpretações possíveis, o gestor público sofre responsabilização por não adotar aquela que o órgão de controle entende como correta, fazendo-se um controle de mera opinião da norma criada pelo agente público.

Não restam dúvidas de que o administrador público desempenha papel fundamental na construção do sentido da norma, não sendo admissível sustentar a ideia de que, como bem assevera Sundfeld,[25] a ação administrativa deve ser definida como uma singela execução de lei, já que, muito embora as "competências administrativas [...] têm de encontrar nas leis suas bases e limites", há nela, além da "implementação do que as leis preveem", a função de criar a partir das leis. A Administração Pública hodierna é "um espaço de deliberação pública, feito na forma do Direito, mas não apenas considerando o Direito", já que esse "não predetermina por inteiro todos os seus atos", até porque no ordenamento jurídico há conceitos jurídicos indeterminados, cujo teor é construído a partir dos fatos com os quais se depara a Administração Pública quando da tomada de decisão ou prática de ato, tornando-se, assim, "uma ativa produtora de normas".

A Administração Pública, a partir do caso concreto, valendo-se do texto legal que, via de regra, é marcado por indeterminação jurídica, acaba por criar normas jurídicas, presumindo-se, como leciona Palma, num Estado Democrático de Direito, "que a Administração Pública esteja em melhor posição técnica e de rotina para interpretar normas públicas".[26]

Ora, se o texto legal não confere uma única forma de sua interpretação e, portanto, a criação de apenas uma norma jurídica, mostra-se totalmente desarrazoada a imposição de penalidade ao gestor por não seguir a interpretação própria e peculiar do agente controlador. Não é admissível que o controle retire do gestor público as demais interpretações jurídicas razoáveis sobre determinado texto legal e, assim, exerça a função que é própria do administrador.

Há evidências de que os controladores se imiscuem na discricionariedade dos gestores públicos, passando a dar a última palavra na construção do arcabouço normativo da contratação, inclusive quanto

---

eduardo-ferreira-jordao/por-mais-realismo-no-controle-da-administracao-publica. Acesso em: 2 fev. 2122.

[25] SUNDFELD, Carlos Ari. *Direito administrativo para céticos*. 2. ed. São Paulo: Malheiros, 2017, p. 231-244.

[26] PALMA, Juliana Bonacorsi. Segurança jurídica para a inovação pública: a nova Lei de Introdução às Normas do Direito Brasileiro (Lei nº 13.655/2018). *Revista Direito Administrativo*, Rio de Janeiro, v. 279, n. 2, p. 209-249, maio/ago. 2020, p. 228.

à sua modelagem, ainda mais quando é reservado àqueles um espaço para um quadro de interpretações e inovações possíveis.

Retirar do gestor público uma interpretação possível dentro do campo da legalidade, a fim de que siga *ipsis litteris* a norma jurídica que construiu a partir de interpretação das regras e princípios do ordenamento jurídico – importando, muitas das vezes, em desconsideração de um direito posto sem a devida declaração de inconstitucionalidade –, demonstra a exteriorização de uma subjetividade descompromissada com o Direito, já que, como destaca Freitas:

> Os meios e os fins são justificáveis uns pelos outros. Por isso, ao interpretar e aplicar determinada norma individual não há como deixar de considerá-la sistemática ou não. Contudo, tal julgamento não deve ser a erupção de um decisionismo usurpador das competências. Ao intérprete incumbe – convém frisar – conferir sistematicidade às normas, vale dizer, harmonizá-las, formal e substancialmente, na garantia salutar e democrática coexistência das liberdades e igualdades, no presente em que ocorre a evolução hermenêutica.[27]

Quanto ao controle de mera opinião, Dionísio sustenta que este pode ser compreendido num segundo sentido, qual seja, aquele voltado à análise das consequências, porém, suas conclusões estão embasadas em "mero palpite ou intuição do agente controlador", cujas conclusões se encontram "destituídas de dados científicos e de uma metodologia de análise minimamente séria".[28]

Como já fora dito, um controle deve sempre perquirir e avaliar as consequências do controle antes da adoção de determinada medida, por não ser, como bem delineado por Marques Neto,[29] um fim em si mesmo; ao contrário, cuida-se de um instrumento posto para fins de aperfeiçoamento da Administração Pública e busca da eficiência e efetividade, o que reclama um controle responsivo.

Não há como considerar legítimo um controle que, sem respaldo em provas ou evidências, com demonstração de dados concretos, por

---

[27] FREITAS, Juarez. *A interpretação sistemática do direito*. 5. ed. São Paulo: Malheiros, 2010, p. 78.
[28] DIONÍSIO, Pedro de Hollanda. *O direito ao erro do administrador público no Brasil*: Contexto, fundamentos e parâmetros. Rio de Janeiro: GZ Editora, 2019, p. 29-30.
[29] MARQUES NETO, Floriano de Azevedo. Os grandes desafios do controle da Administração Pública. *Fórum de Contratação e Gestão Pública – FCGP*, Belo Horizonte, ano 9, n. 100, abr. 2010.

meio de adoção de uma metodologia de cálculo séria, emite críticas sobre decisões e práticas de agentes públicos.

Como será no tópico seguinte explanado, as determinações e recomendações dos órgãos de controle, ainda que voltadas para o consequencialismo, devem achar-se amparadas em dados teóricos e metodológicos que importem no reconhecimento de que efetivamente a medida adotada pelo gestor público não se mostrava, à época dos fatos, a mais adequada para a satisfação da necessidade pública.

Soma-se ao fato, outrossim, que o controlador não deve desconsiderar a realidade fática em que se encontrava o gestor quando da prática de determinado ato ou prolação de dada decisão, exercendo, *a posteriori*, o papel de crítico do trabalho desenvolvido pelo jurisdicionado mediante apresentação de solução que considera ideal, realizada às portas fechadas de um gabinete, sem que qualquer fator externo (urgência da medida a ser tomada, problemas a serem reparados, insurgências por partes dos beneficiários da política ou serviço público) exerça uma pressão para a prática do ato ou prolação da decisão.[30]

O agente controlador não deve declinar pela reprovação da escolha do gestor ante o fato de "ser simpatizante" a uma determinada causa, valendo-se de um princípio consagrado no texto constitucional, ainda mais quando desprovido de dados científicos e de uma metodologia séria, porquanto já dizia Shuartz: "[a] cantilena dos princípios, que dá o acabamento ao consequencialismo militante é desprovida de dogmática, uma ameaça à segurança jurídica".[31]

Nas palavras de Sundfeld, ao construir soluções para os casos, o operador do Direito – no qual se enquadra o agente controlador – tem um dever analítico, não devendo, portanto, limitar-se a boas intenções, invocando e elogiando princípios que regem a Administração Pública para o fim de apontar, de forma genérica, que determinado ato/decisão do gestor feriu-os, sendo de vital importância "respeitar o espaço de cada instituição, comparar normas e opções, estudar causas

---

[30] Como já enfatizado por Shuartz (2008, p. 136), "quanto mais sofisticado e complexo vai ficando o conhecimento científico que orienta a avaliação ex post, mais problemática se torna a sua aptidão para servir de metro na avaliação ex ante da racionalidade instrumental dos atos avaliados". (SHUARTZ, Luiz Fernando. Consequencialismo jurídico, racionalidade decisória e malandragem. *Revista de Direito Administrativo*, Rio de Janeiro: FGV, v. 248, p. 136, maio/ago. 2008).

[31] SHUARTZ, Luiz Fernando. Consequencialismo jurídico, racionalidade decisória e malandragem. *Revista de Direito Administrativo*, Rio de Janeiro: FGV, v. 248, p. 155, maio/ago. 2008.

e consequências, ponderar vantagens e desvantagens",[32] sob pena de vivenciar-se arbitrariedade.

E nesse ponto, como será delineado no tópico 4, ressalta-se que a Lei nº 14.133/2021, seguindo a sistemática delineada na Lei nº 13.655/2018, prevê limites à incorporação na tomada de decisão do consequencialismo, a partir do momento em que passou a exigir da esfera controladora que considere, além das razões apresentadas pelos órgãos e entidades, os resultados obtidos com a contratação e as consequências práticas da decisão com imposição do dever de demonstrar a proporcionalidade do comando expedido, inclusive em face das possíveis alternativas.

Não se pode deixar de mencionar que, hodiernamente, o controle externo tem centralizado nos aspectos da conveniência, legitimidade e eficiência dos atos praticados pelo gestor, o que acaba influenciando-o quando da deliberação quanto à formatação da contratação, importando, como será mais adiante explanado, na paralisação de inovação por parte do Poder Público, que, como enfatizado anteriormente, prefere praticar o ato nos exatos moldes das recomendações e orientações dos órgãos de controle.

Tem-se que ao gestor público deve ser conferido o direito de formatar a melhor contratação quando diante de uma necessidade com a qual se depara, o qual levará em consideração as particularidades do caso concreto, as desigualdades existentes numa determinada localidade que possam influir no desenho da solução quando do estudo técnico. Inclusive, aqui, destaque-se que a Nova Lei de Licitações e Contratos, bem como o Decreto Estadual de Mato Grosso do Sul nº 15.524/2020, prevê a realização de consulta, audiência pública ou diálogo transparente com potenciais contratadas, tudo com o intuito de obter maiores contribuições para a formatação do certame público a ser deflagrado para fins de contratação, estabelecendo, assim, um diálogo com o mercado na etapa pré-certame, a fim de mapear o mercado e identificar a atratividade das futuras contratações frente aos possíveis interessados.

Diante dessa vocação institucional dos órgãos de controle pela busca por irregularidades e, por conseguinte, eventuais culpados, acaba-se por estabelecer um veto à atividade do administrador, colocando, inclusive, em risco as ações do Estado em áreas sensíveis e complexas, atingindo, até mesmo, a busca por novas soluções.

---

[32] SUNDFELD, Carlos Ari. *Direito administrativo para céticos*. 2. ed. São Paulo: Malheiros, 2017, p. 205-206.

Além do excessivo poder punitivo apresentado, não se pode deixar de mencionar que, em determinados casos, acaba-se privilegiando o procedimento, a hierarquia funcional rígida e o formalismo, sem a preocupação da finalidade para o qual referido meio existe, procedendo-se, assim, a um controle meramente burocrático. Ou seja, limita-se à identificação quanto à regularidade da conduta do agente público por meio de verificação de sua conformação ao disposto na lei. Como já enfatizado por Sundfeld:

> Este ensaio vê o direito administrativo como o direito que condiciona a criação e a execução de soluções, políticas e programas pela Administração. O dever básico do administrativista é trabalhar na ampliação do leque de alternativas para a ação administrativa encontrar no Direito sua base e seus limites, mas sem comprometer a extensão na função criadora que a Administração tiver recebido da legislação, nos termos constitucionais. A grande missão do administrativista contemporâneo não é tolher a criação administrativa para defender o espaço do legislado. É assegurar que o Direito, em suas múltiplas formas, influa sobre o espaço de deliberação administrativa, mas sem monopolizá-lo.[33]

A realidade com a qual se depara a Administração Pública é complexa e dinâmica, não sendo o ordenamento jurídico dotado de capacidade para prever todos os cenários fáticos e as consequências jurídicas, exigindo-se, assim, do administrador a necessidade constante de criar novas ferramentas para o atendimento dos anseios sociais.

4 O Direito Administrativo do inimigo e a cultura do medo no gestor público

Como é cediço, os órgãos de controle possuem profícuo e pedagógico trabalho desenvolvido na orientação e fiscalização dos atos dos gestores públicos, dando contribuição decisiva ao aprimoramento do exercício das funções de Estado.

As Cortes de Contas avaliam e monitoram as políticas públicas e contratações contempladas nos orçamentos do Poder Público e eleitas como indispensáveis em razão das demandas sociais locais. Por essa razão, devem analisar constantemente o contexto socioeconômico em que as entidades e os órgãos públicos estão inseridos com o objetivo de

---

[33] SUNDFELD, Carlos Ari. *Direito administrativo para céticos*. 2. ed. São Paulo: Malheiros, 2017, p. 235.

realizar fiscalizações que contribuam para o alinhamento das políticas públicas e da contratação ao atendimento das necessidades públicas locais, estabelecendo-se um diálogo com o gestor público, para fins de alcançar ao máximo a satisfação da necessidade que demandou a execução de determinada política e contratação.

Nesse diapasão, o papel do controle externo é assegurar o aperfeiçoamento da gestão pública, a proteção do erário, a verificação da legalidade e legitimidade dos atos de gestão das autoridades responsáveis, a implementação de melhorias nos procedimentos e a correção de falhas e deficiências administrativas.

Todavia, o que se tem identificado é uma disfuncionalidade do controle, ao tratar os gestores corruptos, ímprobos e volvidos de má-fé e os que cometem erro ou atuam em mera desconformidade imbuídos de boa-fé com a mesma intensidade de reprimenda, colocando-os no mesmo patamar de posicionamento para aplicação de penalidade. Ou seja, tem-se deparado com órgãos de controle primando por um controle exacerbado, às vezes de natureza estritamente burocrática, instaurando-se, assim, uma cultura do medo na Administração Pública.[34]

Como bem destacado por Santos,[35] o controle externo "disfuncional está assentado em premissa ideológica que norteia – de modo geral – como os poderes e órgãos de controle enxergam o agente público e a Administração Pública": o espaço da política e da administração pública são, de regra, exercidos com falta de ética e com desonestidade, razão pela qual a ação do gestor que não se amolde a um dispositivo legal ou infralegal ou, pior, ao pronunciamento firmado anteriormente pelo órgão de controle deve ser visto com desconfiança e lesividade ao interesse público.

Em razão da desconfiança que recai ao agente político, cujos episódios de envolvimento com corrupção são divulgados pela mídia, gera-se permanente estado de dúvida acerca da credibilidade das decisões administrativas por eles tomadas, sendo que qualquer erro

---

[34] Valendo-se do escólio de Santos, "[p]or Direito Administrativo do Medo" quer-se "significar: a interpretação e aplicação das normas de Direito Administrativo e o próprio exercício da função administrativa pautadas pelo medo em decidir dos agentes públicos, em face do alto risco de responsabilização decorrente do controle externo disfuncional, priorizando a autoproteção decisória e a fuga da responsabilização em prejuízo do interesse público". (SANTOS, Rodrigo Valgas dos. *Direito administrativo do medo* [livro eletrônico]: Risco e fuga da responsabilização dos agentes públicos. São Paulo: Thomson Reuters Brasil, 2021).

[35] SANTOS, Rodrigo Valgas dos. *Direito administrativo do medo* [livro eletrônico]: Risco e fuga da responsabilização dos agentes públicos. São Paulo: Thomson Reuters Brasil, 2021, n.p.

recebe o atributo de lesivo ao ordenamento jurídico e, portanto, passível de punição.

Porém, não há mais como entender que as leis são a alma do Direito Administrativo e que a Administração Pública corresponde a um "braço mecânico do legislador".[36] É de vital importância reconhecer que a Administração Pública está vinculada à juridicidade, portanto, perfeitamente cabível a sua atuação fundada diretamente em texto constitucional, já que, como bem delineado por Sundfeld:

> A Administração atual é um espaço de deliberação pública- feita na forma do Direito, mas não apenas considerando o Direito. O Direito dirige e limita a ação administrativa, mas não predetermina por inteiro todos seus atos. Na deliberação administrativa entram a política, a técnica, a subjetividade etc. sobre a deliberação há controles jurídicos, checando sua compatibilidade com o Direito. Mas há também influências e controles não jurídicos, de dentro ou de fora das instituições estatais, atuando pontualmente ou no longo prazo. Não faz sentido, na vigência do regime democrático, propor que os controles jurídicos absorvam o campo natural dos controles não jurídicos. O mundo não jurídico não tem – e não deve ter – todas as respostas. [...]
> Há, por parte dos homens do Direito, um persistente preconceito contra funcionários e dirigentes públicos, estigmatizados como autoritários ou patrimonialistas. Isso tem justificado as tendências de restringir o alcance da função criadora e da competência desses agentes públicos para fazer deliberações em nome da sociedade. O Direito precisa ser a base e o limite dessas deliberações, claro. Mas há outros mecanismos institucionais de influência e controle, funcionando sob logica não puramente jurídica, que também as condicionam. O mundo dos juristas não pode pretender o monopólio da influência na deliberação pública, tampouco a última e verdadeira palavra em todas as questões.[37]

A partir do momento em que o órgão de controle enxerga no gestor público a possibilidade de tão somente executar o que está previsto em lei e atos infralegais, há uma redução ao papel de relevância que desenvolve. Repita-se: a atividade exercida pelo administrador é fonte de criação de normas, ainda mais quando levado em consideração que o direito não é capaz de prever todas as situações passíveis de ocorrência e, assim, regulamentá-las.

---

[36] SUNDFELD, Carlos Ari. *Direito administrativo para céticos*. 2. ed. São Paulo: Malheiros, 2017, *passim*.
[37] SUNDFELD, Carlos Ari. *Direito administrativo para céticos*. 2. ed. São Paulo: Malheiros, 2017, p. 239-240.

Não se pode esquecer da situação em que, mesmo diante de um regramento legal, o gestor é penalizado em razão de interpretação divergente conferida pelo órgão de controle, desconsiderando-se, inclusive, a própria vocação da referida legislação.

Rosilho e Gerbim[38] demonstraram a insegurança jurídica firmada pela ausência de consenso no entendimento firmado pelos órgãos de controle com relação aos procedimentos licitatórios deflagrados pela Petrobras. Em que pese a existência de regras legais disciplinando a matéria, em que o Supremo Tribunal Federal (STF) já reconheceu, em diversas oportunidades, a validade do Decreto Federal nº 2.745/1998, que instituiu o procedimento licitatório simplificado da empresa pública, o TCU ainda prima pela inconstitucionalidade da referida normativa.

Tal exemplo é típico de insegurança jurídica instalada na pessoa do administrador quando do exercício de sua função, uma vez que, optando por seguir a diretiva legal integrante do ordenamento jurídico brasileiro, inclusive com reconhecimento de constitucionalidade pela Corte Suprema, sofre a imputação de prática de ato irregular e, assim, incidência de penalidade junto à Corte de Contas da União.[39]

Ademais, tem-se exigido do gestor público que, ao assumir o cargo, familiarize-se com as determinações e recomendações firmadas pelas Cortes de Contas de quando da análise de determinada matéria afeta à sua área de atuação, atribuindo àquela análise casuística um caráter vinculante que por norma constitucional ou legal não é conferido, sob pena de, em transgredindo o que ficara delineado no *decisum*, sofrer responsabilização.[40]

Nesse ponto, inclusive, destaca-se que, em se tratando de gestor público de âmbito estadual, em razão da Súmula nº 222, do TCU, além da obediência às decisões do TCE, demanda-se o acatamento das

---

[38] ROSILHO, André; GERBIM, Larissa Santiago. Política de contratações públicas da Petrobras: O que pensam o STF e o TCU? *Revista de Direito Público da Economia*, Belo Horizonte, v. 50, *passim*, abr./jun. 2015.

[39] Inclusive, espera-se que, com o julgado colegiado proferido no RE nº 441.280/RS, essa controvérsia tenha chegado ao encerramento e, por conseguinte, estabilizado o entendimento de ser constitucionalidade e legalidade o procedimento licitatório simplificado previsto para a Petrobras. No referido julgado, o STF, por maioria de votos, assentou que a Petrobras não está sujeita às normas para licitações previstas na Lei nº 8.666/1993. Ao negar provimento ao supracitado recurso, o colegiado entendeu que a agilidade que se exige das empresas que atuam no mercado é incompatível com um sistema rígido de licitação.

[40] Nesse sentido, os seguintes julgados do E. TCU: Acórdão nº 139/2020-Plenário (Rel. Min. Aroldo Cedraz, Julgado em 29.01.2020), 177/2018-Plenário (Rel. Min. Aroldo Cedraz, Julgado em 31.01.2018), Acórdão nº 3.162/2011-Plenário (Rel. Min. Ana Arraes, Julgado em 30.11.2011).

decisões da Corte de Contas da União relativas à aplicação de normas gerais de licitação.

Pior, ainda que leve em consideração os precedentes e entendimentos já exarados por órgãos de controle, como forma de orientação para a prolação de decisão, o gestor é surpreendido com a mudança de paradigma, hipótese em que, embora até naquele momento determinado ato fosse considerado regular, o órgão de controle passa a identificar como atentatório ao ordenamento jurídico e, assim, impõe penalidade.

Esse cenário imposto, ao invés de inibir a corrupção, enseja no administrador o medo de tomar decisões inovadoras e eficientes para o problema que demanda solução, restringindo a sua atuação à manutenção do *status quo*, priorizando a sua proteção pessoal à tomada de decisão mais adequada e eficaz para a Administração. Como bem delineado por Guimarães, "instalou-se o que se poderia denominar de crise da ineficiência pelo controle: acuados, os gestores não mais atuam apenas na busca da melhor solução ao interesse administrativo, mas também para se proteger".[41]

Essa atmosfera de medo e insegurança quanto ao descumprimento dos mandamentos legais acaba fazendo com que o agente público evite decidir sobre demandas atípicas, que não se amoldam hermeticamente ao conteúdo de determinado regramento legal ou determinação/recomendação de órgão de controle da norma. Isso porque, repita-se, com temor de ser punido, ao invés de proferir a solução mais adequada ao problema que se depara, o gestor público se ampara no Direito posto, aqui também compreendidas as recomendações e determinações de órgãos de controle, atuando como mero braço mecânico da literalidade constante na referida normativa, sacrificando o interesse primário da Administração Pública (satisfação do interesse público de maneira mais eficiente, eficaz e econômica).

Essa dependência dos pronunciamentos dos órgãos de controle importa numa Administração Pública meramente replicadora acrítica das decisões daqueles que levaram em consideração uma realidade passada e que talvez não espelhe a vivenciada atualmente pelo Poder Público e, assim, não adequada para a solução do problema.

---

[41] GUIMARÃES, Fernando Vernalha. O Direito Administrativo do Medo: A crise da ineficiência pelo controle. Direito do Estado, Seção Colunistas, *Instituto Brasileiro de Direito Público*, Salvador, n. 71, 31/1/2016. Disponível em: http://www.direitodoestado.com.br/colunistas/fernando-vernalha-guimaraes/o-direito-administrativo-do-medo-a-crise-da-ineficiencia-pelo-controle. Acesso em: 18 fev. 2022.

Batista Júnior e Campos, ao tratarem sobre a consensualidade e a participação da Administração no processo decisório, apresentam como consequência da cultura do medo a ossificação da ação administrativa, conforme se extrai a seguir:

> A cultura administrativa reinante, nesse contexto, é a do medo, a do receio de ser punido. Não se tenta aperfeiçoar ou buscar a solução adequada, mas o receio enraizado aponta sempre para a solução de privilégio de uma interpretação literal dos regulamentos e ordens do hierarca. A eficiência administrativa e o bem comum são postos de lado em prol de uma atuação servil e, por vezes, medrosa e covarde.
> [...]
> Essa cultura da "subserviência", presente ainda nos dias de hoje, desemboca na prática reiterada do "não". Sempre que possível, os agentes administrativos se escondem por detrás das normas ou respondem negativamente, com receio das punições que possam ser aplicadas, nos termos dos regulamentos, em casos de inobservância dos estritos termos das normas de conduta previamente estabelecidas. O "não", na maioria das vezes, traduz prejuízos desarrazoados para o administrado e significa, por vezes, a não prestação do serviço público, entretanto, o "não" protege o servidor que o disse.
> A decisão administrativa que, em nome da eficiência pública, buscar superar as barreiras dos referenciais hierárquicos e das normas internas, no caso concreto, na prática, esbarra quase sempre em dificuldades de todas as ordens. A busca da eficiência pública, muitas vezes, pode mesmo ser um convite para repercussões negativas para o agente, e o resultado pode ser a generalização de um comportamento "mediano", resignado, de baixo perfil, onde o mais prudente talvez seja não ousar, se esconder por detrás das normas internas e diretrizes, ou até não fazer nada.[42]

Ainda que opte por inovar, a adoção da medida dar-se-á a destempo, portanto, não alcançando a tão desejada eficiência, já que, ante o receio de sofrer punição, o administrador será diligente ao extremo, solicitando oitiva de diversos órgãos e departamentos para municiar-se de elementos técnicos e jurídicos que lhe deem respaldo para uma atuação com o mínimo de responsabilização possível.

A forma como o controle vem sendo exercido privilegia os gestores públicos que não saem da "zona de conforto", cerceando a atuação proativa e criativa do administrador e deixando a cargo do

---

[42] BATISTA JÚNIOR, Onofre Alves; CAMPOS, Sarah. A Administração Pública consensual na modernidade líquida. *Fórum Administrativo – FA*, Belo Horizonte, ano 14, n. 155, p. 31-43, jan. 2014, p. 38-39.

órgão controlador a última palavra na construção da execução de determinada formatação da contratação a ser formalizada para fins de atendimento dos interesses da sociedade.

O medo, cuja causa é a elevada insegurança jurídica,[43] importa em inanição ou paralisia[44] do poder criativo do corpo administrativo, que acaba adotando um padrão de comportamento mediano e desinteressado, que não se encontra angariado em buscar medidas eficientes para melhorar a gestão pública e, assim, ofertar novas repostas aos problemas sociais; mas sim na autopreservação do agente público em sofrer sanção.

5 As limitações constantes na Nova Lei de Licitações e Contratos para uma Administração Pública inovadora e não paralisante

Por muito tempo, vigeu no Direito Administrativo a máxima *the king can do wrong*, hipótese em que os agentes públicos não eram responsabilizados em razão de desvios cometidos quando da execução da atividade administrativa.

As decisões voltadas à formatação da contratação são desenvolvidas em ambientes complexos, dinâmicos e instáveis, as quais podem ser permeadas por riscos e incertezas, até em razão da limitação da racionalidade humana e da incapacidade de captação, compreensão e processamento de forma perfeita de todas as informações

---

[43] Como já enfatizado anteriormente, a insegurança jurídica decorre (i) do fato de os preceitos legais que regram a atividade administrativa serem excessivamente abertos, fazendo que quaisquer agentes públicos possam incorrer em sua violação, (ii) do excesso de legislações existentes no ordenamento jurídico brasileiro, que acaba por impossibilitar o conhecimento de todas, (iii) pela pouca deferência dos órgãos de controle externo às decisões administrativas tomadas pelos agentes públicos controlados e (iv) pela pluralidade de instâncias e órgãos de controle para investigar um mesmo fato.

[44] A essa atitude de inércia do administrador público, provocando a inação e a paralisia do Estado, tendo em vista o receio de responsabilização patrimonial e aplicação de sanção pelos órgãos de controle, deu-se o nome de "apagão das canetas". Nas precisas palavras de Motta e Nohara, a expressão "apagão das canetas" é utilizada "para designar a paralisação de decisões, por causa do temor da responsabilização, perante a Administração Pública 'do medo', pois, em determinados casos, tendo em vista decisões imprevisíveis e oriundas dos mais variados órgãos de controle, os bons gestores acabavam ficando com receio de decidir e futuramente ser responsabilizados por uma decisão justa, mas que iria de encontro às orientações cambiantes de diversos dos órgãos de controle" (MOTTA, Fabrício; NOHARA, Irene Patrícia. *LINDB no Direito Público: 13.655/2018*. São Paulo: Thomson Reuters Brasil, 2019, p. 24).

disponibilizadas, o que, diante de um controle extremado realizado sob o viés retrospectivo, poderá ensejar sua responsabilização.

Isso não passa desapercebido por Dionísio, ao afirmar que:

> O cometimento de erros em políticas públicas torna-se inevitável pela complexidade do contexto factual no qual opções decisórias são realizadas. De fato, quanto maior é a complexidade do ambiente de tomada de decisão, maiores são os riscos e incertezas envolvidos e, por conseguinte, mais intensa é a imprevisibilidade dos resultados das ações administrativas.
>
> Mesmo quando suas decisões não possuem como objeto sistemas complexos, o administrador público lida com riscos e incertezas sempre que, em seu processo de convencimento, realiza opções no presente que pressupõem a ocorrência ou a não verificação de determinado evento futuro e incerto. [...]
>
> Mesmo quando consegue antecipá-las ou obtém informações suficientes para instruir suas escolhas, o gestor público pode apresentar sérias dificuldades em avaliar de maneira objetiva as opções decisórias em jogo. Muitas vezes, não é capaz de se livrar de subjetivismos, preferências pessoais e ideológicas, assim como outras deficiências cognitivas para julgar as possibilidades por ele identificadas. A todo momento, ao longo de seu processo decisório, está sujeito à miopia, à impulsividade, à procrastinação e, consequentemente, ao cometimento de erros comissivos e omissivos. [...]
>
> Nesse contexto, as heurísticas da disponibilidade e da representatividade podem tornar os administradores indiferentes a probabilidades estatísticas e, assim, distorcer as avaliações de riscos por eles realizadas. Não é incomum que, na formulação e execução de políticas públicas, perigos raros, mas relacionados a eventos recentes ou que integrem experiências passadas do gestor, sejam superestimados, ao passo que riscos mais prováveis, porém de difícil recordação, não sejam objeto de qualquer ação preventiva do Estado.[45]

Por outro lado, como bem delineado por Marques Neto,[46] hodiernamente, o controle externo tem atuado sob duas formatações. Em determinados casos, volta-se à verificação formal do cumprimento de prescrições legais, sem analisar o impacto da medida adotada, da

---

[45] DIONÍSIO, Pedro de Hollanda. *O direito ao erro do administrador público no Brasil*: Contexto, fundamentos e parâmetros. Rio de Janeiro: GZ Editora, 2019, p. 47-54.

[46] MARQUES NETO, Floriano de Azevedo. Os grandes desafios do controle da Administração Pública. *Fórum de Contratação e Gestão Pública – FCGP*, Belo Horizonte, ano 9, n. 100, abr. 2010.

efetividade ou do resultado, hipótese em que se confere maior relevância ao meio que ao fim proposto de determinado procedimento. Em outras oportunidades, é exercido prévio e intensamente de modo a adentrar no exercício da discricionariedade assegurada ao gestor, importando, assim, num déficit democrático e na disfuncionalidade do controlador a partir do momento em que esse último assume a função de delinear a melhor opção dentre aquelas facultadas pela discricionariedade, inclusive, com captura da política pública pelo controlador.

Em razão do cenário posto, e valendo-se das palavras de Sundfeld e Marques Neto,[47] a Sociedade Brasileira de Direito Público (SBDP) e o Grupo Público da FGV Direito São Paulo, por meio de estudos e pesquisas empíricas, identificaram "uma crise, causada por opções legislativas conscientes, das ideias históricas sobre a divisão de tarefas dentro do estado na construção do interesse público", em especial pelo fato de que as legislações que regulamentam a atuação de diversos órgãos não foram dotadas de capacidade para "lidar com a construção do interesse público para além do âmbito da administração". Ao contrário, "a gestão pública no Brasil ficará fragilizada e até acuada", ensejando a constatação de que "só uma solução legislativa articulada" poderia "abrir caminho para o equilíbrio no compartilhamento de funções jurídicas criadoras pelos vários Poderes e órgãos constitucionais autônomos".

Como admoesta Palma, quando da realização do estudo e pesquisa empírica quanto ao controle da Administração Pública, foram identificados grandes empasses na atividade de controle externo que demandariam correção, dentre eles:

> 2. *A motivação tende a não considerar as consequências concretas da decisão controladora*: no geral, os controladores adotam uma visão deliberativa limitada ao caso concreto – a *casuística* –, que não considera os impactos da decisão específica, ou do conjunto decisório, sobre a gestão pública em termos de custos, tempo, legitimidade, eficácia da política pública e isonomia perante os demais cidadãos. Nessa linha, o sistema de controle é insensível aos obstáculos e às reais dificuldades do gestor.
> 3. *As decisões administrativas são meramente provisionais*: na medida em que atos, contratos, processos administrativos e grandes decisões de políticas públicas sujeitam-se a amplíssimo controle – sem claras balizas sobre o cabimento e a intensidade do controle –, as decisões administrativas

---

[47] SUNDFELD, Carlos Ari; MARQUES NETO, Floriano de Azevedo. Uma nova lei para aumentar a qualidade jurídica das decisões públicas e de seu controle. *In*: SUNDFELD, Carlos Ari (org.). *Contratações públicas e seu controle*. São Paulo: Malheiros, 2013, *passim*.

assemelham-se a uma "primeira tentativa", cuja deliberação final depende do aval do controlador.[48]

Inclusive, nesse ponto, cumpre destacar que Sundfeld e Marques Neto,[49] após identificarem que o avanço na produção de normas disciplinadoras da ação da Administração Pública importava imprevisibilidade e insegurança jurídica na ação do Poder Público e na sua relação com particulares, concluíram pela necessidade de aprimoramento da qualidade jurídica das decisões administrativas e de controladores por meio de um texto normativo. Para tanto, ressaltaram a observância de algumas diretrizes, dentre elas, (i) obstar a criação de direito, dever ou proibição, pelos órgãos de controle, a partir de norma totalmente indeterminada, sem medir as consequências práticas da decisão, e levar em consideração as demais alternativas para fins de demonstração da necessidade e adequação da medida proposta; e (ii) evitar a revisão de atos jurídicos perfeitos e a responsabilização dos gestores em razão de futuras interpretações conferidas pelos órgãos de controle a determinado dispositivo legal (modificação de entendimento).

Não restam dúvidas de que a Lei nº 13.655/2018, que alterou e acresceu dispositivos legais à Lei de Introdução às Normas do Direito Brasileiro, foi a normativa que veio com a finalidade de criar ao bom gestor uma proteção em razão do cenário devidamente descrito nos tópicos anteriores.

Porém, não se pode deixar de mencionar que a Nova Lei de Licitações e Contratos também se mostrou preocupada em assegurar uma maior segurança ao gestor público honesto, combatendo-se, por conseguinte, a paralisia decisória na esfera pública em virtude do temor de ser responsabilizado pessoalmente pelo controlador face a interpretação diversa da que fora empregada para execução de determinada formalização de contrato para concretização da política pública.

No art. 169 da Lei nº 14.133/2021, incorporou-se a ideia das três linhas de defesa, objetivando-se a adoção de práticas contínuas e permanentes de gestão de risco e controle preventivo pelos agentes que participam, direta ou indiretamente, do processo de contratação pública.

---

[48] PALMA, Juliana Bonacorsi. Segurança jurídica para a inovação pública: a nova Lei de Introdução às Normas do Direito Brasileiro (Lei nº 13.655/2018). *Revista Direito Administrativo*, Rio de Janeiro, v. 279, n. 2, p. 209-249, maio/ago. 2020, p. 216-217.

[49] SUNDFELD, Carlos Ari; MARQUES NETO, Floriano de Azevedo. Uma nova lei para aumentar a qualidade jurídica das decisões públicas e de seu controle. SUNDFELD, Carlos Ari (org.). *Contratações públicas e seu controle*. São Paulo: Malheiros, 2013, p. 279-280.

Como bem destacado por Rodrigues,[50] há uma "clara modificação da compreensão acerca de quem deve exercer o controle em sede de licitações e contratos administrativos", uma vez que, sob a égide da Lei nº 8.666/1993, essa atribuição "recaía, primordialmente, sobre os Tribunais de Contas e os órgãos integrantes do sistema de controle interno" (art. 113), ficando a cargo da assessoria jurídica o exame à aprovação das minutas de editais de licitação, dos contratos, acordos, convênios ou ajustes (art. 38, parágrafo único).

Todavia, em razão da existência de multiplicidade de órgãos e entidades voltadas ao controle, que atuam sem unidade, articulação e coordenação, importando em controle sobreposto e excessivo, com instauração de diversos procedimentos nas diversas esferas de controle para apuração de um mesmo fato e, inclusive, emissão de orientação, recomendação e determinação em sentidos contrários, a NLL adota o entendimento de que a eficácia de um controle decorre quando, diante de vários atores, a atuação desses se dê com competências definidas e de forma coordenada. Rodrigues leciona que:

> [...] a NLL incorporou a noção de que o controle deve ocorrer de forma compartilhada entre diversos atores, inclusive aqueles que praticam, diretamente, os atos imprescindíveis à consecução das contratações, como os servidores e empregados públicos, agentes de licitação, autoridades e os responsáveis pelo assessoramento jurídico. [...]
> Em outros termos, a ênfase da atividade de controle das contratações não recai mais, apenas, sobre os órgãos integrantes do sistema de controle interno e do controle externo, como deixava transparecer a lei anterior. O papel do controle exercido diretamente a partir do exercício da função administrativa é valorizado e passa a seguir as mesmas normas gerais destinadas aos demais controladores.[51]

Na visão do *Institute of Internal Auditors* (IIA), a existência de diferentes atividades e controle não é suficiente para garantir o gerenciamento de risco e controle; o grande desafio está em determinar "funções específicas e coordenar com eficácia e eficiência esses grupos, de forma

---

[50] RODRIGUES, Ricardo Schneider. A lei nº 14.133/2021 e os novos limites do controle externo: A necessária deferência dos Tribunais de Contas em prol da Administração Pública. *Revista Brasileira de Políticas Públicas*/Programa de Mestrado e Doutorado em Direito do UniCEUB, Brasília: UniCEUB, vol. 11, n. 3, p. 172, dez. 2021.

[51] RODRIGUES, Ricardo Schneider. A lei nº 14.133/2021 e os novos limites do controle externo: A necessária deferência dos Tribunais de Contas em prol da Administração Pública. *Revista Brasileira de Políticas Públicas*/Programa de Mestrado e Doutorado em Direito do UniCEUB, Brasília: UniCEUB, vol. 11, n. 3, p. 172, dez. 2021.

que não haja 'lacunas' em controles, nem duplicações desnecessárias na cobertura".⁵² Uma abordagem não dotada de coesão e coordenação pode importar que "os recursos limitados de riscos e controle não sejam aplicados com eficácia", ao passo que "os riscos significantes podem não ser identificados e gerenciados de forma apropriada".⁵³

Mais adiante, o *IIA* ressalta que, independentemente:

> [...] de como o modelo de Três Linhas de Defesa é implementado, a alta administração e os órgãos de governança devem comunicar claramente a expectativa de que as informações sejam compartilhadas e as atividades coordenadas entre cada um dos grupos responsáveis por gerenciar os riscos e controles da organização. Segundo as Normas Internacionais para Prática Profissional de Auditoria Interna, os diretores executivos de auditoria devem "compartilhar informações e coordenar atividades com outros prestadores internos e externos de serviços de avaliação e consultoria, para assegurar a cobertura apropriada e minimizar a duplicação de esforços".⁵⁴

Dessa forma, é possível concluir-se por uma maior integração entre as linhas de defesa, já que, como bem delineado por Rodrigues, a visão unilateral, imperativa e de viés punitivista do controle externo cede espaço para "[a] atuação preventiva, a uniformização dialógica da interpretação da NLL, a consensualidade, a união de esforços, em sinergia e de forma colaborativa".⁵⁵

A NLL, em seu art. 169, §3º, dispõe que todos os integrantes das três linhas de defesa devem observar algumas premissas.

---

⁵² The Institute of Internal Auditors (IIA). Declaração de Posicionamento do IIA: as três linhas de defesa no gerenciamento eficaz de riscos e controles. Tradução Instituto dos Auditores Internos do Brasil (IAA Brasil). São Paulo: IAA, jan. 2013, p. 1. Disponível em: https://www.controladoria.go.gov.br/images/noticias/As-3-linhas-de-defesa---IIA.pdf. Acesso em: 10 fev. 2022.

⁵³ The Institute of Internal Auditors (IIA). Declaração de Posicionamento do IIA: As três linhas de defesa no gerenciamento eficaz de riscos e controles. Tradução Instituto dos Auditores Internos do Brasil (IAA Brasil). São Paulo: IAA, jan. 2013, p. 1. Disponível em: https://www.controladoria.go.gov.br/images/noticias/As-3-linhas-de-defesa---IIA.pdf. Acesso em: 10 fev. 2022.

⁵⁴ The Institute of Internal Auditors (IIA). Declaração de Posicionamento do IIA: As três linhas de defesa no gerenciamento eficaz de riscos e controles. Tradução Instituto dos Auditores Internos do Brasil (IAA Brasil). São Paulo: IAA, jan. 2013, p. 7. Disponível em: https://www.controladoria.go.gov.br/images/noticias/As-3-linhas-de-defesa---IIA.pdf. Acesso em: 10 fev. 2022.

⁵⁵ RODRIGUES, Ricardo Schneider. A lei nº 14.133/2021 e os novos limites do controle externo: A necessária deferência dos Tribunais de Contas em prol da Administração Pública. *Revista Brasileira de Políticas Públicas*/Programa de Mestrado e Doutorado em Direito do UniCEUB, Brasília: UniCEUB, vol. 11, n. 3, p. 172, dez. 2021.

Primeiro, devem preferir, quando diante de simples impropriedade formal, a adoção de medidas de saneamento e de mitigação de riscos contra sua nova ocorrência, em especial pela adoção de controle preventivo e pela capacitação dos agentes públicos, à imposição de penalidades (art. 169, §3º, inciso I, da Lei nº 14.133/2021).

O Tribunal de Contas, quando do controle externo, deve considerar que essa atividade não constitui um fim em si mesmo; ao contrário, existe em prol do alcance do interesse público, objetivando-se, dessa forma, identificar os fatores e as circunstâncias que estejam prejudicando o desempenho da Administração Pública e, por conseguinte, comprometendo os resultados legitimamente esperados pelos destinatários dos programas governamentais a serem alcançados. Como bem destacado por Cabral,[56] "[m]ais do que uma atividade punitiva deve ser uma atividade colaborativa".

Logo, deparando-se com um erro de cunho formal, sempre visando a contribuir para a formação de uma boa Administração Pública, a Corte de Contas deve adotar medidas de saneamento e de mitigação de riscos a fim de que erros dessa natureza não voltem a ocorrer, recomendando-se, inclusive, capacitações dos agentes públicos responsáveis pela prática do ato equivocado.

Segundo, na hipótese de dano praticado à Administração Pública em razão de ato irregular, além da adoção das diretrizes enumeradas no inciso I do §3º do art. 169 da NLL, os integrantes das três linhas de defesa deverão apurar a infração, observando-se a segregação de função e a necessidade de individualização das condutas, remetendo-se ao Ministério Público cópias dos documentos para apuração de ilícitos de sua competência (art. 169, §3º, inciso II, da Lei nº 14.133/2021).

O E. TCU, em diversos julgados,[57] tem-se pronunciado pela concretização do princípio da segregação das funções a fim de assegurar a especialização com a divisão de tarefas e mitigar a ineficiência advinda da execução cumulativa de atividades e a restrição aos riscos de erros, omissões, fraudes ou corrupção.

Todavia, da análise de alguns julgados versando sobre aplicação de penalização multa, identifica-se, ainda, uma postura por parte do TCU em ver na autoridade máxima do órgão ou entidade um "garantidor universal", por ser o responsável pela decisão final ou

---

[56] CABRAL, Flávio Garcia. Comentários aos arts. 169 a 173. In: SARAI, Leandro. *Tratado da Nova Lei de Licitações e Contratos Administrativos*: Lei 14.133/21 comentada por advogados públicos. São Paulo: Juspodivm, 2021, p. 1.430.

[57] Nesse sentido: Acórdãos nºs 1.679/2015-Plenário e 1.032/2018-Plenário.

figurar nos instrumentos de parceria formalizados entre a União e o respectivo ente da Federação. Esse entendimento demanda revisão por não ser admissível exigir num único agente o conhecimento de toda a matéria, ainda mais quando a própria Corte de Contas da União, em diversos julgados, tem-se pronunciado pela concretização do princípio da segregação das funções.

A título exemplificativo, cita-se o Acórdão TCU nº 2.577/2020-2ª Câmara, que, ao analisar o pedido de reconsideração firmada por ex-Prefeito de Sertãozinho, após delinear transgressão ao art. 25, III, da Lei nº 8.666/1993, deixou expressamente consignado que a fundamentação de que há pareceres técnicos ou jurídicos não "o exime da responsabilização pela prática de ato irregular, visto que lhe compete decidir, em último grau, a respeito da conveniência e oportunidade de dar seguimento ao procedimento administrativo".

Nesse ponto, tece-se crítica à afirmação de que o gestor público, por ser o responsável pela decisão final, não pode se eximir de responsabilização pelo fato de haver parecer técnico ou jurídico manifestando-se favorável à prática de determinado ato. Como bem delineado por Dionísio:

> O fato de a palavra final a respeito da atuação administrativa caber ao gestor não pode torná-lo um segurador universal de todos os equívocos em que incorre. Ao contrário, como visto no parâmetro anterior, o fato de ter sido diligente e buscado a opinião de órgãos técnicos para embasar sua opção é fator que atenua – ou, a depender do caso, até mesmo elimina – a presença de culpa pelo erro incorrido.[58]

Ainda que diante de um entendimento consolidado no E. TCU com relação à impossibilidade de contratação, por inexigibilidade de licitação, de eventos artísticos por meio de agentes detentores de carta de representação para eventos específicos, no mínimo, esse fato deveria ter sido levado em consideração quando da dosimetria da penalidade, já que ao jurídico competia alertar o gestor da possível reprimenda da contratação direta e a penalidade deve ser proporcional à respectiva conduta.

Esse mesmo raciocínio se aplica com relação ao Acórdão TCU nº 8.799/2019-1ª Câmara, que versa sobre o julgamento de pedido de reconsideração formalizada pelo Prefeito do Município de Amontada/

---

[58] DIONÍSIO, Pedro de Hollanda. *O direito ao erro do administrador público no Brasil*: Contexto, fundamentos e parâmetros. Rio de Janeiro: GZ Editora, 2019, p. 147.

CE em razão da penalidade que lhe fora imposta por meio do Acórdão TCU nº 10.849/2018-1ª Câmara.

Do relatório, extrai-se que o insurgente fora condenado em razão da impugnação parcial de despesas efetuadas com repasses federais, na modalidade fundo a fundo, relativas à execução dos programas de Proteção Social Básica e Proteção Social Especial (PSB/PSE), exercícios de 2006 e 2007, em razão de adimplemento de despesa não enquadrada dentro dos objetivos do Programa de Proteção Social, apontado como erro grosseiro o fato de o ex-Prefeito ter sido omisso na supervisão da execução financeira dos programas de PSB e PSE.

Com relação à política de assistência social, tem-se a Lei Orgânica da Assistência Social (Lei nº 8.742/1993), a qual informa que o Sistema Único da Assistência Social (SUAS) é um sistema não contributivo, descentralizado e participativo, tendo por função a gestão do conteúdo específico da Assistência Social no campo da proteção social brasileira, devendo-se estar atento que nesse sistema os serviços, programas, projetos e benefícios da Assistência Social são reorganizados por níveis de Proteção Social Básica e Proteção Social Especial (arts. 1º e 6º).

A referida legislação informa ser de competência (i) do Conselho Nacional de Assistência Social (CNAS) a normatização das ações e a regulamentação da prestação de serviços de natureza pública e privada no campo da assistência social (art. 18, inciso II, da LOA), e (ii) do órgão da Administração Pública responsável pela coordenação da Política de Assistência Social o gerenciamento do Fundo de Assistência Social, sob orientação e controle do respectivo Conselho de Assistência Social (art. 27, §1º, da LOA).

Com relação à Tipificação Nacional de Serviços Socioassistenciais, tem-se a Resolução CNAS nº 109/2009, a qual informa que esse serviço está organizado em Proteção Social Básica e Proteção Social Especial de Média e Alta Complexidade.

Do explanado, constata-se que, para execução da política pública de assistência social, exige-se do agente público conhecimento de regramentos constantes em lei nacional (Lei nº 8.742/1993), legislação local e atos infralegais editados pelo CNAS, que na maioria das vezes não se encontram codificados em texto único.

Como é cediço, há uma grande heterogeneidade de cargos e funções na Administração Pública que demandam conhecimentos e responsabilidades variáveis, sendo que cada órgão recebe um centro de competência administrativa para assegurar o cumprimento da finalidade primária, sendo que, com relação à assistência social, essa atribuição é afeta à Secretaria que está dedicada à execução da respectiva política pública. Por essa razão, não há como exigir do Prefeito, pelo simples fato de ser o Chefe do Poder Executivo, conhecimento específico da execução das políticas públicas de assistência social, que, inclusive, estão delineadas em normas infralegais. A *expertise* institucional para tratar de temas técnicos exclui sua culpa e responsabilidade pessoal, não sendo admissível impor-lhe sanção por violação à execução da referida política, sob pena de considerá-lo um segurador universal de todos os equívocos cometidos na Administração Pública Municipal.

Ora, se o próprio TCU tem-se pronunciado pela concretização do princípio da segregação das funções para fins de (i) especialização dos agentes envolvidos, com a divisão de tarefas, (ii) mitigação de ineficiência advinda da execução cumulativa de atividades e (iii) restrição aos riscos de erros, omissões, fraudes ou corrupção, não é admissível exigir da autoridade máxima do órgão ou entidade o acompanhamento de todos os atos do procedimento.

E isso é reforçado pelo art. 169, §3º, inciso II, da Lei nº 14.133/2021, ao exigir a segregação de função e a individualização das condutas dos agentes, tudo com o fim de que a responsabilização recai, desde que comprovado nexo de causalidade entre a conduta e a irregularidade e a culpabilidade, ao agente *expert* na temática e dotado de competência para a sua prática.

Dos arts. 170 e 171, inciso I, da Lei nº 14.133/2021, extrai-se a necessidade de o controle externo considerar:

a) as circunstâncias práticas que impuseram, limitaram ou condicionaram a sua ação, de forma que todos os obstáculos e dificuldades enfrentados na gestão pública sejam sopesados pelo controlador;

b) os resultados obtidos com a contratação; e

c) a oportunidade de manifestação prévia sobre possíveis propostas de encaminhamentos que poderão impactar as rotinas de trabalho do órgão ou entidade fiscalizada.

Constata-se uma preocupação, por parte do legislador, em assegurar à Administração Pública a não surpresa de futuras recomendações/determinações do órgão de controle, conferindo-lhe o direito de o gestor fornecer subsídios ao controlador para fins de avaliação da relação custo e benefício da medida a ser imposta.

Identifica-se que a Nova Lei de Licitações e Contratos enumera a deferência[59] como uma diretriz, exigindo-se dos órgãos de controle o

---

[59] Nas precisas palavras de Moreira, "[l]astreado nos princípios da separação dos poderes e da legalidade, o princípio da deferência não significa nem tolerância nem condescendência para com a ilegalidade. Mas impõe o devido respeito às decisões discricionárias proferidas

respeito às decisões discricionárias proferidas por autoridades detentoras de competência específica (no caso, o gestor público), já que, valendo-se da observação apresentada por Palma quando da análise das inovações trazidas ao ordenamento com a Lei nº 13.655/3028, cujos fundamentos podem ser importados à NLL:

> Se diante de uma concessão de serviço público o controlador não conseguir indicar de modo expresso suas consequências jurídicas e administrativas ou não puder indicar as condições para que a regularização ocorra de modo proporcional, equânime e sem prejuízo de interesses gerais, então ele não deverá invalidar, pedir a sua invalidação ou celebrar ajuste de conduta. Não podendo o controlador cumprir com os ônus argumentativos, a interpretação administrativa merece deferência e a ação administrativa deve ser preservada.[60]

A competência primária para a implementação da lei é da Administração Pública, havendo uma presunção de que esta se encontra em, como leciona Palma, "melhor posição técnica e de rotina para interpretar"[61] os dispositivos legais sobre gestão, razão pela qual é de extrema importância que o controlador, quando da hermenêutica jurídica, considere os obstáculos e as dificuldades reais do gestor e as exigências de políticas públicas a seu cargo, os quais não podem ser ignorados, já que:

> [...] Esse é o modo de interpretação, próprio da esfera administrativa. A competência administrativa pode se deslocar para a esfera controladora quando o revisor se colocar na posição do gestor. Neste caso, decidindo decidir no lugar do gestor, ele *deve assumir a competência por inteiro*, e não pela metade da parte que mais lhe favorece (prerrogativas e formação do

---

por agentes administrativos aos quais foi atribuída essa competência privativa. Os órgãos de controle externo podem controlar o devido processo legal e a consistência da motivação nas decisões discricionárias, mas não podem se imiscuir no núcleo duro daquela competência. Precisam respeitá-la e garantir aos administradores públicos a segurança jurídica de suas decisões." (MOREIRA, Egon Bockmann. Crescimento econômico, discricionariedade e o princípio da deferência. Direito do Estado, Seção Colunistas. *Instituto Brasileiro de Direito Público*, Salvador, n. 168, 2016. Disponível em: http://www.direitodoestado.com.br/colunistas/egon-bockmann-moreira/crescimento-economico-discricionariedade-e-o-principio-da-deferencia. Acesso em: 2 jan. 2022).

[60] PALMA, Juliana Bonacorsi. Segurança jurídica para a inovação pública: a nova Lei de Introdução às Normas do Direito Brasileiro (Lei nº 13.655/2018). *Revista Direito Administrativo*, Rio de Janeiro, v. 279, n. 2, p. 209-249, maio/ago. 2020, p. 232.

[61] PALMA, Juliana Bonacorsi. Segurança jurídica para a inovação pública: a nova Lei de Introdução às Normas do Direito Brasileiro (Lei nº 13.655/2018). *Revista Direito Administrativo*, Rio de Janeiro, v. 279, n. 2, p. 209-249, maio/ago. 2020, p. 228.

conteúdo decisório). Isso porque a tomada de decisão é marcadamente afetada por uma série de variáveis que caracterizam o funcionamento institucional em que se aloca a autoridade competente. Assim, as circunstâncias fáticas da gestão pública que afetam a interpretação administrativa devem também ser consideradas pelo controlador. [..] O deslocamento da competência da esfera administrativa para a esfera controladora implica não apenas na transferência de poderes decisórios e suas prerrogativas, mas também de todas as sujeições que incidem sobre o gestor público. [..] Quando o controlador se coloca na posição de gestor para revisar o conteúdo de ato, contrato, ajuste, processo ou norma administrativa, é oportuno que esteja na exata posição em que se encontra o gestor público. Do contrário, perde a sociedade: a ação administrativa pode ser desconstituída sem o mesmo peso de sua construção ou a interpretação qualificada do gestor é substituída pela controladora sem as mesmas características de tecnicidade e aplicação que fez com que o Legislador originalmente conferisse a competência e a preferência interpretativa à Administração. Em síntese, o Brasil precisa de decisões de peso.[62]

Não há como desconsiderar os custos e as possibilidades quando da análise da ação administrativa, sob pena de, como bem delineado por Maffini e Heinen, "negar a realidade e se optar, aqui em uma literal tragédia, pela utopia", já que "a utilização da norma para conferir eficácia irrestrita de direito é conduta que abstrai os efeitos colaterais (consequências) dessa posição extrema, por deveras prejudiciais aos demais membros da sociedade".[63]

Quando do exercício do controle da ação administrativa, torna-se indispensável que a decisão seja proferida levando em consideração o cenário fático e de direito que a Administração Pública se encontrava quando da escolha de determinada formatação para execução da formalização de contratação, verificando as questões práticas como o planejamento, limitações de leis orçamentárias, as prioridades públicas a serem atendidas e outros limites com as quais se depararam, o que nem sempre era levado em consideração pelo julgador.

---

[62] PALMA, Juliana Bonacorsi. Segurança jurídica para a inovação pública: a nova Lei de Introdução às Normas do Direito Brasileiro (Lei nº 13.655/2018). *Revista Direito Administrativo*, Rio de Janeiro, v. 279, n. 2, p. 209-249, maio/ago. 2020, p. 228-232.

[63] MAFFINI, Rafael; HEINEN, Juliano. Análise acerca da aplicação da Lei de Introdução às Normas do Direito Brasileiro (na redação dada pela Lei nº 13.655/2018) no que concerne à interpretação de normas de direito público: Operações interpretativas e princípios gerais de direito administrativo. *Revista de Direito Administrativo*, Rio de Janeiro, v. 277, n. 3, p. 247-278, set./dez. 2018, p. 258.

Ademais, a partir do momento em que a Lei nº 14.133/2021 prevê instrumentos novos,[64] caso as decisões relacionadas à atividade de controle externo não guardem maior deferência às decisões dos gestores públicos no exercício da atividade administrativa, haverá a paralisia decisória na esfera pública em virtude do temor de responsabilização, preferindo o gestor não se valer dos institutos introduzidos na NLL.

Para assegurar o experimentalismo na Administração Pública, torna-se necessário que o agente público tenha a segurança de que não será responsabilizado, ressalvada a hipótese de dolo ou erro grosseiro (art. 28, da LINDB), a fim de que tenha liberdade para a escolha, dentre as soluções possíveis, daquela apresentada como mais adequada para o problema concreto.

O art. 171, inciso II, da Lei nº 14.133/2021 tem como diretriz evitar o subjetivismo do controle, ao condicionar a sua atuação à existência de um procedimento objetivo e imparcial, baseado em relatório tecnicamente fundamentado, fundado exclusivamente em evidências obtidas e organizadas em conformidade com as normas de auditoria do órgão de controle, de modo a impedir a sobreposição de interesses pessoais e interpretações tendenciosas.

A preocupação é tamanha com relação ao conteúdo do controle externo que, com louvores, o E. Tribunal de Contas do Estado de Mato Grosso do Sul acabou editando a Resolução TCE/MS nº 130, de 1º de outubro de 2020 (publicada no DOETC/MS de 2 de outubro de 2020, p. 23-26), alterando-se a redação do art. 63, da Resolução TCE/MS nº 115, de 12 de dezembro de 2019.[65]

No referido diploma legal ficou expressamente consignado que os servidores ocupantes dos cargos de Auditor Estadual de Controle Externo e de Técnico de Controle Externo, quando do exercício de suas atribuições, deverão (i) abster-se, nas análises e relatórios, de emissão de críticas sobre decisões ou práticas de agentes públicos do órgão ou entidade auditada, e fundamentar as conclusões e recomendações nos resultados, ou efeitos, das decisões tomadas ou das práticas

---

[64] Aqui, cita-se o diálogo competitivo, modalidade de licitação para contratação de obras, serviços e compras em que a Administração Pública realiza diálogos com licitantes previamente selecionados mediante critérios objetivos, com o intuito de desenvolver uma ou mais alternativas capazes de atender às suas necessidades, devendo os licitantes apresentar proposta final após o encerramento dos diálogos, o credenciamento na hipótese de contratação em mercados fluidos.

[65] Normativa que "dispõe sobre a organização funcional, a estrutura básica e as competências dos órgãos e unidades organizacionais do Tribunal de Contas do Estado de Mato Grosso do Sul, e dá outras providências".

adotadas e (ii) fundamentar suas manifestações em achados, a partir das divergências entre a situação encontrada e o critério utilizado, lastreadas em provas ou evidências, com vistas à emissão de opinião imparcial, isenta e sem conotações pessoais.

Braga, ao realizar um levantamento dos julgados proferidos pelo E. TCU a fim de identificar se haveria ou não imposição de obstáculo à inovação no setor público, conclui que "o TCU pode emitir, a partir de uma amostra pouco significativa de casos, decisões de amplo alcance, que por vezes inibem o experimentalismo e o surgimento de inovações na gestão pública", pugnando pelo estabelecimento de limites. Dentre as limitações, defende a instituição "auditoria de impacto", ficando ao Tribunal de Contas o ônus de provar a ilegalidade ou antieconomicidade da inovação, até porque "detém a expertise e a estrutura adequadas para avaliar os possíveis impactos de uma inovação sobre o conjunto de órgãos e entidades"[66] da Administração Pública.

A título exemplificativo de recomendações realizadas pelo E. TCU sem prova efetiva de prejuízo à Administração Pública, o ilustre doutrinador[67] apresenta o julgamento constante no Acórdão nº 1.487/2007-Plenário, em que fora analisada a figura do carona em licitação realizada pelo Ministério da Saúde para a contratação, via registro de preços, de serviços de organização de eventos.

Em razão do quantitativo de órgãos e entidades que aderiram ao registro de preço (sessenta e dois) e o somatório total dos contratos formalizados (dois bilhões de reais) quando comparado com o inicialmente previsto (trinta e dois milhões de reais), o TCU entendeu que a utilização sem limitação importaria em (i) violação aos princípios jurídicos da ampla competição e da igualdade de condições entre licitantes; e (ii) perda de economia de escala em razão da indefinição inicial dos quantitativos a serem fornecidos. Por esse motivo, determinou que o Ministério do Planejamento reavaliasse as regras aplicáveis ao registro de preços, de forma a "estabelecer limites" para a carona.[68]

---

[66] BRAGA, André de Castro O. P. O Tribunal de Contas da União impõe obstáculos à inovação no setor público? *In:* SUNDFELD, Carlos Ari; ROSILHO, André. *Tribunal de Contas da União no direito e na realidade.* São Paulo: Almedina, 2020, p. 449.

[67] BRAGA, André de Castro O. P. O Tribunal de Contas da União impõe obstáculos à inovação no setor público? *In:* SUNDFELD, Carlos Ari; ROSILHO, André. *Tribunal de Contas da União no direito e na realidade.* São Paulo: Almedina, 2020, p. 434-437.

[68] Oportuno destacar que o Ministério do Planejamento interpôs recurso contra o Acórdão n. 1.487/2007-Plenário, tendo o TCU mantido o entendimento de violação aos princípios jurídicos e de prejuízos potenciais ao erário, inclusive ressaltando que o uso irrestrito da carona agravaria o risco de corrupção nas contratações públicas (Acórdão nº 2.692/2012-Plenário).

Lendo o Acórdão nº 1.487/2007-Plenário, constata-se inexistir (i) descrição de qualquer dano efetivo provocado à Administração Pública pelo uso do instituto carona ou (ii) identificação de que as aquisições se deram por preços fora dos parâmetros de mercado ou com indícios de corrupção. Pior, não faz qualquer análise quanto aos benefícios aos 62 (sessenta e dois) órgãos que aderiram à ata de registro de preço, uma vez que não necessitaram deflagrar procedimentos licitatórios e movimentar a máquina pública para a sua realização, hipótese em que há custos indiretos com a execução dessa tarefa, além de celeridade no atendimento da necessidade e, assim, reversão em serviço público de maneira mais célere e eficaz.

Braga destaca que sequer houve exame da "real dimensão do uso da carona no governo federal à época", que sequer realizou "uma análise prévia dos custos e benefícios que estavam em jogo na fixação de um limite à carona".[69]

Com relação a esse tema, têm-se, ainda, os Acórdãos nºs 457-2015-Plenário e 311/2018-Plenário, em que o TCU exigiu estudos prévios para fins de permissão de adesão à ata de registro de preços na condição de não participantes, sem deixar delineado o que deve ser perquirido pelo órgão ou entidade responsável pelo certame licitatório, criando, na visão de Braga, "um forte desincentivo à carona, sobretudo porque o órgão gerenciador, a quem o Tribunal atribuiu a responsabilidade pelos estudos, é o ente que menos tem a ganhar com a possibilidade de contratação simplificada via carona".[70]

Nos tempos em que o Tribunal de Contas, sob a fundamentação de proatividade e concretização das políticas públicas eficientes, acaba "por exercer suas atribuições em desconformidade com o permitido em níveis constitucional e infraconstitucional, demonstrando a subjetividade na tomada de decisões por seus membros",[71] o inciso II do art. 171 da Lei nº 14.133/2021 traça uma diretriz jurídica demarcadora do limite de controle externo. Com o referido dispositivo legal se repudia o controle sob viés subjetivista, por reclamar a elaboração de relatórios

---

[69] BRAGA, André de Castro O. P. O Tribunal de Contas da União impõe obstáculos à inovação no setor público? In: SUNDFELD, Carlos Ari; ROSILHO, André. *Tribunal de Contas da União no direito e na realidade*. São Paulo: Almedina, 2020, p. 436-437.

[70] BRAGA, André de Castro O. P. O Tribunal de Contas da União impõe obstáculos à inovação no setor público? In: SUNDFELD, Carlos Ari; ROSILHO, André. *Tribunal de Contas da União no direito e na realidade*. São Paulo: Almedina, 2020, p. 438.

[71] Nesse sentido: CABRAL, Flávio Garcia. O ativismo de Contas do tribunal de Contas da União (TCU). *Revista de Direito Administrativo e Infraestrutura*, vol. 16/2021, p. 215-257, jan./mar. 2021, p. 222.

tecnicamente fundamentados, exigindo-se do controlador externo o respeito às decisões discricionárias proferidas por autoridades detentoras de competência específica quando ausentes os elementos que confiram certeza quanto à decisão mais adequada.

A Lei nº 14.133/2021, ao reconhecer a possibilidade de exercício do poder geral de cautela pela Corte de Contas, a fim de viabilizar e assegurar o resultado útil dos processos sob sua jurisdição, sempre observando o rol de competências constitucionais que lhe foras atribuídas, impôs limitações em art. 171, §1º, incisos I e II.

A primeira limitação diz respeito à matéria, já que o dispositivo trata sobre a suspensão cautelar do processo licitatório pelo Tribunal de Contas, nada dispondo sobre a "suspensão cautelar de contrato administrativo". Conforme advertem Sundfeld e Câmara,[72] o art. 71, inciso X, da CF prevê que o Tribunal de Contas poderá determinar a sustação dos efeitos de atos administrativos irregulares; e não de contratos administrativos, pelo simples fato de que o Constituinte conferiu essa atribuição ao Poder Legislativo (§1º do art. 71, da CF).

Considerando ser o poder geral de cautela atributo constitucional e legalmente conferido ao Poder Judiciário, a ser empregado no exercício de suas competências jurisdicionais, esse poder não pode ser invocado para fundamentar intervenção do Tribunal de Contas na gestão pública em matéria sobre a qual a Constituição Federal não lhe tenha outorgado competência.[73]

A segunda limitação refere-se ao aspecto temporal, ao determinar que a Corte de Contas deverá analisar o mérito da suposta irregularidade,

---

[72] SUNDFELD, Carlos Ari; CÂMARA, Jacintho Arruda. Competências de Controle dos Tribunais de Contas: Possibilidades e Limites. In: SUNDFELD, Carlos Ari; ROSILHO, André. *Tribunal de Contas da União no direito e na realidade*. São Paulo: Almedina, 2020, p. 32.

[73] Como bem destacado por Sundfeld e Câmara, "[...] a sustação de contratos pelo Tribunal de Contas não pode ser adotada como medida cautelar de apoio a sua competência de julgar as despesas. É que, ao fazer tais julgamentos definitivos quanto aos contratos, sua decisão não pode ter o efeito direto de sustá-los, pois isso é da competência exclusiva do Legislativo. Ao julgar em definitivo, o Tribunal não susta contratos, apenas aplica sanções pessoais a quem praticar irregularidades (Constituição, art. 71, VIII). Logo, não pode fazer cautelarmente algo que não pode fazer ao final do processo.

O papel do Tribunal de Contas, no equilíbrio institucional de funções contido na Constituição Federal, não comporta a sustação, por eles, de contratos da Administração. Essa medida extrema ou é obtida via judicial, em ação proposta por parte legitimada (Ministério Público, cidadãos, Advocacia Pública), ou por decisão direta do Congresso Nacional (art. 71, §1º, da Constituição)". (SUNDFELD, Carlos Ari; CÂMARA, Jacintho Arruda. Competências de Controle dos Tribunais de Contas: Possibilidades e Limites. In: SUNDFELD, Carlos Ari; ROSILHO, André. *Tribunal de Contas da União no direito e na realidade*. São Paulo: Almedina, 2020, p. 45-46).

no prazo de 25 (vinte e cinco) dias úteis, passíveis de prorrogação por igual período e uma única vez.

A terceira limitação corresponde à incorporação do art. 21, *caput*, da LINDB, na NLL, já que impõe ao órgão controlador o ônus argumentativo, a partir do momento em que a decisão de irregularidade importará o ônus de argumentar pelas consequências jurídicas e administrativas. Como bem destacado por Rodrigues, "impedida a Administração Pública de atuar, por força de uma decisão cautelar, cumpre ao próprio TC indicar como se deve proceder para não deixar ao desamparo o interesse que seria concretizado pela licitação obstada, em casos de maior urgência".[74]

Por fim, o art. 171, §3º, da NLL, repetindo o disposto no art. 20, parágrafo único, da LINDB, prevê que a decisão de mérito deverá, em sendo possível, construir método de superação das irregularidades, apontando a forma como o vício de validade pode ser superado, de modo a não comprometer os interesses gerais.

Constata-se, dessa forma, que a NLL, seguindo a sistemática introduzida com a Lei nº 13.655/2018, parte da ideia de que os atos decisórios têm consequências práticas, que se projetam não apenas no caso concreto, como também nas políticas públicas e em outros valores abstratos, podendo acarretar perdas anormais e ônus excessivos para o Estado e para a coletividade. Por essa razão, exige-se, quando do exercício de funções de controle, a avaliação das circunstâncias fáticas, inclusive dos obstáculos e dificuldades enfrentadas pelo gestor no momento da formalização de determinada contratação, as possíveis alternativas a serem adotadas e as consequências práticas das interpretações e decisões empregadas.

A supracitada lei prima pelo respeito ao espaço de decisão do administrador público, tendo por finalidade aprimorar a segurança jurídica e melhorar a qualidade das decisões, cujos regramentos voltados ao controle externo demonstram o nítido propósito de melhor delimitar os espaços de atuação da função administrativa e do órgão fiscalizador, reduzindo o receio de ser responsabilizado e propiciando um ambiente mais favorável à implementação de inovações.

---

[74] RODRIGUES, Ricardo Schneider. A lei nº 14.133/2021 e os novos limites do controle externo: A necessária deferência dos Tribunais de Contas em prol da Administração Pública. *Revista Brasileira de Políticas Públicas*/Programa de Mestrado e Doutorado em Direito do UniCEUB, Brasília: UniCEUB, vol. 11, n. 3, p. 175, dez. 2021.

5 Considerações finais

O artigo teve o propósito de demonstrar que o Tribunal de Contas tem extrapolado os limites de suas competências, adentrando-se à análise dos aspectos discricionários da formatação da contratação, ensejando um estado de temor no gestor, paralisando ou retardando a sua ação.

A competência primária para a implementação da lei é da Administração Pública, havendo uma presunção de que esta se encontra em melhor posição técnica e de rotina para a atividade hermenêutica dos dispositivos legais sobre gestão, razão pela qual é de extrema importância que o controlador, quando da hermenêutica jurídica, considere os obstáculos, as condições e as dificuldades enfrentadas, já que a atividade administrativa é desenvolvida em ambientes complexos, dinâmicos e instáveis, podendo, assim, ser permeada por riscos e incertezas.

A Lei nº 14.133/2021, seguindo a sistemática inserida na LINDB pela Lei nº 13.655/2018, parte da ideia de que os atos decisórios têm consequências práticas, que se projetam não apenas no caso concreto, como também nas políticas públicas e em outros valores abstratos, podendo acarretar perdas anormais e ônus excessivos para o Estado e para a coletividade. Por essa razão, exige-se, quando do exercício de funções de controle, a avaliação das circunstâncias fáticas, inclusive dos obstáculos e dificuldades enfrentadas pelo gestor no momento da formalização de determinada contratação, as possíveis alternativas a serem adotadas e as consequências práticas das interpretações e decisões empregadas.

As limitações conferidas ao controle externo pela Lei nº 14.133/2021 primam pelo respeito ao espaço de decisão do administrador público, aprimorando a segurança jurídica e objetivando a melhora da qualidade das decisões a partir da melhor delimitação dos espaços de atuação da função administrativa e do órgão fiscalizador, reduzindo o receio de ser responsabilizado e propiciando um ambiente mais favorável à implementação de inovações.

Referências

BARROSO, Luís Roberto. *Interpretação e aplicação da Constituição: Fundamentos de uma dogmática constitucional transformadora*. 6. ed. São Paulo: Saraiva, 2008.

BATISTA JÚNIOR, Onofre Alves; CAMPOS, Sarah. A Administração Pública consensual na modernidade líquida. *Fórum Administrativo – FA*, Belo Horizonte, ano 14, n. 155, p. 31-43, jan. 2014.

BRAGA, André de Castro O. P. O Tribunal de Contas da União impõe obstáculos à inovação no setor público? *In:* SUNDFELD, Carlos Ari; ROSILHO, André. *Tribunal de Contas da União no direito e na realidade.* São Paulo: Almedina, 2020, p. 417-460.

BINENBOJM, Gustavo; CYRINO, André. O art. 28 da LINDB – A cláusula geral do erro administrativo. *Revista Direito Administrativo*, Rio de Janeiro, Edição Especial: Direito Público na Lei de Introdução às Normas de Direito Brasileiro – LINDB (Lei nº 13.655/2018), p. 203-224, nov. 2018.

CABRAL, Flávio Garcia. O ativismo de Contas do tribunal de Contas da União (TCU). *Revista de Direito Administrativo e Infraestrutura*, vol. 16, p. 215-257, jan./mar. 2021, p. 222.

CABRAL, Flávio Garcia. Comentários aos arts. 169 a 173. *In:* SARAI, Leandro. *Tratado da Nova Lei de Licitações e Contratos Administrativos*: Lei 14.133/21 Comentada por advogados públicos. São Paulo: Juspodivm, 2021, p. 1420-1448.

CAMPANA, Priscilla de Souza Pestana. A cultura do medo na administração pública e a ineficiência gerada pelo atual sistema de controle. *Revista de Direito*, v. 9, n. 1, p. 189-216, 2017. Disponível em: https://periodicos.ufv.br/revistadir/article/view/252703892017090107/pdf. Acesso em: 18 fev. 2022.

DIONÍSIO, Pedro de Hollanda. *O direito ao erro do administrador público no Brasil*: Contexto, fundamentos e parâmetros. Rio de Janeiro: GZ Editora, 2019.

FREITAS, Juarez. *A interpretação sistemática do direito*. 5. ed. São Paulo: Malheiros, 2010.

GODINHO, Heloísa Helena Antonacio M. Controle externo das licitações e a Lei nº 14.133/2021. *In:* CARVALHO, Matheus; BELÉM, Bruno; TORRES, Ronny Charles L. de. *Temas controversos da nova Lei de Licitações e Contratos*. Salvador: Juspodivm, 2021, p. 181-209.

GUIMARÃES, Fernando Vernalha. O Direito Administrativo do Medo: A crise da ineficiência pelo controle. *Direito do Estado, Seção Colunistas, Instituto Brasileiro de Direito Público*, Salvador, n. 71, 31 jan. 2016. Disponível em: http://www.direitodoestado.com.br/colunistas/fernando-vernalha-guimaraes/o-direito-administrativo-do-medo-a-crise-da-ineficiencia-pelo-controle. Acesso em: 18 fev. 2022.

JORDÃO, Eduardo. Por mais realismo no controle da administração pública. *Direito do Estado*, n. 183, 2016. Disponível em: http://www.direitodoestado.com.br/colunistas/eduardo-ferreira-jordao/por-mais-realismo-no-controle-da-administracao-publica. Acesso em: 2 fev. 2022.

MAFFINI, Rafael; HEINEN, Juliano. Análise acerca da aplicação da Lei de Introdução às Normas do Direito Brasileiro (na redação dada pela Lei nº 13.655/2018) no que concerne à interpretação de normas de direito público: Operações interpretativas e princípios gerais de direito administrativo. *Revista de Direito Administrativo*, Rio de Janeiro, v. 277, n. 3, p. 247-278, set./dez. 2018.

MARQUES NETO, Floriano de Azevedo. Os grandes desafios do controle da Administração Pública. *Fórum de Contratação e Gestão Pública – FCGP*, Belo Horizonte, ano 9, n. 100, abr. 2010.

MARQUES NETO, Floriano de Azevedo; FREITAS, Rafael Véras de. *Comentários à Lei nº 13.655/2018* (Lei da Segurança para a Inovação Pública). Belo Horizonte: Fórum, 2019.

MAXIMILIANO, Carlos. *Hermenêutica e aplicação do Direito*. 19. ed. Rio de Janeiro: Forense, 2006.

MEDAUAR, Odete. *Direito administrativo moderno*. 18. ed. rev. e atual. São Paulo: Revista dos Tribunais, 2014.

MILESKI, Hélio Saul. *Tribunal de Contas*: Evolução, natureza, funções e perspectivas futuras. Revista Interesse Público. Belo Horizonte, n. 45, p. 257-279, set./out. 2007.

MOREIRA NETO, Diogo de Figueiredo. *Curso de Direito Administrativo*. 16. ed. Rio de Janeiro: Forense, 2014.

MOREIRA NETO, Diogo de Figueiredo; GARCIA, Flávio Amaral. Desastres naturais e contratações emergenciais. *Revista de Direito Administrativo – RDA*, Rio de Janeiro, v. 265, p. 149-178, jan./abr. 2014.

MOREIRA, Egon Bockmann. Crescimento econômico, discricionariedade e o princípio da deferência. *Direito do Estado, Seção Colunistas, Instituto Brasileiro de Direito Público*, Salvador, n. 168, 2016. Disponível em: http://www.direitodoestado.com.br/colunistas/egon-bockmann-moreira/crescimento-economico-discricionariedade-e-o-principio-da-deferencia. Acesso em: 2 jan. 2022.

MOTTA, Fabrício; NOHARA, Irene Patrícia. *LINDB no Direito Público*: 13.655/2018. São Paulo: Thomson Reuters Brasil, 2019.

PALMA, Juliana Bonacorsi. *A proposta de lei da segurança jurídica na gestão e do controle públicos e as pesquisas acadêmicas*. Disponível em: http://sbdp.org.br/wp/wp-content/uploads/2019/06/LINDB.pdf.

PALMA, Juliana Bonacorsi. Quem é o 'administrador médio' do TCU? LINDB exige que condutas sejam avaliadas a partir da realidade. Publicado em 22 ago. 2018. Disponível em: https://www.jota.info/opiniao-e-analise/colunas/controle-publico/quem-e-o-administrador-medio-do-tcu-22082018. Acesso em: 20 fev. 2022.

PALMA, Juliana Bonacorsi. Segurança jurídica para a inovação pública: a nova Lei de Introdução às Normas do Direito Brasileiro (Lei nº 13.655/2018). *Revista Direito Administrativo*, Rio de Janeiro, v. 279, n. 2, p. 209-249, maio/ago. 2020.

PINTO, Hélio Pinheiro. *Juristocracia*: O STF entre a judicialização da política e o ativismo judicial. 2. ed. Belo Horizonte: Fórum, 2018.

ROSILHO, André; GERBIM, Larissa Santiago. Política de contratações públicas da Petrobras: O que pensam o STF e o TCU? *Revista de Direito Público da Economia*, Belo Horizonte, v. 50, p. 63-88, abr./jun. 2015.

SANTOS, Rodrigo Valgas dos. *Direito administrativo do medo* [livro eletrônico]: Risco e fuga da responsabilização dos agentes públicos. São Paulo: Thomson Reuters Brasil, 2021.

SHUARTZ, Luiz Fernando. Consequencialismo jurídico, racionalidade decisória e malandragem. *Revista de Direito Administrativo*, Rio de Janeiro, v. 248, p. 130-158, maio/ago. 2008.

STRECK, Lenio; ABBOUD, Georges. *O que é isto: O precedente judicial e as súmulas vinculantes?* 2. ed. rev. e atual. Porto Alegre: Livraria do Advogado Editora, 2013.

SUNDFELD, Carlos Ari. Chega de axé no direito administrativo. Opinião publicada em 21 mar. 2014. Disponível em: http://www.sbdp.org.br/publication/chega-de-axe-no-direito-administrativo/. Acesso em: 20 jan. 2021.

SUNDFELD, Carlos Ari. Contratação sem licitação para o desenvolvimento institucional (art. 24, XIII da Lei 8.666/1993) – limites e controle. *Revista de Direito Administrativo – RDA*, v. 267, p. 85-108, set./dez. 2014.

SUNDFELD, Carlos Ari. *Direito administrativo para céticos*. 2. ed. São Paulo: Malheiros, 2017, 351p.

SUNDFELD, Carlos Ari. Uma lei geral inovadora para o Direito Público: entra na reta final o projeto para modernizar a Lei de Introdução às Normas do Direito Brasileiro. Disponível em: https://www.jota.info/opiniao-e-analise/colunas/controle-publico/uma-lei-geral-inovadora-para-o-direito-publico-31102017. Acesso em: 12 fev. 2022.

SUNDFELD, Carlos Ari; CÂMARA, Jacintho Arruda. Competências de Controle dos Tribunais de Contas: Possibilidades e Limites. *In:* SUNDFELD, Carlos Ari; ROSILHO, André. *Tribunal de Contas da União no direito e na realidade*. São Paulo: Almedina, 2020, p. 15-61.

SUNDFELD, Carlos Ari; GIACOMUZZI, José Guilherme. O espírito da Lei nº 13.665/2018: impulso realista para a segurança jurídica no Brasil. *Revista de Direito Público da Economia – RDPE*, Belo Horizonte, ano 16, n. 62, p. 39-41, abr./jun. 2018.

SUNDFELD, Carlos Ari; MARQUES NETO, Floriano de Azevedo. Uma nova lei para aumentar a qualidade jurídica das decisões públicas e de seu controle. *In:* SUNDFELD, Carlos Ari (org.). *Contratações públicas e seu controle*. São Paulo: Malheiros, 2013, p. 277-285.

The Institute of Internal Auditors (IIA). Declaração de Posicionamento do IIA: As três linhas de defesa no gerenciamento eficaz de riscos e controles. Tradução Instituto dos Auditores Internos do Brasil (IAA Brasil). São Paulo: IAA, jan. 2013, p. 7. Disponível em: https://www.controladoria.go.gov.br/images/noticias/As-3-linhas-de-defesa---IIA.pdf. Acesso em: 10 fev. 2022.

VALIATI, Thiago Priess; MUNHOZ, Manoela Virmond. O impacto interpretativo da Lei nº 13.655/2018 na aplicação da Lei de Improbidade Administrativa: a confiança no agente público de boa-fé para inovar na Administração Pública. *Revista Brasileira de Direito Público – RBDP*, Belo Horizonte, ano 16, n. 62, p. 161-186, jul./set. 2018.

WILLEMAN, Marianna Montebello. *Accountability* democrática e o desenho institucional dos tribunais de contas no Brasil. 2. ed. Belo Horizonte: Fórum, 2020.

Informação bibliográfica deste texto, conforme a NBR 6023:2018 da Associação Brasileira de Normas Técnicas (ABNT):

SÁ, Vanessa de Mesquita e. O controle externo exercido pela Corte de Contas e o temor do gestor em decidir: As limitações constantes na Nova Lei de Licitações e Contratos para uma Administração Pública inovadora e não paralisante. *In*: PRUDENTE, Juliana Pereira Diniz; MEDEIROS, Fábio Andrade; COSTA, Ivanildo Silva da. *Nova Lei de Licitações sob a ótica da Advocacia Pública*: reflexões temáticas. Belo Horizonte: Fórum, 2022. p. 17-59. ISBN 978-65-5518-381-8.

A NOVA LEI DE LICITAÇÕES E CONTRATAÇÕES PÚBLICAS E O EXAME DA SUA APLICAÇÃO ÀS PARCERIAS CONTRATUAIS DO ESTADO COM AS *STARTUPS*

JASSON HIBNER AMARAL

IURI CARLYLE DO AMARAL MADRUGA

HORÁCIO AUGUSTO MENDES DE SOUSA

1 Introdução

O presente artigo analisa a possibilidade de aplicação da nova Lei de Licitações e Contratações nos processos licitatórios voltados à celebração de contratos públicos com as *startups*, visando o desenvolvimento de tecnologias e inovações de interesse público, nas atividades administrativas do Estado. O tema se reveste de relevância e atualidade, seja pelo advento do novo marco jurídico nacional das licitações e contratações públicas, concretizado na Lei nº 14.133, de 1º de abril de 2021, a demandar reflexões jurídicas acerca da sua aplicabilidade, eficácia e efetividade, quer em razão da crescente ampliação de parcerias administrativas contratuais do Estado com as *startups*, com vistas ao desenvolvimento de tecnologias e inovações de interesse público, de modo a tornar mais eficientes as entregas da gestão pública, no desempenho das suas altas missões administrativas voltadas à realização prática dos direitos fundamentais das pessoas, o que justificou a edição das Leis Complementares nº 182, de 1º de junho de 2021, e nº 929, de 26 de novembro de 2019, versando especificamente sobre a temática em exame.

Destarte, o problema a ser enfrentado no presente artigo consiste em examinar a possibilidade jurídica de aplicação de Lei nº 14.133/2021 às licitações e contratações a serem firmadas pelo Estado com as *startups*, diante da existência de lei especial sobre o tema, qual seja, a Lei Complementar Federal nº 182, de 1º de junho de 2021.

Como hipótese do presente artigo, admite-se a possibilidade jurídica de aplicação da Lei nº 14.133/2021 às licitações e contratos que o Estado venha a firmar com as *startups*, nos termos da Lei Complementar nº 182/2021, desde que se observem certas cautelas e limites jurídicos destacados no vertente trabalho, de modo que o diálogo normativo entre ambos os marcos jurídicos citados seja, na maior medida possível, eficiente e eficaz, no âmbito das parcerias administrativas aludidas.

Para tanto, como objetivos do presente artigo, pretende-se analisar, nos itens que se seguem, respectivamente, o tema das licitações e contratações públicas de *startups* no Direito brasileiro e examinar a aplicabilidade jurídica da Lei nº 14.133/2021 às licitações e contratos públicos do Estado com as *startups*. Por derradeiro, ofertam-se considerações finais sobre a temática objeto do estudo.

Adota-se o método dedutivo, a partir da análise de premissas constitucionais e infraconstitucionais, gerais e específicas, sobre a temática investigada, com metodologia baseada em pesquisa documental e bibliográfica a respeito do tema investigado. Espera-se que o presente artigo possa contribuir para o aprofundamento, teórico e prático, a respeito das reflexões acerca da importância das parcerias contratuais estatais com as *startups* para a inovação na Administração Pública, realçando-se, inclusive, a relevância da Advocacia Pública no contexto das grandes transformações tecnológicas do Estado Democrático de Direito no século XXI.

2 As licitações e contratações públicas de *startups* no Direito brasileiro

Como se sabe, o paradigma do Estado Democrático de Direito e a forma de gestão dos complexos e plurais interesses públicos, confiados pela Constituição à Administração Pública, têm sido revisitados notadamente em razão de dois fenômenos distintos, mas que se relacionam fortemente, quais sejam, as transformações tecnológicas em acelerado curso e a crise pandêmica decorrente do coronavírus, essa última com efeitos humanitários, sociais e econômicos devastadores, no Brasil e mundo afora.

Em outros termos, as novas tecnologias e a pandemia decorrente da covid-19 e seus desafios, inclusive jurídicos,[1] estão modificando o agir público-administrativo em larga escala. É dizer, o Estado, a sociedade e as relações jurídicas, sociais e econômicas têm sido profundamente transformadas[2] pelas novas tecnologias e inovações,[3] sobretudo as digitais, mudando completamente o modo de viver e conviver socialmente,[4] com as naturais tensões[5] e conflitos daí decorrentes.

---

[1] BUSSINGUER, Elda Coelho de Azevedo; SOUSA, Horácio Augusto Mendes de. Vida e morte diante do inimigo invisível: exame da constitucionalidade dos protocolos de escolha dos pacientes do Coronavírus que terão preferências em leitos escassos, à luz dos direitos fundamentais à vida e à saúde. *In*: ALVITES, Elena; POMPEU, Gina Marcilio; SARLET, Ingo Wolfgang (org.). *Direitos fundamentais na perspectiva da democracia interamericana*. Porto Alegre: Editora Fundação Fênix, 2021, p. 397-424. Disponível em: https://www.fundarfenix.com.br. Acesso em: 11 out. 2021 e BUSSINGUER, Elda Coelho de Azevedo e SOUSA, Horácio Augusto Mendes de. Exame da constitucionalidade dos gastos públicos com medicamentos sem eficácia científica comprovada: o uso da cloroquina e da hidroxicloroquina para o tratamento do coronavírus no Brasil. *Direitos Fundamentais e Políticas Públicas*. Organizadores Robinson Tramontina, Elda Coelho de Azevedo Bussinguer e Bruno Lorenzetto. Joaçaba: Editora Unoesc, 2020.

[2] SOUSA, Horácio Augusto Mendes de. Estado Constitucional transformado pela governança por standards e indicadores: estudo de caso no direito brasileiro à luz da decisão proferida pelo Supremo Tribunal Federal na ADPF nº 669-DF. MORAIS, José Luiz Bolzan de (org.). *Conexões Estado, Direito e Tecnologia*. Vitória: FDV publicações, 2020, p. 63-102.

[3] Cf.: MENDONÇA, José Vicente Santos de. Direito administrativo e inovação: limites e possibilidades. *In*: BARROSO, Luís Roberto; MELLO, Patrícia Perrone Campos (coord.). *A República que ainda não foi*: trinta anos da Constituição de 1988 na visão da Escola de Direito Constitucional da UERJ. Belo Horizonte: Fórum, 2018. p. 557-573.

[4] Em sentido semelhante, cf.: BARROSO, Luís Roberto. *Um outro país*: transformações no direito, na ética e na agenda do Brasil. Belo Horizonte: Fórum, 2018, p. 327-328.

[5] COURA, Alexandre de Castro; SOUSA, Horácio Augusto Mendes de. As tensões existentes entre constitucionalismo e democracia e suas repercussões na concretização de direitos fundamentais: estudo de caso à luz da decisão proferida pelo Supremo Tribunal Federal na ADPF nº 669-DF. *Interesse Público – IP*, Belo Horizonte, ano 23, n. 129, p. 135-159, set./out. 2021.

Consequentemente, planejamento administrativo,[6] regulação,[7] poder de polícia, prestação de serviços públicos,[8] fomento público, exploração direta das atividades econômicas pelo Estado, repressão ao abuso do poder econômico e ordenamento social, enquanto categorias de atividades administrativas do Estado, nas lições sempre atuais de Diogo de Figueiredo Moreira Neto[9] e Marcos Juruena Villela Souto, estão sendo revisitados[10] e ressignificados, em vista dos impactos das novas tecnologias e da crise pandêmica mencionada.

Ademais, transparência algorítmica, inteligência artificial,[11] laboratórios de inovação pública,[12] teletrabalho público,[13] controle da desinformação, combate à corrupção,[14] promoção de direitos fundamentais, inclusive digitais, são temas objeto de preocupações do Estado e da sociedade, ressaltando-se a importância da discussão

---

[6] Cf.: SOUTO, Marcos Juruena Villela. *Direito Administrativo da Economia*. Rio de Janeiro: Lumen Juris, 2003.

[7] Cf.: SOUTO, Marcos Juruena Villela. *Direito Administrativo Regulatório*. Rio de Janeiro: Lumen Juris, 2002.

[8] Cf.: SADDY, André. Perspectivas do Direito da Infraestrutura com o Surgimento das Novas Tecnologias (Inovações) Disruptivas. *In*: SADDY, André; CHAUVET, Rodrigo da Fonseca e DA SILVA, Priscilla Menezes (coord.). *Aspectos jurídicos das novas tecnologias (inovações) disruptivas*. Rio de Janeiro: Lumen Juris, 2019, p. 25-50.

[9] Cf.: MOREIRA NETO, Diogo de Figueiredo. *Curso de Direito Administrativo*. 14 ed. Rio de Janeiro: Forense, 2005.

[10] Cf.: MOREIRA NETO, Diogo de Figueiredo. *Quatro Paradigmas do Direito Administrativo Pós-Moderno*. Belo Horizonte: Fórum, 2008, p. 126.

[11] Cf.: SOUSA, Horácio Augusto Mendes de. Aspectos jurídicos das parcerias contratuais entre o estado e as *startups* para o fomento ao desenvolvimento de tecnologias e inovações de interesse público a partir do uso da inteligência artificial. *In*: SADDY, André (org.). *Inteligência artificial e Direito Administrativo*. CEEJ: Rio de Janeiro, 2022 (prelo).

[12] SADDY, André; SOUSA, Horácio Augusto Mendes de. O laboratório de inovação como instrumento de estímulo público às parcerias contratuais entre o estado e as *startups*. *In*: MOTTA, Fabrício; VALLE, Vanice Regina Lírio do (coord.). *Governo digital e a busca por inovação na Administração Pública*: A Lei nº 14.129, de 29 de março de 2021. Belo Horizonte: Fórum, 2022. p. 203-220. ISBN 978-65-5518-287-3.

[13] SOUSA, Horácio Augusto Mendes de. Regime jurídico do teletrabalho no serviço público: novos caminhos rumo à administração pública digital. *Interesse Público – IP*, Belo Horizonte, ano 21, n. 113, p. 83-100, jan./fev. 2019.

[14] Sobre a relação entre licitações, contratações públicas e corrupção, cf.: SOUSA, Horácio Augusto Mendes de. A juridicidade da exigência de programa de integridade para participar de licitações e firmar contratos e outras parcerias com o Estado. *Revista de Direito da Procuradoria Geral do Estado do Espírito Santo*, v. XV, 2º sem. 2017 e SOUSA, Horácio Augusto Mendes de. A lei anticorrupção e a análise dos atos lesivos no âmbito das parcerias da administração pública com o Terceiro Setor. *In*: SOUZA, Jorge Munhós; QUEIROZ, Ronaldo Pinheiro de (org.). *Lei anticorrupção e Temas de Compliance*. 2 ed. Salvador: Juspodivm, 2017, p. 121-148.

acerca da regulação jurídica do Estado, seus limites e possibilidades,[15] inclusive sob a ótica das licitações e contratações públicas, enquanto instrumentos regulatórios relevantíssimos para que o Estado alcance seus objetivos previstos no art. 3º da Constituição brasileira de 1988.

Consequentemente, é necessário o reexame dos institutos pertinentes às licitações e contratações públicas, de modo que esses instrumentos – licitação e contrato público – sejam adequados, idôneos, proporcionais, eficientes e sustentáveis no atendimento dos diversificados interesses públicos de uma sociedade complexa, plural, fragmentada e cada vez mais participativa e exigente de prestações sob a responsabilidade da Administração Pública, até mesmo pelo próprio desenvolvimento tecnológico e digital das pessoas e entidades privadas intermédias, em um movimento de verdadeira cidadania digital.

É nesse complexo contexto contemporâneo que se inserem as licitações e contratações públicas voltadas à celebração de parcerias contratuais entre o Estado e as entidades enquadradas como *startups*, visando o desenvolvimento e introdução de tecnologias e inovações no âmbito da Administração Pública, em benefício da maior eficiência e eficácia na gestão pública, ao mesmo tempo em que o Estado fomenta, por meio do contrato público, as entidades enquadradas como *startups*. No ponto, vale retomar algumas reflexões anteriores em estudo de um dos autores do presente artigo específico sobre o tema, no contexto maior do aqui denominado "Direito Público das *Startups*",[16] para designar o conjunto de parcerias administrativas entre o Estado e as *startups*

---

[15] Consoante Juarez Freitas e Thomas Bellini: "(m) São diretrizes ético-jurídicas vinculantes para a regulação proporcional e sustentável da IA: i) indelegabilidade da decisão intrinsecamente humana; ii) dignidade da vida; iii) diversidade e privacidade; iv) bem-estar multidimensional, ecossistêmico e intergeracional; v) escrutínio de impactos diretos e indiretos (externalidades); vi) transparência (ativa e passiva) e explicabilidade; vii) segurança preventiva e precavida; viii) responsabilidade e proporcionalidade (legitimidade, adequação, necessidade e proporcionalidade em sentido estrito); ix) instrumentalidade teleológica e identificabilidade; x) sustentabilidade e xi) supervisão humana, acrescida de reversibilidade". FREITAS, Juarez; FREITAS, Thomas Bellini. *Direito e Inteligência Artificial*. 1. ed. Belo Horizonte: Fórum, 2020. Disponível em: https://www.forumconhecimento.com.br/livro/4091. Acesso em: 20 nov. 2020, p. 142-143.

[16] Sobre o tema, cf.: SADDY, André; SOUSA, Horácio Augusto Mendes de; RODOR, Fernanda Medeiros e Ribeiro. *Direito Público das Startups:* uma nova governança público-privada nas parcerias administrativas entre o Estado e as entidades de tecnologia e inovação. 2 ed. Rio de Janeiro: Centro de Estudos Empírico Jurídicos, 2021 e SOUSA, Horácio Augusto Mendes de; RODOR, Fernanda Medeiros e Ribeiro. Parcerias administrativas digitais para a inovação na gestão pública: uma proposta de marco regulatório operacional no âmbito do Estado. *Interesse Público – IP*, Belo Horizonte, ano XXI, n. 119, p. 41-59, set./out. 2019.

para o atendimento de diversificados interesses públicos confiados à Administração Pública.[17]

Destarte, uma das primeiras leis brasileiras disciplinadoras das parcerias entre o Estado e a *startups* foi a Lei Complementar nº 929, de 26 de novembro de 2019, do Estado do Espírito Santo, cujo anteprojeto de lei foi desenvolvido no âmbito de projeto de pesquisa executado no Programa de Residência da Procuradoria-Geral do Estado do Espírito Santo.[18]

Naquela oportunidade, foram duas as premissas jurídicas centrais estabelecidas para a edição da lei estadual mencionada. Em primeiro lugar, a necessidade de implementar medidas voltadas à efetividade das licitações e contratações públicas para a inovação no âmbito da Administração Pública, diante da insuficiência e baixa eficácia da Lei nº 8.666/1993 e do marco nacional densificado na Lei nº 10.973/2004 para as contratações públicas inovadoras. Em segundo lugar, uma vez estabelecida a estrutura legal de governança público-privada para as contratações de *startups*, era fundamental conferir segurança ao gestor público para inovar, a despeito do art. 28 da Lei nº 13.655/2018.[19]

---

[17] SOUSA, Horácio Augusto Mendes de. Direito Público das *Startups*: novos rumos para as parcerias administrativas contratuais entre o Estado e as entidades de inovação tecnológica. *In*: NEVES, Rodrigo Santos; CYRINO, Rodrigo Reis; GALVÊAS, Thiago Albani de Oliveira; (coord.). *Direito administrativo: novos paradigmas, tendências e realidade* Rio de Janeiro: CEEJ, 2021, p. 57-82.

[18] Cf.: MADRUGA, Iuri Carlyle; SOUSA, Horácio Augusto Mendes de; RODOR, Fernanda Medeiros e Ribeiro. *Uma proposta de marco regulatório estadual das startups*. Disponível em: https://www.jota.info/paywall?redirect_to=//www.jota.info/coberturas-especiais/inova-e-acao/uma-proposta-de-marco-regulatorio-estadualdas-*startups*-17092019. Acesso em: 8 out. 2019. Ademais disso, encontra-se em andamento, no Estado do Espírito Santo, por intermédio da Secretaria de Estado de Gestão e Recursos Humanos, por meio do seu laboratório de inovação, em parceria com a Fundação de Apoio e Amparo à Pesquisa do Estado, a partir do uso de recursos do Fundo Estadual de Ciência e Tecnologia, o programa Pitch Gov. ES, que tem por finalidade selecionar *startups* para a realização de testes de soluções inovadoras, com vistas a enfrentar desafios na gestão pública estadual, selecionados, de forma participativa e colaborativa, pelos próprios agentes públicos estaduais, inclusive por meio do uso de inteligência artificial. Do referido instrumento destacam-se os objetivos amplos a serem alcançados com a parceria: "2. FINALIDADE DO EDITAL O presente edital tem por finalidade selecionar propostas de soluções tecnológicas inovadoras que contribuam para solucionar os desafios da gestão pública nas áreas de Educação, Saúde, Segurança Pública, Infraestrutura e Mobilidade Urbana, Desenvolvimento Econômico Sustentável, Gestão Pública, Impacto Social e Cultura, e outros Poderes, no âmbito do Programa Pitch Gov.ES, instituído por meio do Decreto nº 4464-R/2019, de 01/07/2019, nos termos aqui estabelecidos". ESTADO DO ESPÍRITO SANTO. *Laboratório de Inovação do Estado do Espírito Santo*. Disponível em: https://labges.es.gov.br/pitchgoves. Acesso em: 22 nov. 2021.

[19] Sobre o tema, cf.: SOUSA, Horácio Augusto Mendes de. Pragmatismo e consequencialismo jurídico em tempos de Coronavírus: exame do art. 20 da Lei nº 13.655/2018 e alguns reflexos na gestão e controle públicos. *Interesse Público – IP*, Belo Horizonte, ano 22, n. 122, p. 53-96,

Neste contexto, e em síntese necessária, a dinâmica processual administrativa estabelecida na Lei Complementar Estadual nº 929/2019 estabelece instrumentos e procedimentos administrativos voltados ao fomento das parcerias entre o Estado do Espírito Santo e as entidades privadas de inovação tecnológica, inclusive *startups*. No ponto, a lei citada dialoga com marcos jurídicos nacionais já existentes, notadamente a Lei nº 10.973/2004 (Lei Nacional de Inovação), Lei nº 8.666/93 (Lei Nacional de Licitações e Contratações Públicas) e Lei nº 10.520/2002 (Lei Nacional do Pregão). O objetivo desse diálogo normativo era aproveitar as virtudes desses diplomas e evitar questionamentos jurídicos a respeito de eventual invasão de competência legislativa da União para editar normas gerais sobre essas parcerias para a inovação tecnológica.

Neste passo, o Estado poderá celebrar contrato de fomento com entidades privadas de inovação tecnológica regional para teste de solução inovadora ou em desenvolvimento, visando a solução de problemas reais da gestão pública estadual. Essas entidades privadas, *startups* ou não, podem ser as pessoas, naturais ou jurídicas, de direito privado, com ou sem finalidade lucrativa, com domicílio ou não no Estado, mesmo as reunidas em consórcio ou outras formas associativas admitidas pelo Direito, que tenham por finalidade desenvolver solução inovadora de interesse público estadual, consideradas aquelas voltadas à resolução de problemas concretos pertinentes à administração pública estadual.

Outro ponto relevante da Lei Complementar nº 929/2019 diz respeito à adoção expressa dos objetivos de desenvolvimento sustentável fixados pela Organização das Nações Unidas para os anos de 2015 a 2030.[20] Esses objetivos da comunidade internacional devem ser perseguidos pelo Estado, à luz das suas competências e realidades regionais específicas. Acredita-se que as parcerias estaduais para a inovação tecnológica têm grande potencial para concretizar essas diretrizes de sustentabilidade, sobretudo sociais, econômicas e ambientais, essenciais para a concretização da boa governança público-privada. Previu-se na lei estadual, como não poderia deixar de ser, o desenvolvimento socioeconômico sustentável dos Municípios, enquanto entidades políticas relevantes no âmbito do Estado.

---

jul./ago. 2020. SOUSA, Horácio Augusto Mendes de. Novos paradigmas para as decisões de gestão e controle públicos à luz da Lei nº 13.655/2018. *Interesse Público – IP*, Belo Horizonte, ano 21, n. 117, p. 195-216, set./out. 2019.

[20] ORGANIZAÇÃO DAS NAÇÕES UNIDAS. *17 Objetivos de Desenvolvimento Sustentável da ONU*. Disponível em: https://nacoesunidas.org/conheca-os-novos-17-objetivos-de-desenvolvimento-sustentavel-da-onu. Acesso em: 4 dez. 2021.

Sob o ponto de vista da dinâmica do processo administrativo para a celebração e execução das parcerias estaduais para a inovação, a lei complementar em exame adota três fases distintas. A realização obrigatória de chamamento público eletrônico, objetivo, impessoal e transparente para a seleção das entidades privadas de inovação tecnológica, com a possibilidade de seleção de mais de uma entidade proponente de solução inovadora. Encerrado o chamamento, o Estado poderá celebrar contrato de fomento para o teste da solução inovadora, por um período máximo de seis meses, passíveis de prorrogação e com valor máximo determinado de R$ 80.000,00 (oitenta mil reais).

Superada essa fase, com o sucesso do teste da solução inovadora, o Estado poderá celebrar contrato de fornecimento do produto ou serviço inovador, por dispensa ou inexigibilidade de chamamento público, pelo prazo máximo de vinte e quatro meses, passíveis de prorrogação por doze meses, com valor máximo determinado de R$ 400.000,00 (quatrocentos mil reais). Após esse prazo, o Estado deverá fazer novo chamamento público em busca de nova solução inovadora de interesse da gestão pública estadual.

Por fim, merece destaque o diálogo normativo da Lei Complementar Estadual nº 929/2019 com a Lei nº 13.655/2018, ao estabelecer que "o agente público responderá pessoalmente pela adoção de testes, práticas, experimentos e processos inovadores em caso de dolo ou erro grosseiro, nos termos do artigo 28 da Lei nº 13.655/2018", nos termos do seu art. 10, de modo a conferir ao gestor público estadual maior segurança jurídica para a inovação e experimentação públicas, desde que realizadas, como é intuitivo, com prudência, motivação e razoabilidade. O marco jurídico capixaba buscou consolidar e sistematizar tendências e normatividades já existentes em nível internacional e nacional, demonstrando-se como uma importante ferramenta voltada a conferir um tratamento regional unificado ao fomento à inovação tecnológica, à promoção da modernização na gestão pública e, consequentemente, à concretização de maiores resultados nas políticas públicas estaduais.

Posteriormente, quase dois anos depois do advento da lei estadual mencionada, foi editada a Lei Complementar nº 182, de 1º junho de 2021, que institui o marco legal das *startups* e do empreendedorismo inovador, além de alterar a Lei nº 6404/1976 (Lei das Sociedades Anônimas) e a Lei Complementar nº 123/2006 (Lei Geral das Micro e Pequenas Sociedades Empresárias). Destarte, boa parte das soluções jurídicas apresentadas no novo marco jurídico nacional das *startups* já tinha sido tratada na Lei Complementar nº 929/2019 aludida e em livro de um dos autores deste artigo.[21]

Neste passo, dentre os seus objetivos, na forma do artigo 1º, inciso III, da Lei Complementar Federal nº 182/2021, o novo marco jurídico tem a pretensão de disciplinar o processo licitatório e contratual de soluções inovadoras pela gestão pública da União, dos Estados, do Distrito Federal e dos Municípios brasileiros. Isto porque, daqui para diante, e de forma exponencial, se exigirá uma gestão pública cada vez mais empreendedora, digital, tecnológica e inovadora. Seria uma boa oportunidade para deixar clara essa previsão, o que foi feito no artigo 12, §1º, da Lei Complementar nº 182/2021.

Adiante nas considerações, dentre as diretrizes do novo marco jurídico das *startups*, na forma do artigo 3º, inciso VIII, da Lei Complementar nº 182/2021, destaca-se o incentivo à contratação, pela gestão pública, de soluções inovadoras desenvolvidas por *startups*, no contexto do papel fomentador do Município à inovação, com vistas à solução de "problemas públicos" com "soluções inovadoras". Também aqui não se tem novidade absoluta, tendo em vista que essas diretrizes já constavam da Lei Complementar nº 929/2019, do Estado do Espírito Santo, anteriormente tratada.

Os artigos 12 a 15 da Lei Complementar nº 182/2021 cuidam da dinâmica licitatória e contratual das parcerias entre as *startups* e o Poder Público. O artigo 12 elenca as finalidades das licitações e das contratações das *startups*. Esses objetivos já constavam da mencionada Lei Complementar nº 929/2019, do Estado do Espírito Santo, notadamente a introdução de soluções tecnológicas inovadoras, no âmbito da gestão pública, e o fomento à inovação tecnológica por meio da licitação e da contratação pública, realçando a função regulatória desses instrumentos licitatórios e contratuais, tema pioneiramente tratado no Brasil por Marcos Juruena Villela Souto.[22]

O artigo 13 da Lei Complementar nº 182/2021 estabelece quem pode ser contratado para as soluções inovadoras, quais sejam, "as pessoas físicas ou jurídicas, isoladamente ou em consórcio, para o teste de soluções inovadoras por elas desenvolvidas ou a ser desenvolvidas,

---

[21] Sobre o tema, cf.: SADDY, André; SOUSA, Horácio Augusto Mendes de; RODOR, Fernanda Medeiros e Ribeiro. *Direito Público das Startups*: uma nova governança público-privada nas parcerias administrativas entre o Estado e as entidades de tecnologia e inovação. 2 ed. Rio de Janeiro: Centro de Estudos Empírico Jurídicos, 2021.

[22] Cf.: SOUTO, Marcos Juruena Villela. *Direito Administrativo Contratual*. Rio de Janeiro: Lumen Juris, 2004.

com ou sem risco tecnológico, por meio de licitação na modalidade especial regida por esta Lei Complementar". Essa legitimidade para a contratação também já estava prevista na Lei Complementar nº 929/2019, do Estado do Espírito Santo.

O mesmo artigo 13, §1º, da Lei Complementar nº 182/2021 estabelece a possibilidade de a licitação ser deflagrada com termo de delimitação do escopo simplificado, indicando-se o problema a ser resolvido e os resultados esperados, cabendo aos proponentes apresentarem diferentes metodologias para as soluções dos problemas. No mesmo sentido, a Lei Complementar nº 929/2019, do Estado do Espírito Santo.

Merece crítica o prazo mínimo de 30 dias para a apresentação das propostas, a partir da divulgação do edital. Procedimento licitatório simplificado deve demandar menores prazos para a apresentação das propostas, parecendo desproporcional o prazo fixado no artigo 13, §2º, da Lei Complementar nº 182/2021. Prazos maiores poderiam e deveriam ser justificados diante do caso concreto, a partir da real complexidade do objeto pretendido pela Administração Pública.

Nos termos do artigo 13, §3º, da Lei Complementar nº 182/2021, as propostas serão avaliadas por comissão especial com expertise no tema objeto da licitação, nos mesmos moldes previstos na Lei Complementar nº 929/2019, já mencionada. Os critérios de julgamento das propostas, na forma do artigo 13, §4º, da Lei Complementar nº 182/2021, admitem, em certos casos, o critério do menor preço, o que não parece adequado quando se está diante de solução tecnológica inovadora cujo conteúdo não se conhece. Melhor seria a fixação de um valor máximo de fomento para o teste da solução inovadora, tal como previsto na Lei Complementar nº 929/2019.

O artigo 13, §6º, da Lei Complementar nº 182/2021 estabelece a possibilidade de seleção e contratação de mais de uma proposta, tal como previsto na Lei Complementar nº 929/2019. Há previsão expressa no artigo 13, §7º, da Lei Complementar nº 182/2021 de inversão de fases da licitação, seguindo a lógica do pregão e do novo marco jurídico das licitações e contratações públicas, nos termos da Lei nº 14.133/2021, adiante tratado, o que é positivo e também já constava da Lei Complementar nº 929/2019.

Relevante a previsão da possibilidade de dispensa de demonstração de requisitos de habilitação jurídica, qualificação técnica, econômica e regularidade fiscal, assim como a prestação de garantia, tudo a depender do caso concreto, do objeto licitado e sempre mediante motivação por parte do gestor público, nos termos do artigo 13, §8º, da

Lei Complementar nº 182/2021. A licitação deve exigir o necessário para uma boa contratação de tecnologias e inovações de interesse público. Nem mais nem menos, sob pena de afastamento de boas propostas para a gestão pública.

No que tange ao julgamento das propostas, realça-se o poder-dever da Administração Pública de negociar a proposta mais vantajosa com o proponente, nos termos do artigo 13, §9º, da Lei Complementar nº 182/2021. Previsão importante, embora polêmica, diz respeito à possibilidade de contratação por preço superior ao estimado pela Administração Pública, desde que esta demonstre a vantajosidade da contratação, nos termos do artigo 13, §10, da Lei Complementar nº 182/2021.

Selecionadas uma ou mais propostas, nos termos do artigo 14 da Lei Complementar nº 182/2021, celebra-se um contrato público para a solução inovadora, que é uma espécie de contrato de fomento, com vigência máxima de 12 meses, prorrogáveis por mais 12 meses. Nesse instrumento contratual serão estabelecidas as metas de desempenho, a periodicidade de entregas à Administração Pública, a matriz de riscos entre as partes e a importante previsão acerca da "definição da titularidade dos direitos de propriedade intelectual das criações resultantes e a participação nos resultados de sua exploração, assegurados às partes os direitos de exploração comercial, de licenciamento e de transferência da tecnologia de que são titulares", nos termos do artigo 14, §1º, da Lei Complementar nº 182/2021.

Ademais, estabelece o artigo 14, §2º, da Lei Complementar nº 182/2021 um expressivo valor máximo do contrato público para a solução inovadora, no importe de R$ 1.600.000,00 (um milhão e seiscentos mil reais), por contrato firmado, com critérios de remuneração variáveis, nos termos do art. 14, §3º, da Lei Complementar nº 182/2021, a saber: (i) preço fixo; (ii) preço fixo mais remuneração variável de incentivo; (iii) reembolso de custos sem remuneração adicional; (iv) reembolso de custos mais remuneração variável de incentivo e (v) reembolso de custos mais remuneração fixa de incentivo. A previsão é positiva, todavia, demandará expertise da Administração Pública para definir objetivamente esses parâmetros remuneratórios. Importante, ademais, a possibilidade de pagamento antecipado para o início dos trabalhos, desde que se tenha justificativa robusta da Administração Pública para tanto, nos termos do artigo 14, §§7º e 8º, da Lei Complementar nº 182/2021.

Encerrada a execução do contrato público de solução inovadora, se positivos os seus resultados, a Administração Pública, justificadamente, poderá celebrar contrato de fornecimento da solução inovadora com a contratada anterior, com vigência de 24 meses, prorrogáveis por igual período, e lastreados em expressivos valores, no importe de até cinco vezes o valor do contrato anterior de busca da solução inovadora, nos termos do artigo 15 da Lei Complementar nº 182/2021.

Algumas questões poderiam ser contempladas e não foram, como, por exemplo, a responsabilidade do Poder Público e do gestor público diante do insucesso da contratação, o necessário diálogo com o novo marco jurídico das licitações e contratações públicas (Lei nº 14.133/2021), assim como com o novo marco jurídico do governo digital (Lei nº 14.129/2021)[23] e o tratamento dos dados de interesse público que as *startups* poderão ter acesso em razão da contratação com o Poder Público.

Essa tarefa interpretativa, integrativa e aplicativa caberá aos operadores do Direito e aos gestores públicos brasileiros. É o que se passa a examinar no próximo item, notadamente a respeito da possibilidade e necessidade de diálogo normativo com a Lei nº 14.133/2021.

3 Exame da aplicabilidade jurídica da Lei nº 14.133/2021 às licitações e contratos públicos do Estado com as *startups*

Diante das transformações tecnológicas do Estado Democrático de Direito e das sociedades hipercomplexas, potencializadas pela crise pandêmica decorrente do coronavírus no Brasil, reforçou-se a necessidade de reforma do marco jurídico das licitações e contratações públicas, para o melhor enfrentamento dos desafios públicos em perspectiva, o que vai ao encontro de respeitável parcela da doutrina administrativa brasileira, que pugna pela necessidade de revisão do marco jurídico das licitações e parcerias contratuais da Administração Pública, como bem diagnosticado por Diogo de Figueiredo Moreira Neto.[24]

---

[23] Sobre o tema, cf.: SADDY, André; SOUSA, Horácio Augusto Mendes de. O laboratório de inovação como instrumento de estímulo público às parcerias contratuais entre o estado e as *startups*. In: MOTTA, Fabrício; VALLE, Vanice Regina Lírio do (coord.). *Governo digital e a busca por inovação na Administração Pública*: A Lei nº 14.129, de 29 de março de 2021. Belo Horizonte: Fórum, 2022. p. 203-220. ISBN 978-65-5518-287-3.

[24] Na aguda dicção de Diogo de Figueiredo Moreira Neto: "[...] e, até mesmo, para citar um exemplo no Direito Administrativo, que muito prejudica a gestão da coisa pública, a obsolescência da Lei de Licitações e Contratos Administrativos, de 21 de junho de 1993, que com duas décadas de publicação, tornou-se inapta para servir ao dinamismo de uma administração gerencial, que se quer mais célere, menos formalista e mais condizente com

Neste contexto, o novo marco jurídico nacional brasileiro das licitações e contratações públicas, concretizado na Lei nº 14.133/2021, é uma normatividade de evolução na continuidade, embora não na intensidade desejada, sem rupturas radicais com a Lei nº 8666/1993. Significa dizer, ao mesmo tempo em que contempla previsões importantes para as licitações e contratações públicas, continua a caracterizar o processo licitatório e contratual como algo lento, caro e burocrático.

Na perspectiva das parcerias contratuais com as *startups*, o grande desafio jurídico e pragmático para a Administração Pública será conciliar a simplicidade, agilidade e incorporação de uma cultura de governança público-privada de riscos mensurados, inerentes às novas tecnologias e inovações, com as velhas práticas burocráticas nas licitações e contratações, que não foram abandonadas por completo pela Lei nº 14.133/2021.

É o que se extrai da própria Lei nº 14.133/2021, que somente se referiu expressamente às *startups* em uma única regra, ao disciplinar genericamente o procedimento de manifestação de interesse, na forma do art. 81. Destarte, a respeito da relação de generalidade e especialidade jurídicas entre a Lei nº 14.133/2021 e as Leis Complementares nº 182/2021 e Complementar Estadual nº 929/2019, é possível, necessário e desejável um diálogo normativo entre os marcos jurídicos aludidos, diante da incompletude, em certos aspectos, das leis de licitações e contratações públicas brasileiras de *startups*. Vale destacar alguns pontos relevantes em que esse diálogo normativo pode se fazer rico de potencialidades, sem prejuízo de tantas outras conexões normativas, que, pela amplitude, extrapolariam os limites desse trabalho, como já teve a oportunidade de dizer um dos coautores em estudo anterior sobre o tema das licitações e contratações públicas de *startups*.[25]

Em primeiro lugar, a necessidade de abertura do sistema de licitações e contratações públicas das *startups* para as ideias de pragmatismo, consequencialismo e alteridade na análise dos desafios e dificuldades reais da gestão pública para a contratação de novas

---

o princípio constitucional da eficiência e com o alcance de resultados legítimos, o que tem levado à edição de leis parciais, em lugar de uma lei geral para o setor, com grave perda da segurança jurídica do administrado". MOREIRA NETO, Diogo de Figueiredo. A crise da democracia representativa e a ascensão do Poder Judiciário no Brasil. *Revista de Direito da Procuradoria Geral do Estado do Rio de Janeiro*, edição especial, p. 33, 2013.

[25] Sobre o tema, cf.: SADDY, André, SOUSA, Horácio Augusto Mendes de; RODOR, Fernanda Medeiros e Ribeiro. *Direito Público das Startups*: uma nova governança público-privada nas parcerias administrativas entre o Estado e as entidades de tecnologia e inovação. 2 ed. Rio de Janeiro: Centro de Estudos Empírico Jurídicos, 2021.

tecnologias e inovações de interesse público, de forma célere e eficiente, nos termos art. 5º da Lei nº 14.133/2021.

No mesmo contexto, em segundo lugar, a aplicação do tratamento das nulidades nas licitações e contratações públicas de *startups* como última medida a ser adotada, preferindo-se alternativas de regularização e de consensualidade, sempre que possível, nos termos do art. 147 em combinação com os arts. 151 a 154, todos da Lei nº 14.133/2021.

Em terceiro lugar, incorporar a ideia de boa governança público-privada nas licitações e contratações das *startups*, em especial, com a efetiva profissionalização e segregação de funções pertinentes aos agentes públicos de contratação responsáveis pelos processos licitatórios e contratuais, nos termos do art. 11, parágrafo único, da Lei nº 14.133/2021. Diante do caráter tecnológico e inovador dos contratos a serem firmados com as *startups*, serão necessários agentes públicos, gestores e controladores, que desenvolvam uma expertise profissional compatível com a nova mentalidade das licitações e contratações públicas para o alcance de novas tecnologias e inovações de interesse público.

Em quarto lugar, absorver a lógica da gestão de riscos nas licitações e contratações de *startups*, eis que é possível que as soluções contratadas não alcancem os resultados esperados, aproveitando-se, portanto, a disciplina da matriz de riscos e responsabilidades sistematizada no art. 22 da Lei nº 14.133/2021, sem a possibilidade de responsabilização pessoal dos agentes públicos competentes pela contratação de *startups* que empreenderam um experimentalismo público responsável, planejado, transparente e motivado para as suas escolhas licitatórias e contratuais, nos termos, aliás, do art. 10 da Lei Complementar Estadual nº 929/2019, já aludido, proibindo-se a responsabilização pessoal do agente público que buscou inovar de forma responsiva e não logrou êxito em parceria contratual firmada com *startups*.

Em quinto lugar, o tratamento da propriedade intelectual trazido pelo art. 93 da Lei nº 14.133/2021 poderá ser utilizado para as licitações e contratações de *startups*, já que as Leis Complementares nºs 182/2021 e 929/2019 não trouxeram tratamento específico para esse tema essencial.

Por derradeiro, e em sexto lugar, na perspectiva específica da Advocacia Pública, será necessário, também, um aumento do grau de especialização dos Procuradores do Estado para lidarem com os novos paradigmas e marcos jurídicos voltados às licitações e contratações de novas tecnologias e inovações de interesse público, notadamente a Lei nº 14.133/2021 e as Leis Complementares nºs 182/2021 e 929/2019.

Significa dizer, é indispensável, no paradigma do Estado Democrático de Direito, a participação, direta e substancial, da

Procuradoria do Estado, desde o nascedouro, da formulação, implementação e controle de políticas públicas nesse ordenamento setorial complexo, seja pela padronização de orientações e instrumentos jurídicos, como editais e contratos, quer na consolidação de orientações aos demais órgãos e entidades da Administração Pública dos precedentes a serem firmados, seja, ainda, com a criação, de núcleos setoriais, no interior das Procuradorias-Gerais dos Estados, voltados ao enfrentamento dos novos desafios e questões jurídicas complexas envolvendo as novas tecnologias e inovações de interesse do Estado.

É o que foi feito, por exemplo, no âmbito da Procuradoria-Geral do Estado do Espírito, com a criação de um núcleo setorial com atuação específica em questões de infraestrutura e novas tecnologias,[26] o que é digno de registro e elogios, tudo de modo a concretizar, ainda que parcialmente, as diretrizes para a consultoria e assessoramento jurídico previstas no art. 53 da Lei nº 14.133/2021, de modo a conferir, também, maior segurança jurídica e eficiência na aplicabilidade dos marcos jurídicos das *startups* densificados nas Leis Complementares nºs 182/2021 e 929/2019.

4 Considerações finais

O novo marco jurídico nacional da celebração de parcerias entre as *startups* e o Poder Público constitui avanço na matéria, embora não na intensidade e na velocidade desejadas, mas é possível que a sua boa aplicação, por parte dos gestores públicos brasileiros, traga bons resultados empreendedores, tecnológicos e inovadores para a Administração Pública brasileira, o que é necessário e urgente, diante da sociedade hipercomplexa no contexto do Estado Democrático de Direito do século XXI, cada vez mais transformado pelas novas tecnologias.

Como se pretendeu demonstrar, é necessário e relevante o diálogo normativo entre a Lei nº 14.133/2021 e as leis disciplinadoras das licitações e contratações de entidades de inovação tecnológica, especialmente as *startups*, notadamente as Leis Complementares nºs 182/2021 e 929/2019, aproveitando a disciplina prevista no primeiro

---

[26] Como se sabe, nos termos da Portaria PGE nº 006-S, de 20 de janeiro de 2021, foi instituído o NINFRA (Núcleo de Infraestrutura, Parcerias e Inovação – NINFRA, da Procuradoria da Consultoria Administrativa desta Procuradoria-Geral do Estado), com competência para o exame das matérias relacionadas a: I - concessões e parcerias público-privadas (PPPs); II - obras e serviços de engenharia; III - Tecnologia da Informação; IV - empréstimo internacional e V - contratos de gestão.

marco jurídico, de modo a tornar mais seguras e eficientes as licitações e parcerias contratuais do Estado voltadas à inovação.

Na perspectiva específica da Advocacia Pública, será necessário, também, um aumento do grau de especialização dos Procuradores do Estado para lidarem com os novos paradigmas e marcos jurídicos voltados às licitações e contratações de novas tecnologias e inovações de interesse público, notadamente a Leis nº 14.133/2021 e as Leis Complementares nºs 182/2021 e 929/2019.

Significa dizer, é indispensável, no paradigma do Estado Democrático de Direito, a participação, direta e substancial, da Procuradoria do Estado, desde o nascedouro, da formulação, implementação e controle de políticas públicas nesse ordenamento setorial complexo, seja pela padronização de orientações e instrumentos jurídicos, como editais e contratos, quer na consolidação de orientação aos demais órgãos e entidades da Administração Pública dos precedentes a serem firmados, seja, ainda, com a criação, de núcleos setoriais, no interior das Procuradorias-Gerais dos Estados, voltados ao enfrentamento dos novos desafios e questões jurídicas complexas envolvendo as novas tecnologias e inovações de interesse do Estado.

Referências

BARROSO, Luís Roberto. *Um outro país*: transformações no direito, na ética e na agenda do Brasil. Belo Horizonte: Fórum, 2018.

BUSSINGUER, Elda Coelho de Azevedo; SOUSA, Horácio Augusto Mendes de. Vida e morte diante do inimigo invisível: exame da constitucionalidade dos protocolos de escolha dos pacientes do Coronavírus que terão preferências em leitos escassos, à luz dos direitos fundamentais à vida e à saúde. In: ALVITES, Elena; POMPEU, Gina Marcilio; SARLET, Ingo Wolfgang (org.). *Direitos fundamentais na perspectiva da democracia interamericana*. Porto Alegre: Editora Fundação Fênix, 2021, p. 397-424. Disponível em: https://www.fundarfenix.com.br. Acesso em: 11 out. 2021.

BUSSINGUER, Elda Coelho de Azevedo; SOUSA, Horácio Augusto Mendes de. Exame da constitucionalidade dos gastos públicos com medicamentos sem eficácia científica comprovada: o uso da cloroquina e da hidroxicloroquina para o tratamento do coronavírus no Brasil. Direitos Fundamentais e Políticas Públicas. Organizadores Robinson Tramontina, Elda Coelho de Azevedo Bussinguer e Bruno Lorenzetto. Joaçaba: Editora Unoesc, 2020.

COURA, Alexandre de Castro; SOUSA, Horácio Augusto Mendes de. As tensões existentes entre constitucionalismo e democracia e suas repercussões na concretização de direitos fundamentais: estudo de caso à luz da decisão proferida pelo Supremo Tribunal Federal na ADPF nº 669-DF. *Interesse Público – IP*, Belo Horizonte, ano 23, n. 129, p. 135-159, set./out. 2021.

MADRUGA, Iuri Carlyle; SOUSA, Horácio Augusto Mendes de; RODOR, Fernanda Medeiros e Ribeiro. Uma proposta de marco regulatório estadual das *startups*. Disponível em: https://www.jota.info/paywall?redirect_to=//www.jota.info/coberturas-especiais/inova-e-acao/uma-proposta-de-marco-regulatorio-estadual-das-*startups*-17092019. Acesso em: 8 out. 2019.

MENDONÇA, José Vicente Santos de. Direito administrativo e inovação: limites e possibilidades. *In:* BARROSO, Luís Roberto; MELLO, Patrícia Perrone Campos (coord.). *A República que ainda não foi*: trinta anos da Constituição de 1988 na visão da Escola de Direito Constitucional da UERJ. Belo Horizonte: Fórum, 2018. p. 557-573.

MOREIRA NETO, Diogo de Figueiredo. *Quatro Paradigmas do Direito Administrativo Pós-Moderno*. Belo Horizonte: Fórum, 2008.

MOREIRA NETO, Diogo de Figueiredo. *Curso de Direito Administrativo*. 14. ed. Rio de Janeiro: Forense, 2005.

ORGANIZAÇÃO DAS NAÇÕES UNIDAS. 17 Objetivos de Desenvolvimento Sustentável da ONU. Disponível em: https://nacoesunidas.org/conheca-os-novos-17-objetivos-de-desenvolvimento-sustentavel-da-onu. Acesso em: 4 dez. 2021.

SADDY, André. Perspectivas do Direito da Infraestrutura com o Surgimento das Novas Tecnologias (Inovações) Disruptivas. *In:* SADDY, André; CHAUVET, Rodrigo da Fonseca e DA SILVA, Priscilla Menezes (coord.). *Aspectos jurídicos das novas tecnologias (inovações) disruptivas*. Rio de Janeiro: Lumen Juris, 2019, p. 25-50.

SADDY, André; SOUSA, Horácio Augusto Mendes de. O laboratório de inovação como instrumento de estímulo público às parcerias contratuais entre o estado e as *startups*. *In:* MOTTA, Fabrício; VALLE, Vanice Regina Lírio do (coord.). *Governo digital e a busca por inovação na Administração Pública*: a Lei nº 14.129, de 29 de março de 2021. Belo Horizonte: Fórum, 2022. p. 203-220. ISBN 978-65-5518-287-3.

SADDY, André; SOUSA, Horácio Augusto Mendes de; RODOR, Fernanda Medeiros e Ribeiro. *Direito Público das Startups*: uma nova governança público-privada nas parcerias administrativas entre o Estado e as entidades de tecnologia e inovação. 2 ed. Rio de Janeiro: Centro de Estudos Empírico Jurídicos, 2021.

SOUSA, Horácio Augusto Mendes de. Aspectos jurídicos das parcerias contratuais entre o estado e as *startups* para o fomento ao desenvolvimento de tecnologias e inovações de interesse público a partir do uso da inteligência artificial. *In:* SADDY, André (org.). *Inteligência artificial e Direito Administrativo*. CEEJ: Rio de Janeiro, 2022 (no prelo).

SOUSA, Horácio Augusto Mendes de. Direito Público das *Startups*: novos rumos para as parcerias administrativas contratuais entre o Estado e as entidades de inovação tecnológica. Direito administrativo: novos paradigmas, tendências e realidade. *In*: NEVES, Rodrigo Santos; CYRINO, Rodrigo Reis; GALVÊAS Thiago Albani de Oliveira (coord.). Rio de Janeiro: CEEJ, 2021.

SOUSA, Horácio Augusto Mendes de. Estado Constitucional transformado pela governança por standards e indicadores: estudo de caso no direito brasileiro à luz da decisão proferida pelo Supremo Tribunal Federal na ADPF nº 669-DF. *In:* MORAIS, José Luiz Bolzan de (org.). *Conexões Estado, Direito e Tecnologia*. Vitória: FDV publicações, 2020, p. 63-102.

SOUSA, Horácio Augusto Mendes de; RODOR, Fernanda Medeiros e Ribeiro. Parcerias administrativas digitais para a inovação na gestão pública: uma proposta de marco regulatório operacional no âmbito do Estado. *Interesse Público – IP*, Belo Horizonte, ano XXI, n. 119, p. 41-59, set/out. 2019.

SOUSA, Horácio Augusto Mendes de. Pragmatismo e consequencialismo jurídico em tempos de Coronavírus: exame do art. 20 da Lei nº 13.655/2018 e alguns reflexos na gestão e controle públicos. *Interesse Público – IP*, Belo Horizonte, ano 22, n. 122, p. 53-96, jul./ago. 2020.

SOUSA, Horácio Augusto Mendes de. Novos paradigmas para as decisões de gestão e controle públicos à luz da Lei nº 13.655/2018. *Interesse Público – IP*, Belo Horizonte, ano 21, n. 117, p. 195-216, set./out. 2019.

SOUSA, Horácio Augusto Mendes de. Regime jurídico do teletrabalho no serviço público: novos caminhos rumo à administração pública digital. *Interesse Público – IP*, Belo Horizonte, ano 21, n. 113, p. 83-100, jan./fev. 2019.

SOUTO, Marcos Juruena Villela. *Direito Administrativo Contratual*. Rio de Janeiro: Lumen Juris, 2004.

SOUTO, Marcos Juruena Villela. *Direito Administrativo Regulatório*. Rio de Janeiro: Lumen Juris, 2002.

SOUTO, Marcos Juruena Villela. *Direito Administrativo da Economia*. Rio de Janeiro: Lumen Juris, 2003.

Informação bibliográfica deste texto, conforme a NBR 6023:2018 da Associação Brasileira de Normas Técnicas (ABNT):

AMARAL, Jasson Hibner; MADRUGA, Iuri Carlyle do Amaral; SOUSA, Horácio Augusto Mendes de. A Nova Lei de Licitações e Contratações Públicas e o exame da sua aplicação às parcerias contratuais do Estado com as *startups*. *In*: PRUDENTE, Juliana Pereira Diniz; MEDEIROS, Fábio Andrade; COSTA, Ivanildo Silva da. *Nova Lei de Licitações sob a ótica da Advocacia Pública*: reflexões temáticas. Belo Horizonte: Fórum, 2022. p. 61-78. ISBN 978-65-5518-381-8.

CONTRATAÇÃO DIRETA E A DEVIDA INSTRUÇÃO PROCESSUAL DE ACORDO COM A NOVA LEI DE LICITAÇÕES E CONTRATOS ADMINISTRATIVOS

ANDERSON SANT'ANA PEDRA

1 Introdução

O art. 37, inc. XXI, da CRFB, em homenagem notadamente ao princípio da *impessoalidade*, prescrito no *caput* do mesmo dispositivo, traz, como regra, o dever de a Administração Pública contratar "mediante processo de licitação pública que assegure igualdade de condições a todos os concorrentes" – princípio da obrigatoriedade de licitar.

A Constituição adotou como presunção – que conforme se verá é *relativa* – que a realização de licitaçao prévia proporciona a contratação mais vantajosa para o interesse público, notadamente em razão da *competição* em que seriam observados os princípios da *impessoalidade* e também do *melhor preço*.

Qualquer conceito de *licitação* deve verificar o seguinte conteúdo mínimo: *i*) procedimento administrativo definido em lei; *ii*) transcorrer de acordo com o edital; *iii*) observar o princípio da impessoalidade;

iv) utilizar parâmetros objetivos como regra; *v*) buscar a proposta mais vantajosa (ou *melhor preço*); *vi*) considerar o desenvolvimento nacional sustentável; *vii*) buscar a satisfação do interesse público; e *viii*) exigir qualificação técnica e econômica indispensáveis à garantia do cumprimento das obrigações.

Contudo, a observação desse conteúdo mínimo poderá, por vezes, comprometer o interesse público, razão pela qual o legislador constituinte (art. 37, inc. XXI),[1][2] antevendo situações em que a licitação não seria a solução adequada para assegurar a melhor contratação, ressalvou que "casos especificados" trazidos pela legislação autorizariam as contratações diretas sem uma prévia licitação.

Contudo, ao longo da história criou-se uma desconfiança generalizada nos processos de contratação direta, sem licitação, como que se o legislador estivesse criando um instituto próprio para a prática de atos ilegítimos.

Devemos afastar esse mito, essa aura de desconfiança das contratações diretas. As contratações sem licitação são necessárias por diversas razões (urgência, objeto específico, pessoa a ser contratada, custo-benefício etc.) e não utilizar, quando necessário, o respectivo permissivo legal para a contratação direta é agir contra a *eficiência administrativa* e também contrariamente ao *interesse público*.

A Nova Lei de Licitações e Contratos Administrativos (NLLCA) (Lei nº 14.133/2021) trouxe na Seção I, do Capítulo VIII, o "processo de contratação direta" (art. 72), prescrevendo como deve ser realizada a instrução do processo de contratação direta com os documentos e as informações indispensáveis para que a contratação ocorra legitimamente, fazendo alusão à instrumentalização do processo de contratação direta englobando as suas duas espécies: *i*) inexigibilidade de licitação (art. 74) e *ii*) dispensa de licitação (art. 75).

Como dito, embora a Constituição brasileira de 1988 estabeleça a realização prévia de licitação como um dever, foi permitido também

---

[1] "Art. 37. [...] XXI - ressalvados os casos especificados na legislação, as obras, serviços, compras e alienações serão contratados mediante processo de licitação pública que assegure igualdade de condições a todos os concorrentes, com cláusulas que estabeleçam obrigações de pagamento, mantidas as condições efetivas da proposta, nos termos da lei, o qual somente permitirá as exigências de qualificação técnica e econômica indispensáveis à garantia do cumprimento das obrigações."

[2] Registra-se que o legislador constituinte utilizou de uma legística não muito comum, trazendo a exceção para o início do dispositivo quando, em regra, as situações excepcionais são trazidas ao final do dispositivo.

pelo constituinte que o legislador ressalvasse hipóteses de contratação direta, trazendo exceções ao princípio da obrigatoriedade de licitar.

Os casos de contratação direta (inexigibilidade e dispensa) são situações em que o legislador entendeu que o interesse público não seria atendido caso fosse realizada uma licitação, preferindo então sacrificar um procedimento licitatório competitivo com formalidades burocráticas e estabelecer um procedimento mais célere para essas hipóteses de contratação direta.

O objetivo do presente artigo é apontar as questões que envolvem o devido processo legal administrativo necessário para a contratação direta de acordo com a Lei nº 14.133/2021, suas inovações e boas práticas recomendadas.

2 Necessidade de um procedimento administrativo simplificado

A realização de um procedimento licitatório nem sempre conduzirá à contratação mais vantajosa. A realização de um procedimento licitatório formal e burocrático como o estabelecido pela lei sacrifica em alguns casos, por si só, outros princípios publicistas, notadamente o da *eficiência* e o do *interesse público*, sendo o caso de se utilizar de uma das hipóteses de contratação direta elencadas pelo legislador (inexigibilidade ou dispensa).

Contudo, deve-se ter como premissa que a contratação direta, ao mesmo tempo em que dispensa um procedimento licitatório formal e burocrático, afastando o princípio da obrigatoriedade de licitar, deve se legitimar a partir de um procedimento que faça homenagem a outros caros princípios publicistas em razão do regime jurídico-administrativo ao qual é indissociável.

A realização da contratação direta não implica concluir que se está a prescindir de qualquer formalidade mínima para verificar a legitimidade da contratação e possibilitar um posterior controle. O *procedimento administrativo simplificado* deverá ser parametrizado pelos requisitos elencados no art. 72 a fim de justificar a contratação direta e também a escolha do contratado, afastando-se a possibilidade de uma escolha estritamente subjetiva.

Justen Filho[3] entende que a contratação direta seria uma "modalidade anômala de licitação", lembrando ainda o autor que o TCU já trilhou no mesmo sentido ao firmar que a contratação direta "é também um procedimento licitatório, pois objetiva a contratação da empresa que oferecer a melhor proposta".[4] Na mesma senda Torres concluiu que a contratação direta é um "procedimento de otimização de 'licitação'".[5]

A utilização de um *procedimento administrativo simplificado* nas contratações diretas é conduta que há muito se apresentava como uma sugestão de *boa prática administrativa* objetivando homenagear os princípios da impessoalidade, da economicidade, do interesse público e da motivação, mas sem o rito de um *procedimento licitatório formal e burocrático*, mas apenas o suficiente para garantir a melhor contratação e respeitando, na medida do possível, o mais amplo acesso dos potenciais interessados à contratação.

Nessa linha, algumas boas práticas na contratação direta já vinham sendo adotadas desde a égide da Lei nº 8.666/1993, como, por exemplo: chamamento público para locação ou aquisição de imóvel, cotação eletrônica etc.

2.1 Utilização de um procedimento competitivo simplificado (*express*)

O art. 75, inc. VIII,[6] traz a hipótese geral de contratação direta (dispensa de licitação) para os "casos de emergência ou de calamidade pública, quando caracterizada urgência de atendimento de situação que possa ocasionar prejuízo ou comprometer a continuidade dos serviços públicos ou a segurança de pessoas, obras, serviços, equipamentos e outros bens, públicos ou particulares", trata-se da circunstância em que a doutrina há muito intitulou de *licitação proibida*, já que, se realizada uma licitação em quaisquer de suas modalidades, ter-se-ia o risco de se ver sacrificado o interesse público em face do tempo dispendido para a contratação mediante um procedimento administrativo burocrático.

---

[3] JUSTEN FILHO, Marçal. *Comentários à lei de licitações e contratos administrativos*. 17. ed. São Paulo: Revista dos Tribunais: 2016. p. 618.

[4] TCU, Plenário, Acórdão nº 100/2003.

[5] TORRES, Ronny Charles Lopes de. *Lei de licitações públicas comentadas*. 12. ed. Salvador: Juspodivm, 2021. p. 377.

[6] A Lei nº 8.666/1993 em seu art. 24, inc. IV, traz semelhante redação.

Indaga-se a possibilidade de um ente federativo, por meio de normação específica (lei ou regulamento), estabelecer um *procedimento competitivo simplificado* a partir de uma modalidade, p. ex., *pregão*, com prazos reduzidos e sem a possibilidade de atos suspensivos durante o procedimento.

O raciocínio apresentado parte do que foi estabelecido pela Lei nº 13.979/2020[7] [8] a partir da inclusão do art. 4º-G, introduzido pela MP nº 926, de 20.03.2020,[9] que trouxe a possibilidade da utilização de pregão (eletrônico ou presencial) com os prazos procedimentais reduzidos pela metade e com recurso sem efeito suspensivo (art. 4º-G, §2º) quando o "objeto seja a aquisição de bens, serviços e insumos necessários ao enfrentamento da emergência de que trata esta Lei". Trata-se, na essência, de um pregão mais célere, um pregão simplificado, um pregão *express*.[10]

Contudo, a dúvida que se apresenta(rá) é: quando utilizar hipótese da contratação direta (art. 75, inc. VIII) ou quando utilizar do *procedimento competitivo simplificado express*?

A resposta deverá ser encontrada a partir de uma interpretação que permita conceder uma carga eficacial aos dispositivos normativos se e quando existentes, inclusive em razão da regra hermenêutica de que "a lei não contém palavras inúteis" (*verba cum effectu sunt accipienda*), para então chegar à conclusão de que quando se estiver diante de uma *situação essencialmente emergencial*, em que qualquer tempo dispendido afetará bens importantes, a contratação deverá ocorrer diretamente nos termos do art. 75, inc. VIII (dispensa de licitação).

Contudo, quando se apresentar uma *situação de emergência relativa*, em que não se pode esperar o prazo ordinário de um *procedimento licitatório formal e burocrático*, mas que seja possível desenvolver minimamente um ágil *procedimento competitivo simplificado express*, é a hipótese de utilização do último.

É nessa perspectiva que o estabelecimento de um *procedimento competitivo simplificado express* se apresenta como positivação de uma

---

[7] "Dispõe sobre as medidas para enfrentamento da emergência de saúde pública de importância internacional decorrente do coronavírus responsável pelo surto de 2019."
[8] No mesmo sentido é o art. 8º da Lei nº 14.124, de 10 de março de 2021.
[9] Convertida na Lei nº 14.035/2020.
[10] A expressão "pregão *express*" foi utilizada inicialmente pelo autor Anderson Pedra durante uma *live* com o Prof. Ronny Charles Lopes de Torres em 25.03.2020 e posteriormente veio a ser multicitada em diversas ocasiões por outros professores e também em eventos de instituições públicas e privadas. Cf. ainda: PEDRA, Anderson Sant'Ana. Pregão *express versus* contratação direta: o que fazer em tempo de coronavírus. *O Pregoeiro*, Curitiba, ano XVII, n. 184, p. 16-17, abr. 2020.

boa prática administrativa que objetiva conceder maior legitimidade à contratação quando se estiver diante de situações de *emergência relativa* cujo objeto de contratação seja necessário para a solução de uma situação emergencial ou calamitosa.

Registra-se uma atenção especial que deverá ter o agente público quando optar pela contratação direta, por dispensa, prevista no art. 75, inc. VIII: contemplar também na justificativa da contratação os motivos (maior ônus argumentativo) que ensejaram o afastamento da utilização de um *procedimento competitivo simplificado* (*express*) afinal, os prazos processuais nessa espécie de procedimento poderão ser reduzidos e os recursos administrativos eventualmente interpostos terão somente efeito devolutivo. Com isso objetiva-se afastar questionamentos sobre a escolha pela contratação direta (dispensa), devendo-se destacar, principalmente, os motivos de fato que justificaram a opção.

Nessa linha, o art. 55, §2º, da NLLCA prescreveu que os prazos mínimos para a apresentação de propostas e lances "poderão, mediante decisão fundamentada, ser reduzidos até a metade nas licitações realizadas pelo Ministério da Saúde, no âmbito do Sistema Único de Saúde (SUS)".

3   Contratação direta e o receio de sua utilização: necessidade de maximizar a eficiência da contratação direta

Nos termos do art. 37, inc. XXI, a licitação prévia deve ser a *regra* para as contratações públicas, sendo *exceção* as contratações diretas.

Tal contexto se presta para atrair a regra de hermenêutica de que *exceptiones sunt strictissimoe interpretationis* (as exceções devem ser interpretadas estritissimamente), ou seja, não se pode utilizar uma interpretação extensiva (ampliativa) ou analógica para ampliar o sentido ou o alcance dos enunciados normativos trazidos nos arts. 74 e 75 da NLLCA.

A utilização do tecnicismo hermenêutico de que as *exceções devem ser interpretadas restritivamente* não pode ensejar a presunção (equivocada) de que as contratações diretas são procedimentos de contratação que devem ser evitados, pois costumam gerar suspeitas preconceituosas e atraem a atenção de todo o controle (social e institucional).

A contratação direta é uma espécie de *procedimento administrativo simplificado* pensado pelo constituinte (art. 37, inc. XXI) e estruturado pelo legislador ordinário (arts. 74 e 75 da NLLCA) e que deve ser utilizado quando necessário para melhor atender ao *interesse público*, sendo uma importante ferramenta para a *eficiência administrativa* quando manejada na circunstância apropriada e observando o devido processo legal, devendo o operador do Direito manejar a contratação direta de modo a maximizar a eficiência das contratações públicas.

Realizar um *procedimento licitatório formal e burocrático* quando se está diante de uma hipótese de contratação direta é uma *ofensa* aos princípios do *interesse público* e da *eficiência*, já que nesses casos o legislador definiu como a melhor forma de contratação a *contratação sem licitação*.

Conforme já destacou Dallari, "nem sempre, é verdade, a licitação leva a uma contratação mais vantajosa"; e, por vezes, a realização de um procedimento licitatório pode levar ao "sacrifício de outros valores e princípios consagrados pela ordem jurídica, especialmente o princípio da eficiência".[11]

Deve-se ter o cuidado na utilização do equivocado mantra do "dever de licitar" como sendo algo quase que absoluto e de que toda a contratação direta (dispensa ou inexigibilidade) inspira dúvida e suspeição. A contratação direta deve ser vista de *forma natural*, homenageando a *deferência administrativa* e sem qualquer *preconceito*.

Afirmar que licitação é *regra* e contratação direta *exceção* não é sinônimo de estabelecimento de uma "ordem de prevalência" de uma sobre outra; nem que o *certo, o comum é licitar, e que não licitar é incomum, é errado*. Isso acarreta uma *disfuncionalidade* no microssistema da contratação pública em que o dever de licitar se *amplia* demasiadamente e, por consectário lógico, a contratação direta *reduz* consideravelmente.[12]

As exceções à *regra* de *licitar* existem e devem ser utilizadas quando necessário. Deve-se combater o *preconceito* de que se valer da *exceção* é não fazer o que deveria ter sido feito, é fazer o errado.

A concepção de que a contratação direta deve ser evitada não pode encontrar superfície fecunda, afinal, é o mesmo ordenamento jurídico que estabelece hipóteses em que o mais adequado para o interesse

---

[11] DALLARI, Adilson Abreu. *Aspectos jurídicos da licitação*. 6. ed. São Paulo: Saraiva, 2003. p. 34.

[12] Nesse mesmo sentido: MENDES, Renato Geraldo; MOREIRA, Egon Bockmann. *Inexigibilidade de licitação*: repensando a contratação pública e o dever de licitar. Curitiba: Zênite. 2016. p. 51; NIEBUHR, Joel de Menezes. Dispensa e inexigibilidade de licitação pública. *In*: NIEBUHR, Joel de Menezes (coord.). *Nova lei de licitações e contratos administrativos*. 2. ed. Curitiba: Zênite, 2021. p. 35-36. Disponível em: https://www.zenite.com.br/books/nova-lei-de-licitacoes/nova_lei_de_licitacoes_e_contratos_administrativos.pdf. Acesso em: 23 fev. 2022.

público é a utilização de um *procedimento licitatório formal e burocrático* e que em outras hipóteses o mais adequado será a contratação direta por meio de um *procedimento administrativo simplificado*.

Se não há pressupostos objetivos e bem delineados para o cabimento de um ou de outro, fica a cargo do agente público responsável, no exercício da sua competência na análise de cada caso concreto, exercer a discricionariedade administrativa motivadamente, já que tanto os procedimentos de licitação quanto os de contratação direta possuem o mesmo manancial normativo – a NLLCA.

4 Requisitos necessários para a devida instrução para a contratação direta

É fundamental para a instrução processual da contratação direta o estabelecimento de algumas premissas e parâmetros objetivos conforme se observa no art. 72, sendo necessário justificar seus atos nas circunstâncias concretas, explicitando objetiva e fartamente os motivos fáticos, técnicos e jurídicos de decidir, escorando suas decisões e determinações, sempre que possível, em critérios precisos, em linha de coerência com os limites legais e a excepcionalidade da situação.

O art. 72 elenca quais são os requisitos necessários para a devida instrução processual percebendo-se um rol de *documentos* e de *informações* que serão imprescindíveis para a demonstração de uma contratação direta legítima.

A relação dos documentos e informações exigidos para a regular instrução é categórica.[13] Coube ao próprio texto normativo (inc. I e III do art. 72) utilizar da expressão "se for o caso" a fim de flexibilizar o modal deôntico inaugurado pelo *caput* do dispositivo.

4.1 Fase preparatória

Nos termos do inc. I do art. 72 da NLLCA o processo de contratação direta deverá ser instruído com o "documento de formalização de demanda e, se for o caso, estudo técnico preliminar, análise de riscos, termo de referência, projeto básico ou projeto executivo", ou seja, com os

---

[13] FERNANDES, Ana Luiza Jacoby; FERNANDES, Murilo Jacoby; FERNANDES, Jorge Ulisses Jacoby. *Contratação direta sem licitação*. 11. ed. Belo Horizonte: Fórum, 2021. p. 70.

artefatos do planejamento, corroborando a ênfase que a NLLCA conferiu à fase preparatória para todo o procedimento de contratação pública.

Por *análise de riscos* pode-se considerar, a depender da espécie de contratação, tanto a *matriz de riscos* quanto a *alocação de riscos*.[14]

Nota-se que o procedimento da contratação direta afasta a necessidade de uma *fase competitiva*, mas não prescinde de uma *fase preparatória* com todos os documentos e informações que lhe são próprios.

Não é incomum um processo de contratação ser instituído e se desenvolver durante a fase preparatória sem saber como ocorrerá a contratação, se mediante competição ou contratação direta. Somente após a elaboração do Estudo Técnico Preliminar ou do Termo de Referência é que se pode chegar à conclusão de que se estará diante de uma das hipóteses de contratação direta.

Apesar de o art. 72, inc. I exigir o planejamento também para as contratações diretas, não pode passar desapercebida a expressão "se for o caso" contida no citado dispositivo, pois permite o afastamento motivado (e de preferência com eventual previsão na regulamentação orgânica nesse sentido)[15] da necessidade de confecção de alguns dos artefatos do planejamento, como ETP, TR e PB.

Destaca-se que a depender da hipótese de contratação direta, emergencial, p. ex., essa formalização poderá ser afastada ou minimizada, no todo ou em parte, a depender da própria situação instalada.

4.2 Estimativa de despesa

Nos termos do inc. II do art. 72, o processo de contratação direta deverá ser instruído com a "estimativa de despesa, que deverá ser calculada na forma estabelecida no art. 23".

Trata-se da "pesquisa de preços" a fim de verificar qual o valor praticado pelo mercado, sendo que o art. 23 estabelece alguns parâmetros para a busca desse valor.

Apesar de o art. 23 trazer bons parâmetros para a apuração dos preços praticados pelo mercado a fim de estabelecer o valor estimado da contratação e também de reportar a um "regulamento" (§1º), a contratação direta envolve algumas particularidades que influenciam

---

[14] Nesse mesmo sentido: MADUREIRA, Cláudio. *Licitações, contratos e controle administrativo*: descrição sistemática da lei nº 14.133/2021 na perspectiva do modelo brasileiro de processo. Belo Horizonte: Fórum, 2021. p. 308.

[15] Nesse mesmo sentido: AMORIM, Victor Jardim de. *Licitações e contratos administrativos*: teoria e jurisprudência. 4. ed. Brasília: Senado Federal, 2021. p. 228.

consideravelmente no preço contratado, que, por vezes, poderá estar distante do *valor de mercado* verificado pelos parâmetros gerais estabelecidos (§§1º, 2º e 3º).

Nessa linha, o §4º do art. 23 prescreve que na hipótese de contratação direta, quando não for possível "estimar o valor do objeto na forma estabelecida nos §§1º, 2º e 3º deste artigo, o contratado deverá comprovar previamente que os preços estão em conformidade com os praticados em contratações semelhantes de objetos de mesma natureza, por meio da apresentação de notas fiscais emitidas para outros contratantes no período de até 1 (um) ano anterior à data da contratação pela Administração, ou por outro meio idôneo".

Cumpre-nos advertir que, em sede de contratação direta, situações de mercado, principalmente diante de situações emergenciais ou calamitosas, influenciam sobremaneira o valor a ser contratado em razão da "lei da oferta e da demanda".

Eventual *sobrepreço*[16] na contratação não pode presumidamente ser considerado uma irregularidade, já que exige forte comprovação e passa longe de ser uma mera operação aritmética ou simples comparação de preços.

A análise do contrato e de seu valor deve levar em consideração um rol de fatores que influenciam a precificação e deve ser realizada com muito cuidado para não se comparar "alhos com bugalhos". A verificação deverá recair sobre a qualidade do material ou a natureza do serviço, a quantidade do objeto, as técnicas utilizadas, as condições da execução e de pagamento, a data de execução[17] ou o local de entrega, a praça da pesquisa, as obrigações principais e acessórias (garantia, frente, instalação e manutenção) exigidas etc.

A verificação de *sobrepreço* não é definitivamente uma *simples* verificação com os valores praticados no mercado e nem uma análise que possa ser dirimida em tese. A comprovação de sobrepreço exige procedimentos analíticos do caso concreto levando em conta todas suas nuances e considerando a contratação de forma integral, notadamente, o *primado da realidade* com todos os obstáculos e das dificuldades reais do gestor e as exigências das políticas públicas (art. 22, *caput*, da LINDB).

---

[16] O TCU, no Acórdão nº 310/2006 (Plenário), entendeu que o *sobrepreço* ocorre quando uma cotação de um bem ou serviço é superior ao valor praticado pelo mercado. Já o *superfaturamento* se verifica após a regular liquidação da despesa, ou seja, depois da aquisição, faturamento e pagamento de um bem ou serviço.

[17] A título exemplificativo o cachê pago a artistas costuma variar de acordo com o dia da semana e também se próximo a datas festivas (feriados prolongados, carnaval, ano novo etc.).

4.3 Pareceres e o princípio da motivação

Por *motivação* (fundamentação) deve-se entender a exposição dos *motivos* (de *fato* e de *direito*) que conduziram o administrador para a prática do ato administrativo. A *motivação* (fundamentação) irá justificar, ou não, o ato administrativo praticado.

Já os *motivos* são considerados como os *pressupostos de direito* e de *fato* que servem de fundamento (justificativa) para a prática do ato administrativo.

Pressuposto de fato são os acontecimentos, a realidade, as circunstâncias fáticas que conduziram a Administração à prática do ato administrativo.

Pressuposto de direito é o fato descrito na norma (hipótese normativa) e que serve de fundamento normativo (base legal) para a prática do ato administrativo.

A juntada no processo de contratação direta dos pareceres técnico e jurídico presta para cumprir o *princípio da motivação*.

Ao decidir pela contratação direta, a autoridade competente não precisa colacionar no ato decisório todos os fundamentos fáticos, técnicos e jurídicos que o conduziram, não havendo necessidade de que a motivação (exposição dos motivos) esteja no próprio ato.

É lícito e comum que o agente público competente, ao decidir pela contratação direta, se utilize de motivação (fundamentação) trazida por alguma análise técnica ou jurídica antecedente (parecer) – é a chamada *motivação aliunde* (*não contextual, alhures* ou *per relationem*). Nesse caso, deverá a autoridade competente que decidir pela contratação direta fazer a devida remissão às páginas (e/ou processo) em que se encontra a motivação (a justificativa) que a conduziu para a decisão.

A *exposição dos motivos de decidir* é imprescindível para o exercício do controle da Administração Pública, afinal é somente a partir da análise dos motivos que ensejaram a contratação direta é que se poderá chegar à conclusão de que a decisão está, ou não, em harmonia com o ordenamento jurídico; se ocorreu, ou não, uma legítima contratação direta.

A motivação é importante e indispensável mecanismo de controle da atividade administrativa. Sem motivação resta impossível o exercício do controle do ato administrativo, afinal "boas decisões são aquelas decisões para as quais boas razões podem ser dadas" (Bentham).

Para que a contratação direta ocorra legitimamente, é necessário que haja uma correspondência entre o *motivo de fato* e o *motivo de direito* que ensejaram a contratação, e caso esses *motivos* sejam inexistentes ou falsos, a contratação estará viciada.

4.3.1 Enquadramento legal e fundamentação subsidiária

Com os motivos de fato e de direito deve a Administração verificar a correta subsunção da situação instalada à hipótese de contratação direta, apontando de forma específica o fundamento (enquadramento) legal de que a contratação correta está ocorrendo: *caput* ou o inciso específico do art. 74, ou inciso específico do art. 75.

Aprioristicamente não seria admitido um duplo enquadramento legal, devendo em razão da regra hermenêutica da especialização hipótese de contratação direta recair sobre o enunciado normativo mais adequado (específico) para o caso concreto.

Nessa linha, a hipótese de inexigibilidade, em razão da inviabilidade de competição, sempre prevalecerá sobre a hipótese de dispensa de licitação.

Contudo, em razão dos múltiplos entendimentos, principalmente em razão das hipóteses de inexigibilidade em que os órgãos de controle, em alguns casos, têm uma interpretação muito rígida e estreita sobre as possibilidades trazidas pela lei, admite-se que a Administração fundamente a contratação direta, p. ex., com fundamento numa hipótese de inexigibilidade, mas, subsidiariamente, apresente também uma motivação que permita uma contratação por dispensa de licitação (pequeno valor ou emergência, p. ex.).

4.3.2 Análise pela assessoria jurídica

Quanto ao parecer jurídico, soma-se o que dispõe o art. 53, §4º, da NLLCA, que prescreve que "o órgão de assessoramento jurídico da Administração também realizará controle prévio de legalidade de contratações diretas". Como se nota, a NLLCA manteve o viés de atuação de controle burocrático, repetindo um pouco daquilo que foi iniciado com a Lei nº 8.666/1993,[18] ignorando que muito em breve esse ato de análise de conformidade jurídica, mesmo quando necessário,

---

[18] Como se não fosse suficiente, o art. 169, inc. II trouxe como "segunda linha de defesa" para o controle das contratações, as "unidades de assessoramento jurídico e de controle interno do próprio órgão ou entidade". Trata-se de disposições que mantêm para órgãos de assessoramento jurídico a função atípica de controle.

deverá ser feito de maneira mais otimizada e despida das liturgias burocráticas e formatos tradicionais.[19]

Isso fica ainda mais evidente quando é sabido que alguns dos principais órgãos de Advocacia Pública do país, como a AGU, a PGE/ES e outras procuradorias estaduais e municipais, têm evoluído para a atuação proativa, com confecção de modelos padronizados de minutas para utilização pelas unidades assessoradas, além de pareceres referenciais que otimizam a análise de processos repetitivos ou de baixa complexidade.

Criando a possibilidade de uma solução para que os órgãos de assessoramento jurídico mais desenvolvidos possam superar ou continuar superando o gargalo burocrático gerado por essa visão burocrata e defasada do processo de contratação pública, o §5º do art. 53 admite que a análise jurídica seja dispensável nas hipóteses definidas previamente pela "autoridade jurídica máxima competente". Trata a hipótese da possibilidade de, por exemplo, pareceres referenciais ou mesmo da definição, por ato da referida autoridade jurídica, de espécies de processos nos quais a análise jurídica não seria obrigatória, opção que, nos termos da lei, deverá considerar fatores como: baixo valor,[20] baixa complexidade, entrega imediata do bem ou utilização de minutas previamente padronizadas pelo órgão de assessoramento jurídico, entre outros.[21]

Importante destacar que, diferentemente da Lei nº 8.666/1993, que fazia referência apenas à aprovação jurídica das minutas, o texto do art. 53 da Lei nº 14.133/2021 faz referência a um controle prévio de legalidade, fazendo com que a análise jurídica não se restrinja à aprovação das minutas, mas a uma "análise jurídica [quanto à legitimidade] da contratação".

---

[19] PEDRA, Anderson Sant'Ana; TORRES, Ronny Charles Lopes de. O papel da assessoria jurídica na nova lei de licitações e contratos administrativos. *In*: BELÉM, Bruno; CARVALHO, Matheus; TORRES, Ronny Charles Lopes de. *Temas controversos na nova lei de licitações e contratos*. São Paulo: Juspodivm, 2021. p. 305.

[20] Conferir: Orientação Normativa AGU nº 69/2021 que regulamenta a dispensa de análise pela assessoria jurídica em razão de pequeno valor.

[21] PEDRA, Anderson Sant'Ana; TORRES, Ronny Charles Lopes de. O papel da assessoria jurídica na nova lei de licitações e contratos administrativos. *In*: BELÉM, Bruno; CARVALHO, Matheus; TORRES, Ronny Charles Lopes de. *Temas controversos na nova lei de licitações e contratos*. São Paulo: Juspodivm, 2021. p. 305.

4.4 Recurso orçamentário

Uma vez definido o objeto da contratação direta e estimado o seu valor, indispensável verificar se há orçamento disponível para a contratação em homenagem ao princípio da responsabilidade fiscal trazido no art. 40, inc. V, "c", da NLLCA.

A verificação de recursos orçamentários corresponde à análise da Lei Orçamentária Anual (LOA) aprovada por cada ente federativo de um exercício para o outro e que tem em seu conteúdo a estimativa da receita e a fixação (autorização) da despesa.

A indisponibilidade orçamentária em face do valor estimado da contratação direta pode levar a Administração a concluir pela inviabilidade da contratação, já que solução outra exigirá esforço político-jurídico que não se pretende ou impossível, p. ex.: alteração legislativa.

Nessa linha, o inc. IV do art. 72 da NLLCA exige a "demonstração da compatibilidade da previsão de recursos orçamentários com o compromisso a ser assumido". Contudo, pode ocorrer de não haver uma correspondência entre o exercício orçamentário e a vigência da contratação que se pretende, sendo impossível à autoridade competente demonstrar a compatibilidade orçamentária em face de lei orçamentária (LOA) ainda inexistente. *In casu*, deverá ser demonstrada a compatibilidade com a proposta da LOA que foi enviada ao parlamento.

Além dessa demonstração de compatibilidade orçamentária, deve ainda a autoridade competente verificar a adequação financeira da despesa relacionada à contratação direta nos termos dos arts. 15 a 17 da Lei Complementar nº 101/2000 (Lei de Responsabilidade Fiscal).

4.5 Comprovação dos requisitos mínimos de qualificação

Uma vez apontados pelo Termo de Referência os requisitos para a demonstração da qualificação mínima para o particular se habilitar à contratação direta, com a apresentação do elenco de informações e documentos necessários e suficientes para demonstrar sua capacidade (jurídica, técnica, fiscal (social e trabalhista) e econômico-financeira), estes deverão ser verificados pela Administração antes que se concretize a contratação direta.

Contudo, situações inusitadas podem ocorrer, como, p. ex., em que uma contratação por inexigibilidade ou decorrente de situação emergencial o único particular que poderia atender o interesse público está irregular perante o fisco.

Nesse caso, apesar da irregularidade perante o fisco, a contratação terá que ser efetuada em homenagem ao interesse público.[22]

4.6 Razão de escolha

Em homenagem ao princípio da *impessoalidade* (art. 37, *caput*, da CRFB) deverá a Administração demonstrar nos autos as razões que conduziram à contratação de determinada pessoa (física ou jurídica) (art. 72, inc. VI, da NLLCA).

Como se sabe, o agir da Administração deve ser impessoal (ou *imparcial*), sendo uma faceta do direito fundamental à igualdade (formal e material), previsto no art. 5º, *caput*, da CRFB.

A partir do viés da derivação do direito fundamental à igualdade, o princípio da impessoalidade impõe que a Administração Pública dispense tratamento isonômico de oportunidades a todos, sem privilégios e direcionamentos espúrios, tampouco manobras persecutórias, sequer as movidas por supostas boas intenções.[23]

A partir dessa perspectiva a atuação do agente público deve ser destinada inteira e isonomicamente a todos os administrados, sem qualquer tentativa de favorecimento ou preferência a quem quer que seja, salvo se o discrímen for razoável (justificado).

Para se efetivar o princípio da impessoalidade, deve a Administração Pública objetivar exclusivamente o interesse público, e não o interesse privado; refletindo aqui o *princípio da finalidade*.

4.7 Justificativa de preço

Uma vez bem definido o valor estimado da despesa durante a fase preparatória da contratação e identificado o pretenso contratado que

---

[22] A título exemplificativo, a Orientação Normativa AGU nº 09/2009: "A comprovação da regularidade fiscal na celebração do contrato ou no pagamento de serviços já prestados, no caso de empresas que detenham o monopólio de serviço público, pode ser dispensada em caráter excepcional, desde que previamente autorizada pela autoridade maior do órgão contratante e concomitantemente, a situação de irregularidade seja comunicada ao agente arrecadador e à agência reguladora".

[23] FREITAS, Juarez. *O controle dos atos administrativos e os princípios fundamentais*. 5. ed. São Paulo: Malheiros, 2013. p. 70.

apresenta o seu preço, deve a Administração cotejar o preço apresentado com o valor estimado da contratação.

Sendo o preço apresentado igual ou inferior ao valor estimado, a justificativa resta esvaziada em razão da presunção da adequação entre ambos os valores. Caso o preço apresentado seja superior ao valor estimado, ter-se-á um ônus argumentativo por parte da Administração a fim de justificar o preço apresentado (art. 72, inc. VII).

Contudo, diversas particularidades envolvem os casos de contratação direta e possibilitam preços bem díspares – o que deve ser registrado nos autos, inclusive para efeito de futuro controle.

É possível também que a Administração pesquise o mercado para contratar um show musical, uma pesquisa científica ou uma capacitação. Na pesquisa mercadológica, pode constatar alguns profissionais e empresas com preços diferentes, cada um com suas particularidades, mas todos aptos a atender o interesse público. Nesse caso, a partir de uma discricionariedade administrativa, devidamente motivada, pode a Administração entender que uma determinada empresa ou profissional atenderá de forma *ótima* o interesse público, mesmo que o valor esteja superior aos demais, mas dentro do valor de mercado.

Não é porque a Administração pesquisou o mercado de artistas consagrados e encontrou a cantora A com um cachê X e uma cantora B com um cachê Y, e Y é menor que X, que a Administração terá que contratar a cantora B. A Administração poderá contratar a cantora A desde que motive as razões pelas quais ela foi a escolhida.[24]

Nessa linha, o fato de a Administração pesquisar preços com mais de um profissional ou empresa, *per se*, não afasta a impossibilidade de competição, até porque são profissionais que prestam serviço de coloração bem subjetiva e de impossível comparação (competição).[25]

4.8 Autorização

Instruído todo o processo de contratação, entendendo o corpo técnico da Administração que o interesse público somente conseguirá ser atendido mediante uma contratação direta, tal conclusão deverá

---

[24] Talvez a cantora B já tenha se apresentado na localidade recentemente e para o lazer (entretenimento) da população (interesse público) melhor opção é a cantora A.
[25] No mesmo sentido: TORRES, Ronny Charles Lopes de. *Lei de licitações públicas comentadas*. 12. ed. Salvador: Juspodivm, 2021. p. 381. Em sentido contrário: TCU, Acórdão nº 2.280/2019-1ª Câm. Nesse acórdão foi adotado o entendimento de que a realização de cotação de preços junto a potenciais fornecedores de serviços afasta a hipótese de inexigibilidade.

ser submetida à autoridade competente, que então autorizará, ou não, a contratação nos termos do art. 72, inc. VIII.

4.9 Divulgação da contratação direta

Nos termos do parágrafo único do art. 72, o "ato que autoriza a contratação direta ou o extrato decorrente do contrato deverá ser divulgado e mantido à disposição do público em sítio eletrônico oficial".

O Sítio Eletrônico Oficial (SEO) possui definição no inc. LII do art. 6º da NLLCA, que prescreve como sendo um "sítio da internet, certificado digitalmente por autoridade certificadora, no qual o ente federativo divulga de forma centralizada as informações e os serviços de governo digital dos seus órgãos e entidades".

Não se trata do Portal Nacional de Contratações Públicas (PNCP), que encontra definição, características e funcionalidades no art. 174 da NLLCA.

Trata-se de veículos de divulgação distintos, ambos utilizando a rede mundial de computadores (*internet*), mas com características e amplitude diferentes.

Importante consignar que a divulgação do extrato da contratação direta ou do contrato no SEO não afasta o modal deôntico trazido no art. 94 da NLLCA, que prescreve que a divulgação do contrato no PNCP é "condição indispensável" para sua eficácia e deverá ocorrer no prazo de 10 (dez) dias úteis no caso de contratação direta (inc. II).[26]

De acordo com o art. 94, §1º, da NLLCA, os contratos celebrados diretamente em razão de urgência (art. 75, inc. VIII) terão eficácia a partir de sua assinatura e deverão ser publicados nos prazos previstos nos incs. I e II do *caput* do mesmo artigo, sob pena de nulidade.

Já quando a contratação direta por inexigibilidade estiver relacionada a profissional do setor artístico (art. 74, inc. II), a divulgação "deverá identificar os custos do cachê do artista, dos músicos ou da banda, quando houver, do transporte, da hospedagem, da infraestrutura, da logística do evento e das demais despesas específicas" (art. 94, §2º).

---

[26] O TCU, em "caráter transitório e excepcional, até que sejam concluídas as medidas necessárias ao efetivo acesso às funcionalidades do PNCP", entendeu ser possível a contratação direta, sem licitação, nos termos da NLLCA mesmo diante da impossibilidade de divulgação no PNCP, devendo em reforço à "transparência que deve ser dada às contratações diretas, que seja utilizado o DOU como mecanismo complementar ao portal digital do TCU, em reforço à devida publicidade até a efetiva integração entre os sistemas internos e o PNCP" (Acórdão nº 2.458/2021-Plenário).

5 Considerações finais

O procedimento licitatório não pode ser considerado um fim em si mesmo, mas um instrumento para a realização do interesse público, em todas as nuances como ele pode se apresentar num ou noutro caso concreto.

Nesse sentido, a presunção adotada pela Constituição de que a realização de licitação prévia proporciona a contratação mais vantajosa para o interesse público deve ceder nas hipóteses em que o caso concreto demonstrar que a contratação direta é mais apta à realização desse interesse, o que demanda justificação e motivação suficiente por parte da autoridade administrativa.

O fato de a contratação direta constituir regra de exceção, devendo suas hipóteses serem interpretação restritivamente, não pode fazer incidir sobre ela a pecha de ilegalidade ou desvio, na medida em que muitas vezes sua adoção se revela consectária ao atendimento das finalidades do Estado, enquanto agente promotor de direitos e de políticas públicas em favor do cidadão e da sociedade.

Para a verificação e demonstração da modalidade de contratação mais apta ao atendimento do interesse público, é imprescindível seguir à risca o procedimento institucionalizado na lei, cabendo ao gestor público o ônus argumentativo de motivar e justificar o acerto da escolha realizada.

Referência

AMORIM, Victor Jardim de. *Licitações e contratos administrativos*: teoria e jurisprudência. 4. ed. Brasília: Senado Federal, 2021.

DALLARI, Adilson Abreu. *Aspectos jurídicos da licitação*. 6. ed. São Paulo: Saraiva, 2003.

FREITAS, Juarez. *O controle dos atos administrativos e os princípios fundamentais*. 5. ed. São Paulo: Malheiros, 2013.

GUIMARÃES, Edgar. *Contratação direta*: comentários às hipóteses de licitação dispensável e inexigível. 2. ed. Curitiba, 2015.

FERNANDES, Ana Luiza Jacoby; FERNANDES, Murilo Jacoby; FERNANDES, Jorge Ulisses Jacoby. *Contratação direta sem licitação*. 11. ed. Belo Horizonte: Fórum, 2021.

JUSTEN FILHO, Marçal. *Comentários à lei de licitações e contratos administrativos*. 17. ed. São Paulo: Revista dos Tribunais: 2016.

MADUREIRA, Cláudio. *Licitações, contratos e controle administrativo*: descrição sistemática da Lei nº 14.133/2021 na perspectiva do modelo brasileiro de processo. Belo Horizonte: Fórum, 2021.

MENDES, Renato Geraldo; MOREIRA, Egon Bockmann. *Inexigibilidade de licitação*: repensando a contratação pública e o dever de licitar. Curitiba: Zênite. 2016.

NIEBUHR, Joel de Menezes. Dispensa e inexigibilidade de licitação pública. *In*: NIEBUHR, Joel de Menezes (coord.). *Nova lei de licitações e contratos administrativos*. 2. ed. Curitiba: Zênite, 2021. p. 35-36. Disponível em: https://www.zenite.com.br/books/nova-lei-de-licitacoes/nova_lei_de_licitacoes_e_contratos_administrativos.pdf. Acesso em: 23 fev. 2022.

PEDRA, Anderson Sant'Ana. Pregão *express versus* contratação direta: o que fazer em tempo de coronavírus. *O Pregoeiro*, Curitiba, ano XVII, n. 184, p. 15-17, abr. 2020.

PEDRA, Anderson Sant'Ana; TORRES, Ronny Charles Lopes de. O papel da assessoria jurídica na nova lei de licitações e contratos administrativos. *In*: BELÉM, Bruno; CARVALHO, Matheus; TORRES, Ronny Charles Lopes de. *Temas controversos na nova lei de licitações e contratos*. São Paulo: Juspodivm, 2021. p. 293-332.

TORRES, Ronny Charles Lopes de. *Lei de licitações públicas comentadas*. 12. ed. Salvador: Juspodivm, 2021.

Informação bibliográfica deste texto, conforme a NBR 6023:2018 da Associação Brasileira de Normas Técnicas (ABNT):

PEDRA, Anderson Sant'Ana. Contratação direta e a devida instrução processual de acordo com a Nova Lei de Licitações e Contratos Administrativos. *In*: PRUDENTE, Juliana Pereira Diniz; MEDEIROS, Fábio Andrade; COSTA, Ivanildo Silva da. *Nova Lei de Licitações sob a ótica da Advocacia Pública*: reflexões temáticas. Belo Horizonte: Fórum, 2022. p. 79-97. ISBN 978-65-5518-381-8.

REAJUSTE, REPACTUAÇÃO E RESTABELECIMENTO NA NOVA LEI DE LICITAÇÕES E CONTRATOS ADMINISTRATIVOS

PERICLES FERREIRA DE ALMEIDA

1 Introdução

Considera-se equilíbrio econômico-financeiro a relação estabelecida pelas partes contratantes, no momento de conclusão do contrato, entre os encargos assumidos e a compensação econômica correspondente. Segundo a concepção comum, a tutela da equação assim formada é direito constitucionalmente garantido em todos os contratos administrativos, a teor do art. 37, XXI, da CF.

O estudo do âmbito de proteção deste direito é costumeiramente associado à contraposição entre álea ordinária, respeitante aos riscos comuns e previsíveis do negócio e, pois, de responsabilidade do particular contratado sem direito ao reequilíbrio, e álea extraordinária, envolvendo os eventos imprevisíveis os quais conduzem ao restabelecimento da equação econômica inicial.

O propósito deste texto é analisar os principais meios de recomposição da equação econômico-financeira do contrato administrativo, eventualmente violada por eventos supervenientes ao negócio entabulado, enquadrados seja na álea ordinária, seja na álea extraordinária. É dizer, cuidar-se-á do reajuste, da repactuação e do restabelecimento como meios técnicos que servem ao equilíbrio econômico do contrato administrativo, analisando os controvertidos temas que os permeiam à luz das prescrições da Lei nº 14.133/2021 (Nova Lei de Licitações e Contratos Administrativos).

2 Reajuste

O reajuste de preços, longe de significar modificação do contrato, representa o seu cumprimento; é remédio estipulado pelas partes para manter o equilíbrio econômico-financeiro decorrente de fato perfeitamente previsível: a inflação. Como diz Hely Lopes Meirelles "não é decorrência da imprevisão das partes contratantes; ao revés, é previsão de uma realidade existente, que vem alterando a conjuntura econômica em índices suportáveis".[1]

É dizer, o reajuste protege do desequilíbrio econômico decorrente de eventos que estão compreendidos na álea ordinária do contrato. A inaplicabilidade da teoria da imprevisão, por ausentes seus pressupostos no caso da desvalorização da moeda e, portanto, aumento razoável dos custos de produção, leva as partes a assegurarem na própria intimidade do contrato a garantia do equilíbrio original, estipulando cláusula de reajuste.[2]

Daí a definição legal, segundo a qual o reajuste é a "forma de manutenção do equilíbrio econômico-financeiro de contrato consistente na aplicação do índice de correção monetária previsto no contrato, que deve retratar a variação efetiva do custo de produção, admitida a adoção de índices específicos ou setoriais" (art. 6º, LVIII, da Lei nº 14.133/2021). Trata tal definição do reajuste em sentido restrito, figura diversa da repactuação, que sempre se considerou espécie de reajuste, e que será objeto do próximo tópico (art. 6º, LIV, da Lei nº 14.133/2021).

A Lei nº 14.133/2021 determina que são necessárias em todo contrato administrativo cláusulas que estabeleçam "o preço e as condições de pagamento, os critérios, a data-base e a periodicidade do

---

[1] Licitação e contrato administrativo, p. 195.
[2] Celso Antônio Bandeira de Mello, *Curso de direito administrativo*, p. 605.

reajustamento de preços e os critérios de atualização monetária entre a data do adimplemento das obrigações e a do efetivo pagamento" (art. 92, V).

A obrigação de prever o reajuste não é relativizada nem mesmo nas hipóteses em que o prazo de vigência contratual seja previsto em tempo inferior ao período mínimo necessário para o reajuste (qual seja, um ano). É o que estabelece a parte inicial do art. 25, §7º, reproduzida com redação praticamente idêntica no art. 92, §3º, ambos da Lei nº 14.133/2021, pela qual, "independentemente do prazo de duração, o contrato deverá conter cláusula que estabeleça o índice de reajustamento de preço, com data-base vinculada à data do orçamento estimado".

Na disciplina da Lei nº 8.666/1993, dispensava-se a previsão contratual do reajuste nas compras para entrega imediata (art. 40, §4º). Sem embargo, era marcante o esforço do Tribunal de Contas da União na linha de que mesmo nos vínculos com vigência inferior a anual a Administração fizesse constar dos editais e respectivos termos de contrato cláusulas sobre os critérios, data-base e periodicidade do reajuste.[3] O problema, agora, é resolvido de forma expressa pela Nova Lei, que exige a disciplina contratual do reajuste, por óbvio, para aplicação na hipótese de eventuais atrasos na execução ou prorrogações do contrato.

Controvertia-se, antes, sobre a possibilidade de deferimento do reajuste quando ausente previsão contratual.[4] Com a regra explícita dos arts. 25, §7º, e 92, §3º, da Lei nº 14.133/2021, afigura-se irrefutável que deverá a Administração aditar o contrato para incluir cláusula de reajuste, tornando-o possível, quando o instrumento original apresentar o defeito de não cuidar deste assunto. No caso, deve-se observar os índices e o regulamento que constam das minutas padronizadas ou

---

[3] Entre outros, cf. TCU, Acórdão nº 197/2010 – Plenário, Rel. Min. Marcos Bemquerer, Acórdão nº 1.924/2010 – Plenário, Rel. Min. Marcos Bemquerer, Decisão 235/1998 – Plenário, Rel. Min. Carlos Átila Álvares da Silva, Acórdão 438/2008 – Plenário, Rel. Min. Augusto Nardes.

[4] Hely Lopes Meirelles entende que "não é a concordância posterior das partes que legitima o reajuste de preço; é o contrato originário que há de autorizar essa conduta, desde que admitida no edital" (Licitação e contrato administrativo, p. 194). De outro lado, porém, Gabriela Verona Pércio pensa que "a ausência de previsão de reajuste no contrato não impede sua realização, caso seja necessário, o que ocorrerá mediante a eleição pelas partes, de comum acordo, de um índice ou outro critério adequado" (Contratos administrativos..., p. 104). Marçal Justen Filho, por força da "consideração de que o particular tem direito de obter a recomposição da equação econômico-financeira", deixa consignado que, "ainda que não esteja previsto contratualmente o reajuste, deverá assegurar-se ao interessado o direito ao reequilíbrio rompido em virtude de eventos supervenientes imprevisíveis" (Comentários à lei de licitações e contratos administrativos, p. 550).

habitualmente utilizadas para objetos semelhantes, bem assim a prática administrativa consolidada sobre o reajustamento.

Os arts. 25, §8º, e 92, §4º, da Lei nº 14.133/2021 dispõem que o interregno mínimo a ser observado para o reajuste em contratos de serviços contínuos será de 1 (um) ano. Já era assim para todos os contratos, por força da Lei nº 10.192/2001 (art. 2º, §1º e art. 3º, §1º), que comina a pena de nulidade para as estipulações de atualização monetária que considerem lapso temporal inferior. Não é usual, mas não há óbice legal para que o contrato estabeleça periodicidade superior a um ano, o que se infere do já citado art. 92, V, consoante o qual o contrato deve prever a periodicidade do reajustamento de preços, assim como dos citados arts. 25, §8º, e 92, §4º.

Ademais, a Lei nº 10.192/2001 (art. 3º, §1º) determina que nos contratos administrativos o termo inicial para a contagem do período aquisitivo do reajuste será a data prevista para apresentação da proposta *ou* a data do orçamento a que essa proposta se referir. Idêntica regra consta do art. 40, XI, da Lei nº 8.666/1993, contudo, não foi reproduzida de forma explícita na Lei nº 14.133/2021, o que não impede a sua aplicação precisamente por constar da mencionada Lei nº 10.192/2001, ainda vigente.

O conectivo *ou* é conjunção alternativa, logo, estabelece uma situação de revezamento, na qual os dois fatos não podem ocorrer ao mesmo tempo. Ou a data-base é fixada pelo contrato como a data de apresentação da proposta ou como a data do orçamento. O assunto, contudo, despertava algumas dificuldades práticas, uma vez que muitos editais e contratos se limitavam a reproduzir o texto legal.

Nesses casos, o Tribunal de Contas da União tem reconhecido o vício e determinado a correção de editais e contratos nos quais o texto legal é simplesmente repetido, sem manifestação da Administração quanto à escolha de um dos eventos como termo inicial.[5] A AGU editou, sobre o tema, a Orientação Normativa nº 24: "O edital e o contrato para prestação de serviço continuado devem conter apenas um evento como marco inicial para a contagem do interregno de um ano para o primeiro reajuste ou repactuação: ou a data da proposta ou a data do orçamento a que a proposta se referir".

Uma novidade da Lei nº 14.133/2021 é o acolhimento da fórmula, frequentemente empregada em contratos de concessão e outros ajustes

---

[5] Por exemplo, cf. TCU, Acórdão nº 1950/2008 – Plenário, Rel. Min. Benjamin Zymler, e Acórdão nº 1941/2006 – Plenário, Rel. Min. Marcos Bemquerer.

complexos, consistente na cesta de índices de reajustamento, sendo clara a parte final dos arts. 25, §7º, e 92, §3º, da Lei nº 14.133/2021 sobre a "possibilidade de ser estabelecido mais de um índice específico ou setorial, em conformidade com a realidade de mercado dos respectivos insumos".

A Lei nº 14.133/2021 não trata do procedimento do reajuste, tampouco diz qual o prazo de resposta à solicitação de reajuste formulada pelo interessado, ao contrário do que faz em relação aos pedidos de repactuação e de restabelecimento, cujo prazo para resposta deve estar previsto no contrato e será preferencialmente de 1 (um) mês contado da data da entrega dos documentos necessários (art. 92, X e XI, e §6º).

Considerando que o reajuste se dá por índice oficial, que uma vez divulgado será do conhecimento das partes, poderá ele ser aplicado diretamente no pagamento subsequente, sem maiores entraves e independentemente de instrução processual. No caso, a competência administrativa para reajustar é exercida por simples homologação, sem nenhuma margem de discricionariedade.[6]

Se, contudo, o contrato exigir a solicitação formal do interessado e a correspondente decisão administrativa, deve-se considerar o disposto no art. 123 da Lei nº 14.133/2021, segundo o qual a Administração terá o dever de explicitamente emitir decisão sobre todas as solicitações e reclamações relacionadas à execução dos contratos, ressalvados os requerimentos manifestamente impertinentes, meramente protelatórios ou de nenhum interesse para a boa execução do contrato; complementa o parágrafo único: "Salvo disposição legal ou cláusula contratual que estabeleça prazo específico, concluída a instrução do requerimento, a Administração terá o prazo de 1 (um) mês para decidir, admitida a prorrogação motivada por igual período".

---

[6] A propósito, embora tratando dos contratos de concessão, Egon Bockmann Moreira escreve: "Assim, uma vez divulgado o índice pactuado no dia e mês preestabelecidos, todos (regulador, concedente, concessionário, usuários e terceiros) têm condições de saber qual será o reajuste. Tanto o índice quanto as fórmulas paramétricas são dados públicos de livre acesso. Por isso que o estatuto e os contratos de concessão podem se valer de regras para a aplicação automática do reajuste (elaboradas as contas pelo concessionário e submetidas ao escrutínio da autoridade competente). Desde que expressamente previstos todos os itens de sua composição e modo de incidência, a homologação do reajuste é ato vinculado da Administração: não lhe resta qualquer discricionariedade para deferir (ou não) a manutenção do valor da tarifa. Como destaca Carlos Ari Sundfeld, a competência relativa ao reajuste da tarifa 'é de simples homologação, a qual, além de vinculada (afastando-se, destarte, qualquer apreciação subjetiva), não é condição para o reajuste, envolvendo simples reconhecimento de direito existente'. Mesmo porque o indeferimento do reajuste equivale a ato de diminuição real do valor pactuado – o que exigiria as correspondentes medidas de reequilíbrio" (*Direito das concessões de serviço público*. São Paulo: Malheiros, 2010, p. 357-358).

Sobre a formalização do reajuste, o art. 136, I, da Lei nº 14.133/2021 faculta, por se tratar de registro que não caracteriza alteração do contrato, seja realizado por simples apostila, dispensada a celebração de termo aditivo. Ou seja, não é necessário o cumprimento das formalidades atinentes ao termo aditivo, como a sua publicação, para consignar a variação do valor contratual para fazer face ao reajuste de preços com previsão no próprio contrato. Anote-se, desde já, a mesma regra vale para a repactuação, o que também consta do citado art. 136.[7]

3 Repactuação

A repactuação é espécie de reajuste de preços, não por índices oficiais, mas por demonstração analítica da alteração dos custos do contrato, via apresentação de nova planilha de custos e formação de preços. Assim, no procedimento de repactuação tem lugar a perquirição da variação efetiva dos custos, desvendando-se o valor necessário para compensar o desequilíbrio econômico por meio da comparação entre o custo atual e o custo do momento de celebração do contrato.

Consoante a definição legal, a repactuação se traduz "na forma de manutenção do equilíbrio econômico-financeiro de contrato utilizada para serviços contínuos com regime de dedicação exclusiva de mão de obra ou predominância de mão de obra, por meio da análise da variação dos custos contratuais, devendo estar prevista no edital com data vinculada à apresentação das propostas, para os custos decorrentes do mercado, e com data vinculada ao acordo, à convenção coletiva ou ao dissídio coletivo ao qual o orçamento esteja vinculado, para os custos decorrentes da mão de obra" (art. 6º, LIX, da Lei nº 14.133/2021).

Como se vê, a repactuação é fundamentada em eventos previsíveis, enquadrados na álea ordinária, notadamente a elevação do piso salarial das categorias profissionais relacionadas ao contrato, o que invariavelmente ocorre todos os anos por efeito de acordo, convenção ou dissídio coletivo de trabalho. É verdade, porém, que os índices de aumento salarial são variáveis, mas a opção por considerar tal evento o fato gerador de uma espécie de reajuste (repactuação) e, pois, não

---

[7] Todavia, apreciando o tema à luz da lei anterior, o TCU entendeu que não configura irregularidade a opção por registrar o reajuste previsto contratualmente em termo aditivo, cf. TCU, Acórdão nº 1998/2008 – Plenário, Rel. Min. André Luís de Carvalho.

subsumível à teoria da imprevisão, desde muito cedo prevaleceu na prática administrativa e na jurisprudência.[8]

Enquanto o reajuste tem lugar independentemente do objeto contratual (*v.g.*, fornecimentos, serviços, obras, locações), a repactuação é reservada para os contratos de serviços contínuos com regime de dedicação exclusiva de mão de obra ou com predominância de mão de obra, a teor dos arts. 25, §8º, 92, §4º, e 135 da Lei nº 14.133/2021.

A propósito, o citado §8º do art. 25, tanto como o §4º do art. 92, prescreve que o critério de reajuste nos contratos de serviços contínuos será por: I - reajustamento em sentido estrito, quando não houver regime de dedicação exclusiva de mão de obra ou predominância de mão de obra, mediante previsão de índices específicos ou setoriais; e II - repactuação, quando houver regime de dedicação exclusiva de mão de obra ou predominância de mão de obra, mediante demonstração analítica da variação dos custos.

Também na repactuação deve-se observar a periodicidade mínima de 1 (um) ano, contado da data da apresentação da proposta ou da data da última repactuação, como determina o §3º do art. 135 da Lei nº 14.133/2021. Conforme explicitado no *caput* do art. 135 da Lei nº 14.133/2021, impõe-se seja a data base vinculada: I - à da apresentação da proposta, para custos decorrentes do mercado; II - ao acordo, à convenção coletiva ou ao dissídio coletivo ao qual a proposta esteja vinculada, para os custos de mão de obra.

No regime da Lei nº 8.666/1993, diante da necessidade de observar o prazo de um ano para a primeira repactuação, passou-se a entender

---

[8] O Tribunal de Contas da União, apesar de ter decidido em sentido contrário, revisou sua conclusão em decisão que se tornou bastante conhecida, o Acórdão nº 1.563/2004 – Plenário, Rel. Min. Augusto Sherman Cavalcanti. Assim, o Tribunal consolidou o entendimento de que o aumento salarial decorrente de acordo, convenção ou dissídio coletivo comporta repactuação, e não revisão de preços. De lá para cá, passou então a orientar no sentido de que a Administração Pública deve abster-se de fundamentar repactuações de contratos no art. 65, II, "d", quando decorrentes de aumentos salariais, devendo fazê-las com base nos artigos 40, inciso XI, e 55, inciso III, da Lei nº 8.666/93, que tratam de reajuste de preços com base na variação periódica de custos. Nesse pronunciamento, aliás, a Corte de Contas trilhou o caminho percorrido pelo Superior Tribunal de Justiça, que pacificou sua jurisprudência no sentido de que o aumento de salários em virtude de acordo, convenção ou dissídio coletivo não constitui fato imprevisível e, por isso mesmo, não dá ensejo à aplicação da teoria da imprevisão prevista no art. 65, II, "d" da Lei de Licitações. Consulte-se, STJ, REsp 134797/DF, Rel. Min. Paulo Gallotti, *DJ* 01.08.2000; REsp 382260/RS, Rel. Min. Eliana Calmon, *DJ* 19.12.2002; REsp 411101/PR, Rel. Min. Eliana Calmon, *DJ* 08.09.2003; REsp 668367/PR, Rel. Min. Teori Albino Zavascki, *DJ* 05.10.2006; AgRg no REsp 695912/CE, Rel. Min. Mauro Campbell Marques, *DJe* 27.11.2009. Esse cenário influenciou a AGU a elaborar a Orientação Normativa nº 25/2009: "A alteração dos insumos da planilha de preços decorrente de acordo, convenção ou dissídio coletivo de trabalho somente poderá ser objeto de pedido de repactuação contratual".

que o período aquisitivo seria contado a partir da data do orçamento da licitação, equivalente à data do acordo, convenção coletiva ou dissídio coletivo ao qual ele se encontrava vinculado, sendo esta a orientação da Corte de Contas da União, depois consignada em atos normativos infralegais.[9]

Positivando tal orientação, o art. 135 da Lei nº 14.133/2021 deixa mais claro que o interregno é contado da data do ato que fixa o salário da categoria, utilizado como paradigma na elaboração da proposta de preços, ou seja, da data do ato normativo a que a proposta se encontra vinculada. Lembre-se que a definição legal indica que se considera essa data relacionada ao "acordo, à convenção coletiva ou ao dissídio coletivo ao qual o orçamento esteja vinculado, para os custos decorrentes da mão de obra" (art. 6º, LIX, da Lei nº 14.133/2021). O que se nota, então, é que foi mantida a disciplina do tema nos mesmos termos.

Na forma do §4º do citado art. 135, a repactuação poderá ser dividida em tantas parcelas quantas forem necessárias, observado o princípio da anualidade do reajuste de preços da contratação, podendo ser realizada em momentos distintos para discutir a variação de custos que tenham sua anualidade resultante em datas diferenciadas, como os decorrentes de mão de obra e os decorrentes dos insumos necessários à execução dos serviços. Daí que, como complemento o §5º do mesmo artigo, quando a contratação envolver mais de uma categoria profissional, a repactuação poderá ser dividida em tantos quantos forem os acordos, convenções ou dissídios coletivos de trabalho das categorias envolvidas na contratação.[10]

É certo, a repactuação deve estar prevista no termo de contrato, pois a regra do art. 92, V, da Lei nº 14.133/2021, que dispõe que é necessária em todo contrato cláusula que estabeleça os critérios, a data-base e a periodicidade do reajustamento de preços, alcança igualmente a repactuação. Se for o caso de repactuação, a ausência de sua previsão no instrumento contratual é defeito que deve ser corrigido; aproveita-se, aqui, o que foi exposto a este propósito sobre o reajuste.

---

[9] Por exemplo, cf. Acórdão nº 1.563/2004 – Plenário, Rel. Min. Augusto Sherman Cavalcanti. A AGU consignou o mesmo entendimento na Orientação Normativa nº 26: "Na contratação de serviço em que a maior parcela do custo for decorrente de mão de obra, o edital e o contrato deverão indicar expressamente que o prazo de um ano, para a primeira repactuação, conta-se da data do orçamento a que a proposta se referir". A respeito dos atos infralegais que regulam a repactuação, ver IN MPOG nº 02/2008, com alterações posteriores, revogada pela IN MPDG 5/2017, que trata do tema nos arts. 54 e 55.

[10] Regras equivalentes já constavam da IN MPDG nº 5/2017, que trata do tema no art. 54, §§1º a 3º.

O §1º do art. 135 determina que a Administração não se vinculará às disposições contidas em acordos, convenções ou dissídios coletivos de trabalho que tratem de matéria não trabalhista, de pagamento de participação dos trabalhadores nos lucros ou resultados do contratado, ou que estabeleçam direitos não previstos em lei, como valores ou índices obrigatórios de encargos sociais ou previdenciários, bem como de preços para os insumos relacionados ao exercício da atividade.

Por sua vez, o §2º do mesmo artigo dispõe que é vedado a órgão ou entidade contratante vincular-se às disposições previstas nos acordos, convenções ou dissídios coletivos de trabalho que tratem de obrigações e direitos que somente se aplicam aos contratos com a Administração Pública.

Esses preceitos apresentam o inequívoco propósito de evitar que os cofres públicos sejam prejudicados por ajustes de terceiros ofensivos à boa-fé objetiva. Na medida em que as negociações entre os sindicatos de empregados e de empregadores normalmente têm lugar sem a aquiescência ou mesmo a participação da Administração Pública, não se revela legítima a constituição de obrigações para o Poder Público com exclusividade ou, ainda, dissociadas da legislação.

Além dos requisitos já expostos, a repactuação demanda solicitação do interessado acompanhada de demonstração analítica da variação dos custos, por meio de apresentação da planilha de custos e formação de preços, ou do novo acordo, convenção ou sentença normativa que fundamenta a repactuação, na forma do §6º do art. 135.

Assim, deve o interessado demonstrar, por planilhas ou outros instrumentos equivalentes, elaborados com base em efetiva comprovação, a variação dos custos e o seu impacto nos preços do contrato.[11] Registre-se que o acréscimo salarial concedido à categoria deve repercutir em atualização apenas da parcela dos custos ligados diretamente à mão de obra, e não sobre todo o valor contratual.[12] Sem dúvida, a variação de outros insumos também poderá ser considerada na repactuação, mas deve refletir no item próprio da planilha.

O pedido de repactuação deve ser respondido pela Administração no prazo estipulado em contrato, que será preferencialmente de 1 (um) mês, contado da data do fornecimento da documentação completa (prevista no §6º do art. 135), conforme determina o art. 92, X, e §6º da Lei nº 14.133/2021. Aplica-se, subsidiariamente, o disposto no art. 123 da

---

[11] Cf. TCU, Acórdão nº 2.861/2009 – Primeira Câmara, Rel. Min. Walton Alencar Rodrigues, e Acórdão nº 740/2008, citado na Relação 14/2008 – Min. Valmir Campelo – Primeira Câmara.
[12] Cf. TCU, Acórdão nº 2.225/2008 – Primeira Câmara, Rel. Min. Marcos Bemquerer Costa.

mesma lei, sobre o dever público geral de resposta aos requerimentos relacionados à execução dos contratos, analisado no tópico sobre o reajuste.

4 Restabelecimento (repartição de riscos)

No campo da álea extraordinária estão os eventos derivados de atos de outra ou da própria pessoa pública contratante, qualificados como fato do príncipe, fato da Administração ou exercício do poder de modificação unilateral, tanto como os eventos da álea econômica, é dizer, as circunstâncias imprevisíveis externas ao contrato que despertam a teoria da imprevisão.

O legislador aglutinou todas essas situações e lhes atribuiu idêntico regime jurídico, uniforme em termos de pressupostos e de efeitos, designando o instrumento de recomposição do equilíbrio econômico-financeiro nesses casos pelo termo genérico *restabelecimento*, empregado em diversos dispositivos da Nova Lei de Licitações e Contratos.[13]

Pois bem. O restabelecimento está previsto no art. 124, II, "d", e nos arts. 130 e 134 da Lei nº 14.133/2021, cuja transcrição se impõe para melhor compreensão da matéria.

> Art. 124. Os contratos regidos por esta Lei poderão ser alterados, com as devidas justificativas, nos seguintes casos:
> II - por acordo entre as partes:
> d) para restabelecer o equilíbrio econômico-financeiro inicial do contrato em caso de força maior, caso fortuito ou fato do príncipe ou em decorrência de fatos imprevisíveis ou previsíveis de consequências incalculáveis, que inviabilizem a execução do contrato tal como pactuado, respeitada, em qualquer caso, a repartição objetiva de risco estabelecida no contrato.
> Art. 130. Caso haja alteração unilateral do contrato que aumente ou diminua os encargos do contratado, a Administração deverá restabelecer, no mesmo termo aditivo, o equilíbrio econômico-financeiro inicial.
> Art. 134. Os preços contratados serão alterados, para mais ou para menos, conforme o caso, se houver, após a data da apresentação da proposta, criação, alteração ou extinção de quaisquer tributos ou encargos legais

---

[13] No regime da Lei nº 8.666/1993, o instrumento recebia na doutrina e na jurisprudência denominação nem sempre coincidente, destacando-se o emprego dos termos reequilíbrio, revisão, realinhamento e recomposição. Para um recenseamento, cf. Pericles Ferreira de Almeida, Restabelecimento do equilíbrio econômico-financeiro, *FCGP*, n. 118, p. 64, 2011.

ou a superveniência de disposições legais, com comprovada repercussão sobre os preços contratados.

Esses preceitos normativos correspondem ao art. 65, II, "d", e §§5º e 6º da Lei nº 8.666/93. Além de apresentar um sensível aperfeiçoamento na redação do texto legal, as principais diferenças são as seguintes:

(a) a Nova Lei expressamente ordena que seja respeitada, em qualquer caso, a repartição objetiva de riscos estabelecida no contrato, o que antes poderia ser extraído, embora com dificuldades, da expressão *álea econômica extraordinária e extracontratual*, da parte final da alínea "d" do inciso II do art. 65 da Lei nº 8.666/1993; e

(b) a Nova Lei diz que, no caso de alteração unilateral que aumente ou diminua os encargos do contratado, a Administração deverá restabelecer, no mesmo termo aditivo, o equilíbrio econômico inicial, sendo certo que essa simultaneidade não estava expressa no §6º do art. 65 da Lei nº 8.666/1993.

Como já adiantado, o mesmo tratamento legal é dispensado ao fato da administração, ao fato do príncipe, ao caso fortuito ou de força maior e ao que se poderia chamar de teoria da imprevisão, ou seja, aos fatos imprevisíveis ou previsíveis de consequências incalculáveis. Assim, a distinção conceitual que predomina na doutrina tradicional, embora de acentuado valor didático, tende a não ser muito útil no dia a dia da atividade pública contratual.

Vale dizer, o Direito brasileiro concentra categorias que recebem tratamento desigual no Direito estrangeiro, construindo um princípio da intangibilidade do equilíbrio econômico-financeiro que toma por fundamental a extraordinariedade do acontecimento para atrair em todo rompimento da equação a recomposição integral pelos agravos ocasionados.[14]

---

[14] Marçal Justen Filho, *Comentários à lei de licitações e contratos administrativos*, p. 1017, observava: "É importante destacar que, em nosso sistema jurídico, não se aplicam alguns princípios peculiares ao Direito francês. Assim, não há diversidade de tratamento jurídico em vista da distinção entre fato do príncipe, teoria de imprevisão, fato da administração ou caso fortuito. Todas essas hipóteses são agrupadas pelo art. 65, inc. II, "d", para tratamento uniforme. Logo, não há utilidade em diferenciar as diversas hipóteses – ao menos, isso não acarreta tratamento jurídico distinto". Do mesmo autor, *Teoria geral das concessões de serviço público*, p. 387, consignando: "A diferença fundamental entre o Direito brasileiro e o francês consiste na concentração adotada entre nós, abarcando todas as diferentes concepções vigentes na França. No Brasil, todos os eventos aptos a produzir efeitos nocivos à configuração contratual original estão compreendidos na teoria da intangibilidade da equação econômico-financeira, com consequências jurídicas equivalentes. Já na França, há tratamento diverso para cada categoria de evento. Assim, a ocorrência de fato do príncipe não merece tratamento idêntico ao que se reserva para hipóteses de imprevisão. Logo, a concepção da intangibilidade da

De alguma forma, essa perspectiva passou a ser compreendida como o conteúdo essencial do princípio constitucional da intangibilidade, disposto no inciso XXI do art. 37 da CF. Tanto que o estudo do âmbito de proteção do equilíbrio econômico é costumeiramente associado à contraposição entre álea ordinária, respeitante aos riscos comuns e previsíveis do negócio e, pois, de responsabilidade do particular contratado sem direito ao reequilíbrio (salvo o reajuste e a repactuação), e, por outro lado, álea extraordinária, envolvendo os eventos imprevisíveis os quais conduzem ao restabelecimento da equação econômica inicial.[15]

Entretanto, as orientações mais recentes já desvendavam que a teoria das áleas ordinárias e extraordinárias é bastante frágil e incompleta, seja por faltar clareza na separação entre o tema do equilíbrio econômico e o da divisão dos riscos contratuais, seja por realizar uma distribuição extremamente vaga dos riscos a qual é pouco eficaz para conhecer quais são suportados por cada parte nos casos reais, seja, de resto, por igualar todos os empreendimentos desconsiderando a economicidade que deve nortear a alocação dos riscos em cada projeto.[16]

A doutrina moderna parece não ter dúvidas de que é ampla a faculdade de as partes definirem o esquema contratual de repartição de riscos, ainda que referentes a caso fortuito, força maior, fato do príncipe e álea extraordinária. Tal possibilidade passa a ser explicitada pela legislação para tipos contratuais específicos,[17] e mesmo no âmbito dos contratos submetidos à Lei nº 8.666/1993 torna-se possível compreender que o direito ao restabelecimento tem por requisito não ter o interessado assumido contratualmente o risco, *i.e.*, que se cuide de prejuízo em virtude de álea extracontratual, como consta da parte final do art. 65, II, "d".

---

equação econômico-financeira apresenta, no Brasil, relevância muito mais significativa do que a ela se reserva na França. Esse conceito desempenha uma espécie de função organizadora de todos os diferentes aspectos do regime de execução do contrato administrativo".

[15] Por todos, cf. Celso Antônio Bandeira de Mello, *Curso de direito administrativo*, ob. cit., p. 756-761.

[16] Entre outros, cf. Marcos Augusto Perez, *O risco no contrato de concessão de serviço público*. Belo Horizonte: Fórum, 2006, p. 131-133, Egon Bockmann Moreira, *Direito das concessões de serviço público*. São Paulo: Malheiros, 2010, p. 400-403, Vera Monteiro, *Concessão*. São Paulo: Malheiros, 2010, p. 165-170, e Maurício Portugal Ribeiro e Lucas Navarro Prado, *Comentários à Lei de PPP*. São Paulo: Malheiros, 2010, p. 120-122.

[17] Exemplificativamente, arts. 69, X, e 81, § 8º, da Lei nº 13.303/2016 (Lei das Estatais); art. 9º, §5º, da Lei nº 12.462/2011 (Lei do RDC); arts. 4º, VI, e 5º, III, da Lei nº 11.079/2004 (Lei de PPPs); e art. 10 da Lei nº 8.987/1995 (Lei de Concessões), embora o último com redação não muito precisa, dispondo: "Sempre que forem atendidas as condições do contrato, considera-se mantido seu equilíbrio econômico-financeiro".

Acolhendo os ensinamentos da doutrina mais moderna, a Nova Lei de Licitações e Contratos Administrativos torna ainda mais claro, na parte final da alínea "d" do inciso II do art. 124, que o restabelecimento pressupõe que seja respeitada, em qualquer caso, a repartição objetiva de riscos estabelecida no contrato.

E mais, a Lei nº 14.133/2021 trata da alocação de riscos, entre outros dispositivos, por seus arts. 22 e 103, estabelecendo que o contrato poderá identificar os riscos contratuais previstos e presumíveis e prever matriz de alocação de riscos, alocando-os entre contratante e contratado, mediante indicação daqueles a serem assumidos pelo setor público ou pelo setor privado ou daqueles a serem compartilhados, hipótese em que o cálculo do valor estimado da contratação poderá considerar taxa de risco compatível com o objeto da licitação e com os riscos atribuídos ao contratado.

A disciplina da alocação de riscos é detalhada pelos §§1º a 6º do art. 103, cuja redação é conveniente ter em mente na proporção em que completam o quadro do restabelecimento do equilíbrio econômico-financeiro.

§1º A alocação de riscos de que trata o *caput* deste artigo considerará, em compatibilidade com as obrigações e os encargos atribuídos às partes no contrato, a natureza do risco, o beneficiário das prestações a que se vincula e a capacidade de cada setor para melhor gerenciá-lo.
§2º Os riscos que tenham cobertura oferecida por seguradoras serão preferencialmente transferidos ao contratado.
§3º A alocação dos riscos contratuais será quantificada para fins de projeção dos reflexos de seus custos no valor estimado da contratação.
§4º A matriz de alocação de riscos definirá o equilíbrio econômico-financeiro inicial do contrato em relação a eventos supervenientes e deverá ser observada na solução de eventuais pleitos das partes.
§5º Sempre que atendidas as condições do contrato e da matriz de alocação de riscos, será considerado mantido o equilíbrio econômico-financeiro, renunciando as partes aos pedidos de restabelecimento do equilíbrio relacionados aos riscos assumidos, exceto no que se refere:
I - às alterações unilaterais determinadas pela Administração, nas hipóteses do inciso I do *caput* do art. 124 desta Lei;
II - ao aumento ou à redução, por legislação superveniente, dos tributos diretamente pagos pelo contratado em decorrência do contrato.
§6º Na alocação de que trata o *caput* deste artigo, poderão ser adotados métodos e padrões usualmente utilizados por entidades públicas e privadas, e os ministérios e secretarias supervisores dos órgãos e das entidades da Administração Pública poderão definir os parâmetros

e o detalhamento dos procedimentos necessários a sua identificação, alocação e quantificação financeira.

Assim, a decisão de distribuição de riscos deve buscar a maximização da eficiência econômica do negócio por meio da alocação de cada risco à parte que se encontrar em melhor posição para prevenir a ocorrência indesejável ou para mitigar as suas consequências; por outras palavras, propõe-se que o risco deve ser atribuído ao sujeito que consegue reduzir as chances de materialização do evento danoso a um custo mais baixo ou, se nenhum tem condições de fazê-lo, o risco deve ser atribuído a quem for mais apto para remediar os efeitos do evento se ele se realizar.[18]

Essa interpretação, com o escopo de encontrar caso a caso o sistema mais eficiente de alocação dos riscos, abandona o quadro estático de divisão conforme as áleas ordinárias e extraordinárias – com exceção, é claro, dos fatos que a lei diz serem responsabilidade do Poder Público, como a modificação unilateral e a criação ou alteração de tributos e encargos legais. Nesse contexto, a cláusula constitucional de manutenção "das condições efetivas da proposta" (art. 37, XXI) passa a ser entendida como garantia de estabilização da matriz de riscos prevista, expressa ou tacitamente, no contrato administrativo, e não mais como uma rígida alocação de riscos pressuposta pela ordem jurídica.[19]

A partir destas premissas, deve-se promover uma releitura dos requisitos do restabelecimento, tradicionalmente indicados pela doutrina: (a) ausência de culpa do particular, inclusive de mora na execução do contrato; (b) superveniência e imprevisibilidade do evento causador da maior onerosidade; (c) quebra da equação econômico-financeira, ou seja, variação dos encargos e vantagens originalmente previstos; (d) onerosidade excessiva, representando um agravamento econômico expressivo ao contratante.[20]

Ou seja, a presença destes requisitos deve ser apurada para aqueles riscos que, segundo o contrato, podem ensejar o restabelecimento, por

---

[18] Para aprofundamento sobre os critérios econômicos de distribuição de riscos, inclusive sobre a influência da capacidade de externalizar o custo de prevenção e da existência ou não de cobertura securitária na definição da matriz de riscos contratuais, cf. Mauricio Portugal Ribeiro, *Concessões e PPPs*: melhores práticas em licitações e contratos. São Paulo: Atlas, 2011, p. 79-100.

[19] Cf. Jacintho Arruda Câmara, *Licitação e contratos administrativos*, ob. cit., p. 331-332, e Maurício Portugal Ribeiro e Lucas Navarro Prado, *Comentários à Lei de PPP*, ob. cit., p. 124-125.

[20] Para aprofundamento sobre esses requisitos no regime da Lei nº 8.666/1993, cf. Pericles Ferreira de Almeida, Restabelecimento do equilíbrio econômico-financeiro, *FCGP*, n. 118, p. 64-68, 2011.

não se ter previsto que serão suportados com exclusividade por uma das partes. E mais, a imprevisibilidade se refere à não previsão do evento em concreto, não sendo afastada pelo reconhecimento da mera possibilidade em abstrato. De resto, a quebra da equação e a intensidade da onerosidade só têm relevância se ultrapassados os limites previstos no contrato.

Por outro lado, cabe o restabelecimento independentemente de previsão no edital ou no contrato ou mesmo se vedada a sua prática com cláusula que diz ser o preço fixo e irreajustável. Ao contrário do reajuste, na revisão não se exige a observância do prazo mínimo de um ano, ou seja, a revisão cabe a qualquer tempo, desde que preenchidos seus pressupostos. A AGU consagrou essas assertivas na Orientação Normativa nº 22: "O reequilíbrio econômico-financeiro pode ser concedido a qualquer tempo, independentemente de previsão contratual, desde que verificadas as circunstâncias elencadas na letra "d" do inc. II do art. 65, da Lei nº 8.666, de 1993".

É de se observar, sem embargo, a repartição de riscos prevista no contrato. Afinal, sempre que atendidas as condições do contrato e da matriz de alocação de riscos, será considerado mantido o equilíbrio econômico-financeiro, renunciando as partes aos pedidos de restabelecimento do equilíbrio relacionados aos riscos assumidos, nos termos do §5º do art. 103.

De resto, o pedido de restabelecimento deve ser respondido pela Administração no prazo estipulado em contrato, conforme determina o art. 92, XI, da Lei nº 14.133/2021. Aplica-se, subsidiariamente, o disposto no art. 123 da mesma Lei, sobre o dever público geral de resposta aos requerimentos relacionados à execução dos contratos, analisado no tópico sobre o reajuste. Por isso, salvo disposição contratual que estabeleça prazo específico, a Administração terá o prazo de um mês para decidir, admitida a prorrogação motivada por igual período.

5 Extinção do direito ao reajuste, repactuação e restabelecimento (preclusão)

Refere o art. 131 da Lei nº 14.133/2021 que "a extinção do contrato não configurará óbice para o reconhecimento do desequilíbrio econômico-financeiro, hipótese em que será concedida indenização por meio de termo indenizatório". O parágrafo único deste artigo, por sua vez, dispõe que "o pedido de restabelecimento do equilíbrio econômico-financeiro deverá ser formulado durante a vigência do contrato e antes de eventual prorrogação nos termos do art. 107 desta Lei" (*i.e.*, da prorrogação do contrato de serviços ou fornecimentos contínuos).

A interpretação das regras do art. 131 e seu parágrafo único deve ser orientada pela construção jurisprudencial e administrativa do que se convencionou denominar *preclusão* do direito ao reajuste, repactuação e restabelecimento. Vale dizer, a disciplina da preclusão foi elaborada a respeito da repactuação, tendo encontrado regulamentação em atos infralegais.

A preclusão – no caso, classificada como lógica –, faz-se presente pela subscrição de termo aditivo prorrogando a vigência do contrato e mantendo suas demais cláusulas, sem que tenha o particular solicitado ou ressalvado o direito à recomposição do equilíbrio econômico, considerando-se então a prorrogação como prática de ato incompatível com a vontade de pleitear o benefício. Em outras palavras, uma vez celebrado o aditivo, perderá o interessado o direito ao reajuste, repactuação e restabelecimento com base em evento ocorrido em período anterior.

Afirmava-se que a incidência da preclusão se sustenta por não ter o particular se desincumbido do ônus de requerer a modificação do valor do contrato e, com tal omissão, ter tornado difícil ou impossível a elaboração de pesquisa de mercado tendente a verificar a economicidade da prorrogação do contrato. De fato, sempre foi requisito da prorrogação do contrato de serviços contínuos que reste comprovada a vantagem dos preços em comparação com os praticados no mercado. Assim, o particular que pactua termo aditivo de prorrogação do prazo sem ressalvar o direito à repactuação beneficia-se da continuidade do vínculo que poderia não acontecer se elaborada a pesquisa de mercado.

Essa orientação, fixada em casos de repactuação, prevaleceu no Tribunal de Contas da União, sendo complementada com o entendimento de que também o encerramento do contrato sem que seja solicitada a repactuação fulmina o direito.[21] A AGU orientou da mesma forma, por seu Parecer AGU/JTB nº 01/2008, aprovado pelo Presidente da República, com o fim de vincular todos os órgãos da Administração Pública federal. De igual modo decidiu o Superior Tribunal de Justiça, considerando a relação entre a preclusão do direito ao reajuste e o princípio da boa-fé objetiva.[22] O entendimento foi consignado na Instrução Normativa MPDG 5/2017 (art. 57, §7º): "As repactuações a que o contratado fizer

---

[21] TCU, Acórdão nº 2.094/2010 – Segunda Câmara, Rel. Min. André Luís de Carvalho.
[22] STJ, REsp 776.790/AC, Rel. Ministro MAURO CAMPBELL MARQUES, SEGUNDA TURMA, julgado em 15.10.2009, *DJe* 28.10.2009, AgInt no AREsp 1234947/DF, Rel. Ministro GURGEL DE FARIA, PRIMEIRA TURMA, julgado em 13.12.2018, *DJe* 14.02.2019, AgInt no

jus e que não forem solicitadas durante a vigência do contrato serão objeto de preclusão com a assinatura da prorrogação contratual ou com o encerramento do contrato".

Compreendido o sentido do art. 131 e seu parágrafo único, registre-se quanto ao seu âmbito de aplicação em comparação com o direito anterior, que:

(a) a Nova Lei apresenta previsão ampla ao se referir ao "reconhecimento do desequilíbrio", sendo de se interpretar ampliativamente o termo "restabelecimento" no parágrafo único, de modo a alcançar o reajuste, a repactuação e o próprio restabelecimento;

(b) agora, torna-se ainda mais claro que a extinção do contrato não configura óbice ao deferimento dos benefícios em exame, desde que formulada a solicitação durante o período de vigência contratual; e

(c) também fica livre de dúvidas que apenas a prorrogação de contrato de serviços ou fornecimentos contínuos, fundada no art. 107 da Lei, impossibilita o reconhecimento do desequilíbrio, o que não ocorre com a prorrogação de prazo em contratos de escopo (*v.g.*, obras).

6 Conclusão

As reflexões aqui apresentadas estão longe de consubstanciar uma posição definitiva sobre todos os instigantes assuntos tratados. Antes representam uma visão inicial sobre o reajuste, a repactuação e o restabelecimento na Nova Lei de Licitações e Contratos Administrativos.

É desnecessário apresentar em resumo as conclusões alcançadas. Registre-se apenas, por fim, que a Nova Lei permitirá expressivo incremento de eficiência e de segurança jurídica na atividade contratual da Administração Pública, na proporção em que consolidou diversas posições da literatura especializada e da jurisprudência, inclusive do Tribunal de Contas da União, a propósito da recomposição do equilíbrio econômico-financeiro dos contratos administrativos.

Referências

ALMEIDA, Pericles Ferreira de. A liberdade contratual no direito administrativo. *Revista Brasileira de Direito Público – RBDP*, Belo Horizonte, ano 18, n. 71, p. 187-217, 2020.

AREsp 1265019/DF, Rel. Ministro FRANCISCO FALCÃO, SEGUNDA TURMA, julgado em 11.12.2018, *DJe* 17.12.2018.

ALMEIDA, Pericles Ferreira de. *Contratos interadministrativos*. Rio de Janeiro: Lumen Juris, 2020.

ALMEIDA, Pericles Ferreira de. Restabelecimento do equilíbrio econômico-financeiro. *Fórum de Contratação e Gestão Pública – FCGP*, Belo Horizonte, ano 10, n. 118, p. 54-70, out. 2011.

ARRUDA CÂMARA, Jacintho. Licitação e contratos administrativos. *In*: DI PIETRO, Maria Sylvia Zanella (coord.). *Tratado de direito administrativo*. v. 6. São Paulo: Revista dos Tribunais, 2014.

BANDEIRA DE MELLO, Celso Antônio. *Curso de direito administrativo*. 17. ed. rev. e atual. São Paulo: Malheiros, 2004.

BANDEIRA DE MELLO, Celso Antônio. *Curso de direito administrativo*. 31. ed. São Paulo: Malheiros, 2014.

BRITO, Rodrigo Toscano de. *Equivalência material dos contratos*: civis, empresariais e de consumo. São Paulo: Saraiva, 2007.

CELLA, José Renato Gaziero. *Contrato administrativo*: equilíbrio econômico-financeiro. Curitiba: Juruá, 2008.

DROMI, José Roberto. *La imprevisión en los contratos de la administración*. Contratos administrativos: regímenes de pago y actualización, indexación, intereses moratorios, imprevisión, mayores costos. Buenos Aires: Astrea, 1977.

DROMI, José Roberto. *Ecuaciones de los contratos públicos*. 2. ed. Buenos Aires: Ciudad Argentina, 2008.

FONSECA, Arnoldo Medeiros da. *Caso fortuito e teoria da imprevisão*. 3. ed. rev. e atual. Rio de Janeiro: Forense, 1958.

JUSTEN FILHO, Marçal. *Comentários à lei de licitações e contratos administrativos*. 11. ed. São Paulo: Dialética, 2014.

JUSTEN FILHO, Marçal. *Comentários à lei de licitações e contratos administrativos*. 16. ed. São Paulo: Revista dos Tribunais, 2014.

JUSTEN FILHO, Marçal. *Teoria geral das concessões de serviço público*. São Paulo: Dialética, 2003.

MEIRELLES, Hely Lopes. *Licitação e Contrato Administrativo*. 13. ed. São Paulo: Malheiros, 2002.

MORAIS, Dalton Santos. A repactuação de preços à luz do princípio da preservação do equilíbrio econômico financeiro nos contratos administrativos de serviços contínuos na esfera federal. *Revista de Direito Administrativo*, São Paulo, n. 233, p. 245-260, 2003.

MOREIRA, Egon Bockmann. *Direito das concessões de serviço público*. São Paulo: Malheiros, 2010.

PÉRCIO, Gabriela Verona. *Contratos administrativos*: sob a ótica da gestão e da fiscalização. Curitiba: Negócios Públicos, 2010.

PEREZ, Marcos Augusto. *O risco no contrato de concessão de serviço público*. Belo Horizonte: Fórum, 2006.

RIBEIRO, Mauricio Portugal. *Concessões e PPPs*: melhores práticas em licitações e contratos. São Paulo: Atlas, 2011.

RIBEIRO, Mauricio Portugal; PRADO, Lucas Navarro. *Comentários à Lei de PPP* – parceria público-privada: fundamentos econômico-jurídicos. 1. ed. São Paulo: Malheiros, 2010.

SIDOU, J. M. Othon. A revisão Judicial dos contratos e outras figuras jurídicas: a cláusula *rebus sic stantibus*; dos efeitos da fiança; empresa individual de responsabilidade limitada. Rio de Janeiro: Forense, 1984.

TÁCITO, Caio. O equilíbrio financeiro na concessão de serviço público. *In*: TÁCITO, Caio. *Temas de direito público* (estudos e pareceres). v. 1. Rio de Janeiro: Renovar, 1997.

Informação bibliográfica deste texto, conforme a NBR 6023:2018 da Associação Brasileira de Normas Técnicas (ABNT):

ALMEIDA, Pericles Ferreira de. Reajuste, repactuação e restabelecimento na Nova Lei de Licitações e Contratos Administrativos. *In*: PRUDENTE, Juliana Pereira Diniz; MEDEIROS, Fábio Andrade; COSTA, Ivanildo Silva da. *Nova Lei de Licitações sob a ótica da Advocacia Pública*: reflexões temáticas. Belo Horizonte: Fórum, 2022. p. 99-117. ISBN 978-65-5518-381-8.

O VALOR PREVIAMENTE ESTIMADO DA CONTRATAÇÃO E SUA FUNÇÃO NA FASE DE JULGAMENTO DA PROPOSTA À LUZ DA LEI FEDERAL Nº 14.133/2021

ANDRÉ LOPES CARVALHO

RAFAEL KOEHLER SANSON

1 Introdução

O processo de licitação é constituído por um conjunto de atos administrativos, cujo objetivo é assegurar a seleção da proposta apta a gerar o resultado de contratação mais vantajosa para a Administração Pública.

Um desses atos praticados é a elaboração da pesquisa de preço na fase preparatória e a formação do valor previamente estimado da contratação, conforme previsto no inciso IV do art. 18 da Lei nº 14.133/2021.

Dentre as variadas funções que esse valor estimado pode exercer ao longo da licitação e na execução contratual, chama a atenção a sua utilização na fase de julgamento das propostas, sobretudo dentro do contexto atual de transição de regimes jurídicos[1] e das inevitáveis comparações entre a Lei nº 8.666/93 e a Lei nº 14.133/2021.

Pela disciplina da Lei nº 14.133/2021, após a fase de apresentação de propostas e lances, serão desclassificadas aquelas que "permanecerem acima do orçamento estimado para a contratação" (art. 59, III).

Isto significa dizer que a intenção do legislador foi a de estabelecer o "valor estimado da contratação" de que trata o art. 23 como um preço máximo de contratação que a Administração Pública se dispõe a pagar? Ou seja, na fase de julgamento o agente de contratação não poderia classificar um licitante que ofertasse um valor superior àquele estimado na fase preparatória do certame?

Caso seja ofertada uma interpretação literal ao art. 23, isto resultaria em uma importante alteração na transição normativa das contratações públicas. Isto porque, diferentemente, a interpretação conferida ao inciso X do art. 40 da Lei nº 8.666/1993 possibilita a fixação de um preço máximo distinto do valor estimado pelo Poder Público como critério de aceitabilidade das propostas.[2]

Inclusive, enquanto a Instrução Normativa nº 73/2020, da Secretaria de Gestão do Ministério da Economia (SEGES), que disciplina o procedimento da pesquisa de preço nas contratações ainda regidas pela Lei nº 8.666/1993 e Lei nº 10.520/2001, traz expressamente disposições específicas sobre a previsão de preço máximo distinto do valor estimado,[3] o mesmo não ocorre na Instrução Normativa SEGES /ME nº 65/2021, responsável por regulamentar a pesquisa de preço da Lei nº 14.133/2021.

---

[1] No momento da elaboração deste artigo incide o disposto no art. 191 c/c inciso II do art. 193, ambos da Lei nº 14.133/2021, sendo possível optar por licitar de acordo com esta lei ou de acordo com Lei nº 8.666/1993.

[2] Conforme entendeu o Tribunal de Contas da União no Acórdão nº 392/2011 – Plenário: "32. A propósito, "orçamento" ou "valor orçado" ou "valor de referência" ou simplesmente "valor estimado" não se confunde com "preço máximo". O valor orçado, a depender de previsão editalícia, pode eventualmente ser definido como o preço máximo a ser praticado em determinada licitação, mas não necessariamente. Num dado certame, por exemplo, o preço máximo poderia ser definido como o valor orçado acrescido de determinado percentual. São conceitos, portanto, absolutamente distintos, que não se confundem. 33. O orçamento deverá ser elaborado (fixado) em quaisquer situações, haja vista o disposto no art. 7º, § 2º, II (específico para obras e serviços de engenharia), c/c o art. 40, § 2º, II (aplicado a obras, serviços – de engenharia ou não – e compras), ambos da Lei de Licitações. Já a fixação do preço máximo está disciplinada no art. 40, X, da Lei nº 8.666/93, com a interpretação que lhe foi conferida pela Súmula TCU nº 259".

[3] Art. 10. O preço máximo a ser praticado na contratação poderá assumir valor distinto do preço estimado na pesquisa de preços feita na forma desta Instrução Normativa. (...) § 2º O preço máximo poderá ser definido a partir do preço estimado na pesquisa de preço, acrescido ou subtraído de determinado percentual, de forma justificada.

Diante desse cenário, o propósito deste artigo é examinar a aparente opção do legislador de fixar o valor estimado da contratação como preço máximo que a Administração Pública se dispõe a pagar, principalmente se seria razoável e adequada aos princípios aplicáveis ao procedimento licitatório e aos seus objetivos.

Para isso, inicialmente, serão feitas algumas considerações sobre as terminologias utilizadas pela Lei nº 14.133/2021 para tratar sobre o valor estimado da contratação, passando por um exame sobre o procedimento administrativo de formação desse valor, para, ao final, proferir as análises propostas neste texto.

2 A indefinição do legislador ao conceituar o valor previamente estimado da contratação

Antes de adentrar no escopo deste artigo, é oportuno destacar um aspecto conceitual da Lei nº 14.133/2021, mais precisamente a falta de técnica do legislador, que pode dificultar a compreensão do tema da pesquisa de preço.

Primeiramente, relembra-se que o art. 59 determina que serão desclassificadas as propostas que permanecerem acima do "orçamento estimado para a contratação". Aparentemente, o legislador pretende se referir ao valor de referência obtido por meio da pesquisa de preço.

Porém, o *caput* do art. 23, principal dispositivo da legislação sobre o tema, denomina o produto da pesquisa de preço realizado na fase preparatória como "valor previamente estimado da contratação", o que levanta dúvidas se a lei pretendeu se referir ao mesmo ato procedimental em ambos os dispositivos.

E ao longo da Lei nº 14.133/2021 essa mesma imprecisão paira em diversas situações do procedimento licitatório.

Por exemplo, o inciso LVI do art. 6º emprega a designação "preço orçado" ao tratar de sobrepreço. Já o inciso II do art. 72, que disciplina os documentos da contratação direta, utiliza da expressão "estimativa de despesa" e faz remissão expressa ao art. 23. Diversamente, o *§1º* do art. 18, ao indicar os elementos do estudo técnico preliminar, e o inciso XXIII do art. 6º, que consagra o conteúdo do termo de referência, optam por utilizar uma designação diferente: "estimativa do valor da contratação". Ao tratar sobre o projeto básico em obras, o inciso XXV do art. 6º fala em "orçamento detalhado do custo global".

Embora a reação imediata seja a de considerar todas essas designações como sinônimos que representariam o mesmo ato procedimental (pesquisa de preço), uma análise mais cuidadosa não permite acompanhar essa afirmação.

Para justificar essa percepção, basta enfatizar os principais instrumentos de planejamento do procedimento licitatório, quais sejam, o Estudo Técnico Preliminar (ETP) e o Termo de Referência (TR).

Em ambos os documentos de planejamento, conforme já exposto, o legislador incluiu como elemento essencial a "estimativa do valor da contratação" (inciso XXIII do art. 6º e o §1º do art. 18).

Caso seja considerado que todas as designações anteriormente mencionadas representem o mesmo ato, seria possível afirmar que a eventual desclassificação de propostas acima do "orçamento estimado para a contratação" de que trata o art. 59 deveria estar parametrizada na "estimativa do valor da contratação" contida no ETP. E mais, essa mesma conclusão conduziria a compreensão de que a estimativa de valor contida no ETP seria a mesma constante no Termo de Referência.

Isso, porém, é equivocado. A estimativa de valor feita no estudo técnico preliminar não se confunde com aquele presente no termo de referência, mesmo tendo o legislador adotado a mesma denominação em ambos os casos, e aquela primeira não pode ser utilizada para os fins do disposto no inciso III do art. 59.

A estimativa feita nos estudos preliminares é elaborada no início da fase preparatória, quando ainda não existe a definição concreta de todos os elementos da contratação (descrição do objeto, prazo de entrega, quantidade, vigência, obrigações, requisitos de habilitação, etc.). Ou seja, ela não tem a condição de ser um parâmetro, uma referência, do valor a ser efetivamente contratado na licitação, por ter sido elaborada sem considerar as condições exatas da contratação.

E para ilustrar essa distinção entre a estimativa do valor feita no ETP e aquela desenvolvida em outros momentos da fase preparatória, é interessante citar a Orientação Técnica do Instituto Brasileiro de Auditoria de Obras Públicas OT-IBR 004/2012,[4] que trata do grau de precisão de orçamentos em obras públicas nas diversas fases do projeto.

Segundo o referido documento, o grau de variação tolerado do custo estimado de uma obra na fase de elaboração do ETP em relação ao seu custo final é de mais ou menos 30%. Já na elaboração do Projeto Básico (que possui uma função análoga ao Termo de Referência) o

---

[4] Disponível em: https://www.ibraop.org.br/orientacoes-tecnicas/.

grau de variação é reduzido para cerca de 10%, exatamente por conter elementos mais concretos da contratação.⁵

Por esse motivo, o que se conclui é que não existe uma uniformidade de tratamento para designar o produto da pesquisa de preço a que se refere o art. 23 da Lei nº 14.133/2021 (valor previamente estimado da contratação). Além disso, também fica evidenciado que nem sempre aquelas designações citadas anteriormente se referem à pesquisa de preços propriamente dita.

O propósito, neste momento, não envolve a discussão de qual seria o conceito mais adequado para determinar o objetivo da pesquisa de preço nas contratações públicas, nem mesmo a correta interpretação a ser conferida em cada um dos casos mencionados antes.

De todo modo, essa percepção já é um primeiro indicativo de que a Lei nº 14.133/2021 não abordou o tema de maneira apropriada e técnica.

Por fim, em que pese a diversidade de designações utilizadas pelo legislador, é oportuno esclarecer que neste artigo, quando a intenção for mencionar o valor obtido por meio da pesquisa de preço de que trata o art. 23 da Lei nº 14.133/2021, será utilizada apenas a expressão "valor previamente estimado da contratação", independentemente das demais nomenclaturas utilizadas pelo legislador ao longo da legislação analisada.

3 A formação do valor previamente estimado da contratação

Para que o *valor previamente estimado da contratação* possa cumprir fielmente as suas funções, e para que os dispositivos legais que tratam sobre o tema possam ser adequadamente interpretados, é indispensável compreender como esse ato é elaborado e suas principais características.

Nessa conjuntura, em seguida serão apresentadas algumas considerações sobre a formação do *valor previamente estimado da contratação*, as quais serão determinantes para a análise a ser feita sobre o inciso III do art. 59 da Lei nº 14.133/2021.

---

⁵ O Tribunal de Contas da União, no Acórdão nº 356/2020 – Plenário, de relatoria do Ministro Raimundo Carreiro, utilizou-se dessa OT-IBR 004/2012 e das referidas faixas de precisão em seu julgado para analisar a ocorrência de sobrepreço no caso concreto.

a) A pesquisa de preço é um procedimento feito pela Administração Pública, cujos atos praticados decorrem do exercício da competência discricionária

Diferentemente do que muitos imaginam, a realização da pesquisa de preço não é reduzida a uma simples obtenção de cotações com potenciais fornecedores, de extrações de resultados no banco de preços em saúde (BPS) ou de uma simples consulta em sítios eletrônicos especializados.

O cotidiano da Administração, infelizmente, tende a tornar a prática desses atos apenas como mais uma barreira a ser superada para efetivar a contratação. Aliás, não é incomum que, ao encontrar três preços em diferentes fontes de pesquisa,[6] o servidor se sinta aliviado e dê como encerrada essa fase do planejamento.

A fase de pesquisa de preço, no entanto, é muito mais complexa do que isso.

Sem a intenção de exaurir o tema, mas com a pretensão de exibir de forma sistematizada um rito procedimental minimamente adequado, pode-se afirmar que o órgão ou a entidade contratante deverá, pelo menos, (a) coletar os preços em fontes de pesquisas legalmente aceitas,[7] (b) promover uma avaliação crítica dos preços obtidos, com a possível exclusão de resultados[8] e (c) utilizar um método para obtenção do valor previamente estimado (menor valor, média ou mediana).[9]

---

[6] Embora a Lei nº 14.133/2021 não tenha definido uma quantidade mínima de preços consultados, a prática instituída na Administração Pública, muitas vezes impulsionada pelas cortes de contas, estabeleceu, como regra, o mínimo de três pesquisas.

[7] O §1º do art. 23 da Lei nº 14.133/2021 indica os seguintes parâmetros de pesquisa: painel de preços, banco de preços em saúde (BPS), contratações similares feitas pela Administração Pública, mídia especializada, tabela de referência formalmente aprovada pelo Poder Executivo federal, sítios eletrônicos especializados ou de domínio amplo, pesquisa direta com o fornecedor e pesquisa na base nacional de notas fiscais. Todavia, o §3º deste mesmo artigo permite que os demais entes federativos adotem outros sistemas de custos.

[8] Nesse sentido a ementa do Acórdão nº 1.108/2007-TCU-Plenário, *in verbis*: "Não é admissível que a pesquisa de preços de mercado feita pela entidade seja destituída de juízo crítico acerca da consistência dos valores levantados, máxime quando observados indícios de preços destoantes dos praticados no mercado". Também é possível citar o Acórdão nº 403/2013 – Primeira Câmara.

[9] Não existe uma predeterminação acerca de quais serão esses métodos. Porém, a prática sempre mencionou o menor valor, a média ou a mediana. Por exemplo, a Instrução Normativa SEGES/ME nº 65/2021, que disciplina sobre o procedimento administrativo para a realização de pesquisa de preços na União, bem como as instruções normativas anteriores a ela, já menciona expressamente esses métodos. A própria corte de contas da União legitima esses métodos e possui precedentes até mesmo direcionando quando se adota um ou outro. Cita-se, por exemplo, o Acórdão nº 1.850/2020-Plenário e Acórdão nº 8.514/2017-Segunda Câmara.

A pesquisa de preço, portanto, é constituída pela prática de vários atos que reunidos irão permitir a formação do *valor previamente estimado da contratação*.

E todos aqueles atos possuem inúmeras possibilidades em suas execuções, que dependem de um juízo crítico do agente público elaborador.

Desde a escolha de quais parâmetros de pesquisa serão consultados (cotação direta com o fornecedor, contratações similares, sítios especializados ou de domínio público, tabela de preços, etc.), passando pela possibilidade de exclusão de determinados valores que possam influenciar negativamente a pesquisa, até a escolha se será adotada a média, a mediana ou menor valor, existe uma série de escolhas e possibilidades que devem ser feitas pela Administração Pública e que podem gerar resultados diferentes, todos eles legítimos.

Por este motivo, caso uma mesma pesquisa de preço fosse feita por agentes públicos diversos, não existiria qualquer vício imediato se eles promovessem escolhas totalmente distintas. É natural que um agente público consulte determinados fornecedores para obter algumas cotações, e outro faça a opção por fornecedores diversos. Também é legítimo que um servidor se utilize de uma contratação em execução de um determinado estado e outro agente público tenha aproveitado a de um município. No mesmo sentido, se um deles aplica a mediana e outro a média como forma de obtenção do valor estimado de contratação, não é possível identificar qualquer ilegalidade imediata nessas escolhas.

E o próprio §1º do art. 23 da Lei nº 14.133/2021 encampa essa diversidade de opções ao estabelecer que o valor estimado será definido por meio da utilização dos parâmetros de pesquisa elencados em seus incisos, de forma combinada ou não.

O fato é que não existe, e nem poderia existir, uma predeterminação de como a pesquisa deve ser elaborada.

Por isso, considerando essas escolhas e decisões a serem feitas nesse procedimento, afirma-se que esses atos decorrem do exercício da competência discricionária do gestor.

Essa discricionariedade, porém, não se confunde com arbitrariedade. Cada escolha feita pelo agente pesquisador precisa estar acompanhada de uma motivação.

Somente a partir da motivação que o agente público responsável poderá esclarecer como obteve o valor estimado da contratação naquele específico procedimento licitatório, apresentando todos os elementos e técnicas que utilizou para desenvolver especificamente a pesquisa elaborada.

Portanto, a primeira importante consideração a ser feita é que a pesquisa de preço é um procedimento com a prática de diversos atos que decorrem do exercício da competência discricionária e que contém inúmeras possibilidades, técnicas e metodologias que podem ser empregadas pelo agente público elaborador.

b) **O valor estimado da contratação não é um valor fixo que deve ser "encontrado" na pesquisa de preço, podendo assumir diferentes resultados a depender de seu elaborador**

Partindo do pressuposto de que a formação do valor estimado da contratação é resultante de uma série de escolhas e decisões que podem ser aplicadas pela Administração Pública ao longo do procedimento da pesquisa de preço, consequentemente, é possível chegar a diversos valores como resultado, todos eles legítimos, desde que acompanhados com a devida justificativa.

Imagine o seguinte exemplo. Um determinado agente público, ao realizar sua pesquisa de preço em uma certa aquisição, faz uma busca em diversas fontes de pesquisa e encontra os seguintes "preços": R$ 8,00; R$ 8,50; R$ 8,55; R$ 9,50; e R$ 10,00. Sem promover qualquer exclusão, opta por aplicar a mediana e, por conseguinte, obtém o valor estimado de contratação em R$ 8,55.

Por sua vez, se essa mesma pesquisa fosse realizada por um segundo agente público, utilizando de técnica distinta, poderia ser eleita a média em detrimento da mediana. Assim, o valor estimado da contratação seria R$ 8,91.

Um terceiro agente pode ir além. Ao analisar criticamente os preços coletados a partir dos fatores que incidem sobre aquela contratação, ele pode identificar que os dois valores mais baixos devem ser excluídos, na medida em que foram objeto de contratação em um ente público localizado em região distante, que possui maior número de fornecedores e em uma escala de quantidade muito maior. Assim, ao aplicar a média sobre os três valores restantes (R$ 8,55; R$ 9,50; e R$ 10,00), chega ao valor estimado de R$ 9,35.

Se todos esses valores estimados estiverem acompanhados das justificativas que amparam as tomadas de decisão feitas pelo seu elaborador, não é possível identificar qualquer vício na conduta praticada.

Conforme destacado, a pesquisa de preço é constituída pela reunião de vários atos de caráter analítico e decorrentes da competência discricionária, cujo resultado será influenciado a partir das inúmeras escolhas feitas naquele caso específico.

E o mais importante é compreender que o valor estimado da contratação não é um valor fixo que deve ser "encontrado" na pesquisa de preço. Ele não existe por si só. Ele é fruto de uma construção elaborada a partir de diversas técnicas que podem ser empregadas pelo seu elaborador. Essa é a segunda constatação a ser feita no procedimento analisado.

E se não existe um valor considerado como "certo", consequentemente não se pode dizer que existem valores "errados". Aliás, como o próprio nome diz, trata-se de um valor meramente estimado.

Na verdade, a análise sobre o valor estimado da contratação deve ficar restrita à qualidade das metodologias e técnicas empregadas pelo elaborador, e não apenas sobre o valor extraído ao final de sua pesquisa.

E essa qualidade da pesquisa que será fator determinante na formação do valor estimado da contratação pode ser medida a partir da capacidade de o agente público elaborador respeitar às individualidades de cada contratação, conforme será demonstrado em seguida.

c) O *valor previamente estimado da contratação* é o resultado de um conjunto de fatores (econômicos, geográficos, administrativos, etc.) que incidem em cada processo de contratação, de maneira individualizada

Cada processo de contratação demanda a produção de uma pesquisa de preço específica que respeite as individualidades inerentes àquela pretensão da Administração Pública.

A necessidade de conferir a individualidade a cada pesquisa de preço realizada decorre do próprio *caput* do art. 23, que determina expressamente que o valor previamente estimado da contratação deverá considerar "as quantidades a serem contratadas, observadas a potencial economia de escala e as peculiaridades do local de execução do objeto".

Mas não apenas as questões relacionadas à quantidade devem ser observadas na análise crítica a ser realizada no momento da pesquisa. O agente de pesquisa deve levar em consideração quaisquer elementos que de alguma forma poderão influenciar positiva ou negativamente nas propostas e lances, tais como o local e a forma da entrega, fretes, o prazo de vigência do contrato, o processamento ou não pelo sistema de registro de preço, a credibilidade do órgão contratante como "bom pagador", a forma de pagamento, a eventual exigência de garantia contratual, a quantidade de fornecedores naquela região, entre tantos outros fatores.

Por isso, um hipotético processo de aquisição de um determinado bem conduzido por órgãos contratantes situados em regiões distintas do país e que utilizem exatamente as mesmas fontes de pesquisa provavelmente não resultará em um valor estimado da contratação idêntico, justamente pela individualização imposta na formação do valor estimado de cada processo administrativo.

Não é possível crer que a aquisição de "caneta" por um município do interior do Mato Grosso do Sul possua os mesmos fatores de contratação do município de Belo Horizonte/MG. Alguns daqueles elementos, senão todos, irão distinguir ambos os valores estimados da contratação de cada uma daquelas unidades contratantes.

Porém, cabe destacar que não é possível estabelecer de antemão o que seria considerado como elemento a distorcer negativamente a pesquisa de preço. Trata-se de mais um ato que decorre do exercício da competência discricionária, e que precisa estar acompanhado da motivação.

Dessa maneira, pode-se dizer que a qualidade de um valor estimado pode ser avaliada a partir do grau de individualidade que será conferido pelo seu elaborador, a partir de um conjunto de fatores (econômicos, geográficos, administrativos, etc.) que incidem em cada processo de contratação.

d) O preço de mercado é um dos vários fatores que deverão ser observados na formação do valor efetivamente contratado na licitação

O valor previamente estimado não se confunde com o "preço de mercado", assim compreendido como o valor praticado na esfera privada.

Como se sabe, o regime jurídico aplicado às relações da Administração Pública, sobretudo a incidência das denominadas cláusulas exorbitantes, afeta sobremaneira a forma como os particulares negociam com o Poder Público.

Ademais, infelizmente é comum os fornecedores ficarem meses sem receber os valores a que fazem jus pela execução do objeto do contrato. Também é frequente que tenham que fazer uso da função jurisdicional para receberem essas quantias, cujo pagamento, em regra, será feito por meio de precatório.

Em outras palavras, seria equivocado deduzir que as negociações feitas na esfera privada e os preços praticados naquele âmbito seriam os mesmos utilizados no procedimento licitatório. Os licitantes já incluem em seus preços esses riscos de contratar com a Administração Pública.

Isso não significa que os "preços de mercado" não devem ser levados em consideração na pesquisa de preço. Eles devem ser considerados apenas como mais um dos vários fatores que incidem na pesquisa de preço.

Por isso, a afirmação constante no *caput* do art. 23, de que "o valor previamente estimado da contratação deverá ser compatível com os valores praticados pelo mercado", deve ser compreendida com cuidado.

O que não se pode permitir é que o valor previamente estimado da contratação esteja demasiadamente em descompasso com o preço de mercado. A compatibilidade não pode ser confundida com igualdade ou preço máximo.

e) O valor previamente estimado da contratação representa uma conversão de fatores momentânea, que poderá ser alterada imediatamente após a sua elaboração

Conforme demonstrado, ao promover uma análise crítica sobre o procedimento da pesquisa de preço, o agente público responsável deverá considerar os diversos fatores que incidem naquela pretensão contratual.

E nesse juízo crítico, cabe ao agente responsável proceder com sua pesquisa de preço considerando os fatores políticos, econômicos, geográficos e sociais que incidem naquela oportunidade.

Também não se pode esquecer que na realização da pesquisa de preço é possível utilizar até mesmo os preços praticados em contratações similares da Administração Pública em execução ou concluídas no período de um ano anterior à data da pesquisa de preços, conforme autorizado pelo inciso II do art. 23.

Ou seja, o valor previamente estimado da contratação representa uma conversão de fatores levados em consideração no momento de sua elaboração, e que muitas vezes representa preços praticados no passado (ainda que recente).

Além disso, também é importante destacar que os preços são grandezas fluídas, não estáticas, razão pela qual o valor previamente estimado poderá ser alterado imediatamente após a sua elaboração.

E essa oscilação faz parte das regras de mercado, e a pandemia do coronavírus (covid-19) é um importante reforço dessa constatação, afinal, os valores estimados em diversas contratações foram dilacerados em questões de dias.

Sobre o tema, é essencial trazer em destaque as palavras de Marcos Nóbrega, Bradson Camelo e Ronny Charles L. de Torres em excelente artigo que se debruçou sobre a pesquisa de preços nas contratações públicas, em tempos de pandemia:

> Sob essa perspectiva, o preço deve ser compreendido como um "encontro", e como todo encontro, é impactado pelas diversas nuances que o envolvem e, possivelmente, numa reflexão mais filosófica, não seria exatamente o mesmo em nenhum outro momento. Isto porque, traçando um paralelo com a reflexão proposta por Heráclito, assim como ninguém pode entrar duas vezes no mesmo rio, no mundo real, dificilmente todas as condições que influenciaram a formação do preço irão se reproduzir de forma exatamente igual. O pressuposto teórico de manter todo o resto como constantes (*ceteris paribus*) não existe na realidade, está tudo mudando seja no lado da oferta ou no lado da demanda. A definição do preço, ou o "encontro" que o define, é então impactada por diversos elementos, subjetivos e objetivos, o que o torna um produto complexo.[10]

Em suma, pelo exposto, pode-se apresentar as seguintes afirmações sobre o procedimento de formação do valor previamente estimado da contratação: (a) A pesquisa de preço que o origina é um procedimento com a prática de diversos atos que decorrem do exercício da competência discricionária e que contém inúmeras possibilidades, técnicas e metodologias que podem ser empregadas pelo agente público elaborador; (b) O valor previamente estimado da contratação não é um valor fixo que deve ser "encontrado" na pesquisa de preço, podendo assumir diferentes resultados a depender de seu elaborador; (c) A qualidade de um valor estimado deve ser avaliada a partir do grau de individualidade que será conferido pelo seu elaborador, a partir de um conjunto de fatores (econômicos, geográficos, administrativos, etc.)

---

[10] NÓBREGA, Marcos; CAMELO, Bradson; TORRES, Ronny Charles Lopes de. *Pesquisa de preços nas contratações públicas, em tempos de pandemia*. Disponível em: https://ronnycharles.com.br/pesquisa-de-precos-nascontratacoes-publicas-em-tempos-de-pandemia/.

que incidem em cada processo de contratação; (d) O valor previamente estimado não se confunde com o "preço de mercado", sendo este um dos vários fatores que deverão ser observados na pesquisa de preço; (e) O valor previamente estimado da contratação representa uma conversão de fatores momentânea, que poderá ser alterada imediatamente após a sua elaboração.

4 O valor previamente estimado da contratação na fase de julgamento

Depois de abordados alguns aspectos conceituais do valor previamente estimado da contratação e destacadas importantes considerações sobre o seu procedimento de formação, passa-se a analisar a sua função na fase de julgamento da licitação.

Dentro do rito procedimental previsto no art. 59 da Lei nº 14.133/2021, superada a fase de apresentação de propostas e lances, é necessário proceder ao julgamento destas, cuja análise resultará na classificação ou não do licitante.

E neste ato de julgamento das propostas ofertadas, dentre os diversos exames a serem promovidos pelo agente de contratação, pregoeiro ou comissão de contratação, cabe a análise dos preços apresentados.

E nesse caso, segundo o inciso III do art. 59, serão desclassificadas as propostas que apresentarem preços "acima do orçamento estimado para a contratação".

Em que pese a falta de uniformidade conceitual, aparentemente, a intenção do legislador foi a de estabelecer o "valor previamente estimado da contratação" de que trata o art. 23 como um preço máximo de contratação.

Vale dizer, se a proposta ou lance do licitante estiver acima do valor previamente estimado da contratação, ela será desclassificada.

Esta literalidade faz presumir de forma absoluta que o valor estimado da contratação seria um valor fixo e insuperável, acima do qual todas as propostas seriam caracterizadas como sobrepreço.

Essa compreensão, todavia, não condiz com o próprio instituto do valor estimado da contratação, conforme amplamente demonstrado.

Relembra-se que o valor previamente estimado da contratação não é um valor fixo e imutável. A depender da técnica ou metodologia empregada na pesquisa de preço, é possível obter diversos valores previamente estimados para o mesmo processo de contratação.

E se é possível obter diferentes valores, todos eles legítimos por serem frutos das mais variadas possibilidades a que a Administração Pública faz jus, não é possível que apenas um desses preços seja entendido como limitador para a contratação.

Ademais, rememora-se que o valor previamente estimado é construído a partir dos fatores que incidem no momento de sua elaboração, o que não necessariamente representa os fatores existentes na ocasião da apresentação das propostas e lances.

E para aqueles atuantes nos procedimentos licitatórios, não é novidade que o espaço temporal entre a elaboração da pesquisa e a efetiva sessão para apresentação de propostas e lances pode durar meses. Não seria possível presumir de forma absoluta que os mesmos fatores utilizados no momento da pesquisa seriam mantidos até o dia da sessão pública de apresentação de propostas e lances. Reitera-se que os preços são fluídos e não estáticos.

E mais. Mesmo que os pesquisadores tenham feito um trabalho aprofundado de pesquisa de preço, a quantidade de fornecedores que irá se interessar e comparecer em uma data futura e ainda não conhecida para efetivamente competir no certame é sempre uma incógnita, considerando que esse elemento está inserido no particular de cada um desses potenciais interessados.

Por isso, não é razoável exigir que a Administração Pública, ao realizar sua pesquisa de preço, atinja um determinado valor que represente aquele que será o mais vantajoso a ser apresentado pelos futuros fornecedores (que ela não sabe quais serão) no momento da fase de apresentação de proposta e lances (que ele não sabe quando será).

Não se está a dizer que o valor previamente estimado não deve ser levado em consideração.

Na fase de julgamento das propostas e lances o agente de contratação, o pregoeiro ou a comissão de contratação precisa e deve se amparar no valor estimado da contratação para avaliar se os preços são exequíveis ou se estão excessivamente elevados. É o seu principal instrumento balizador.

Porém, o valor previamente estimado deve ser analisado tal como é: uma estimativa, uma referência, uma aproximação, elaborada antes da ocorrência da fase de julgamento, e que naturalmente está sujeita a oscilações para cima ou para baixo.

A pesquisa de preço objetiva atingir o valor previamente estimado da contratação e não o valor da efetiva contratação. Trata-se de institutos distintos que ocorrem em momentos procedimentais muito distantes. Ronny Charles L. de Torres assim sintetiza o tema em sua obra:

> Em regra, a estimativa de custos nas licitações públicas objetiva aferir apenas o preço de referência, para determinada contratação. É ilusório imaginar que a pesquisa de preços (estimativas de custos) identificará exatamente o preço exato (ou justo) da contratação. Sua função, normalmente, é apresentar um parâmetro para o preço a ser contratado.
> (...)
> Em outras palavras, a identificação do preço envolve diversos fatores, de modo que a estimativa de custos nas licitações, em regra, apresenta apenas um parâmetro (preço de referência), uma baliza do valor potencialmente apresentado pelo mercado, para o órgão/ente contratante. O momento vivenciado no mercado específico, a situação subjetiva do fornecedor (que influencia seu interesse na contratação), situação subjetiva do órgão/ente contratante perante o mercado (como tradicional "pagamento tardio" feito pela Administração ou até a incerteza sobre o adimplemento), além do nível de competitividade do certame e diversos outros fatores, afetam o custo da contratação e não são precisamente apurados na estimativa de custos.
> Assim, busca-se com a estimativa de custos um preço referencial, e essa característica deve ser percebida, para que se compreenda o equívoco de fazer-se a comparação irrefletida entre um preço de referência e o preço de uma contratação propriamente dita.[11]

Por isso é que se pode concluir que a compreensão lançada pelo legislador no inciso III do art. 59 do que seria um "valor previamente estimado da contratação" não condiz com a lógica do procedimento, com o próprio instituto jurídico e nem mesmo com a tratativa conferida no art. 23 da mesma lei.

Vale dizer, não é adequado considerar o valor previamente estimado da contratação como um valor máximo para a contratação, por não existir lógica nessa interpretação.

A própria Lei nº 14.133/2021 oferece outros importantes indicativos que corroboram com essa conclusão.

Primeiramente, o inciso III do art. 11 especifica como objetivo do processo licitatório evitar contratações com sobrepreço. E ao conceituar "sobrepreço", o inciso LVI do art. 6º o define como o "preço orçado para licitação ou contratado em valor expressivamente superior aos preços referenciais de mercado".

---

[11] TORRES, Ronny Charles Lopes de. *Leis de licitações públicas comentadas*. 12. ed. Salvador: Juspodivm, 2021, p. 157-158.

Veja que o sobrepreço somente se caracteriza quando o valor estimado da contratação ou o valor efetivamente contratado estiverem em um patamar muito superior aos preços referenciais de mercado.

Ou seja, o sobrepreço não se caracteriza por uma contratação estar acima do valor previamente estimado. E mais, a excessividade do valor não tem como parâmetro o valor previamente estimado da contratação, mas os preços referenciais de mercado.

Em segundo lugar, o §1º do art. 61 traz a possibilidade de na fase de julgamento ser negociado com os demais licitantes, quando o primeiro colocado "for desclassificado em razão de sua proposta permanecer acima do preço máximo definido pela Administração".

A lei não fala em desclassificação por valor acima do valor previamente estimado, mas acima do valor máximo definido pela Administração.

Se a Administração Pública tem o poder de definir ela própria um valor máximo, significa dizer que ela não está limitada pelo valor estimado.

Outro fundamento legal que contribui para essa compreensão pode ser extraído de um dos objetivos mais importantes do procedimento licitatório: assegurar a seleção da proposta apta a gerar o resultado de contratação mais vantajoso para a Administração Pública (art. 11, I).

Se o valor previamente estimado da contratação estiver defasado, naturalmente não aparecerão interessados ou aqueles que surgirem serão desclassificados. Ou seja, a licitação será configurada como deserta ou fracassada. Como regra, será necessária a realização de nova licitação, salvo na hipótese em que "as propostas apresentadas consignaram preços manifestamente superiores aos praticados no mercado ou incompatíveis com os fixados pelos órgãos oficiais competentes", hipótese em que poderá ocorrer a contratação direta de que trata o inciso III do art. 75.

E se a regra é a licitação, ocorrendo a deserção ou o fracasso, como consequência será necessária a realização de nova pesquisa de preço (para adequar aos novos preços praticados), nova publicação de edital e nova fase de julgamento. Porém, nada garante que este novo valor previamente estimado já não esteja defasado, o que poderá gerar uma sucessão de intermináveis licitações.

Ora, seria possível caracterizar como mais vantajosa para a Administração Pública a realização de licitações sucessivas, ou a flexibilidade de serem aceitas propostas e lances acima do valor previamente estimado da contratação? Certamente a segunda opção é a mais vantajosa desde que não reste configurado o sobrepreço.

Por tudo o que foi destacado, percebe-se que, por um lado, a literalidade do inciso III do art. 59 determina que as propostas e lances acima do valor previamente estimado da contratação deverão ser desclassificadas. Por outro lado, demonstrou-se que é defensável e razoável que a Administração Pública tenha maior liberdade na fase de julgamento para que efetive a contratação pela proposta mais vantajosa, ainda que ela esteja acima do valor previamente estimado, desde que esta não caracterize um sobrepreço.

E nesse contexto, talvez, o mais adequado teria sido manter o tratamento já tradicional conferido pela Lei Federal nº 8.666/93 e referendado pelas cortes de contas, que admitia a fixação de um preço máximo distinto do valor estimado da contratação (inciso X do art. 40).

Inclusive, por entender que houve uma falta de técnica do legislador no dispositivo em análise, o jurista Juliano Heinen, Procurador do Estado do Rio Grande do Sul, defende a manutenção do entendimento fixado sob a égide da Lei nº 8.666/93:

> A lei não é uniforme em fixar quais seriam os casos em que se aplicam preços máximos ou preços estimados. E, na nossa compreensão, o inciso III do art. 59 parece não adotar a melhor técnica. Se aplicada a literalidade da norma, qualquer proposta "acima do preço estimado" (sic.) deveria ser desclassificada. Contudo, aqui, ao que parece, o preço estimado justamente é uma referência, não tendo o condão de desclassificar as propostas acima do seu valor. Ao que parece, o legislador queria se referir a "preço máximo", que, quando adotado, realmente tem por efeitos não aceitar propostas acima do valor fixado, já quando da publicação do edital.
> Em outras palavras, mantém-se a convicção daquilo que já era amplamente praticado nas licitações públicas: cabe ao gestor definir, na fase interna, se o orçamento será com preço de referência ou com preço máximo. No primeiro caso, a proposta formulada acima do valor estimado será uma referência ao sobrepreço, mas é possível que a proposta seja feita acima do seu valor, sem que ela seja necessariamente rejeitada. Já no segundo caso, o preço máximo funcionamento como um teto, e a proposta feita acima deste valor inexoravelmente será rejeitada.[12]

Outra opção seria aceitar propostas e lances acima do valor estimado desde que exista justificativa plausível a demonstrar uma oscilação superveniente. Aliás, essa hipótese foi recentemente adotada

---

12   HEINEN, Juliano. *Comentários à Lei de Licitações e Contratos Administrativos*. 2. ed. São Paulo: Juspodivm, 2022, p. 390.

na Lei nº 13.979/2020, que disciplina as contratações necessárias ao enfrentamento da emergência (com redação alterada pela Lei nº 14.035/2020):

> Art. 4º-E Nas aquisições ou contratações de bens, serviços e insumos necessários ao enfrentamento da emergência de saúde pública de importância internacional de que trata esta Lei, será admitida a apresentação de termo de referência simplificado ou de projeto básico simplificado.
> § 1º O termo de referência simplificado ou o projeto básico simplificado referidos no caput deste artigo conterá:
> (...)
> VI – estimativa de preços obtida por meio de, no mínimo, 1 (um) dos seguintes parâmetros:
> (...)
> § 3º Os preços obtidos a partir da estimativa de que trata o inciso VI do § 1º deste artigo não impedem a contratação pelo poder público por valores superiores decorrentes de oscilações ocasionadas pela variação de preços, desde que observadas as seguintes condições:
> I – negociação prévia com os demais fornecedores, segundo a ordem de classificação, para obtenção de condições mais vantajosas; e
> II – efetiva fundamentação, nos autos da contratação correspondente, da variação de preços praticados no mercado por motivo superveniente.

De todo o modo, sabe-se que a tendência inicial e natural será uma conduta mais acanhada da Administração Pública para adotar a literalidade da Lei nº 14.133/2021, e, consequentemente, priorizar a segurança jurídica e evitar a responsabilização do gestor.

Esse receio da responsabilização e o fenômeno da paralisia na tomada de decisão da Administração Pública, inclusive, possuem uma nomenclatura própria: "apagão das canetas".[13]

Contudo, nada impede que no exercício da atividade constitucional de consultoria e assessoramento jurídico prestado pela Advocacia Pública, responsável pelo controle prévio de legalidade das contratações públicas (art. 53 da Lei nº 14.133/2021), sejam elaborados pareceres jurídicos que possam dar segurança jurídica aos gestores públicos ao

---

[13] Fabrício Motta e Irene Patrícia Nohara assim definem esse fenômeno: "Apagão das canetas: para designar a paralisação de decisões, por causa do temor da responsabilização, perante a Administração Pública 'do medo', pois, em determinados casos, tendo em vista decisões imprevisíveis e oriundas dos mais variados órgãos de controle, os bons gestores acabavam ficando com receio de decidir e futuramente ser responsabilizados por uma decisão justa, mas que iria de encontro às orientações cambiantes de diversos dos órgãos de controle" (MOTTA; NOHARA, 2019, Página RB-1.1).

priorizar uma interpretação lógico-sistemática do inciso III do art. 59 em detrimento de uma interpretação literal e ofereça algumas opções ao gestor.

5   Da conclusão

Desse modo, ante o exposto no desenvolvimento deste texto, defende-se que a Administração Pública tenha maior liberdade na fase de julgamento para que efetive a contratação pela proposta mais vantajosa, ainda que ela esteja acima do valor previamente estimado.

A aplicação do art. 59, III, apenas levando em conta a literalidade do texto não se harmoniza com o sistema de licitação trazido pela Lei nº 14.133/21, podendo ser desvantajosa e inconveniente para a Administração porque tem o condão de levar a relicitações de certames desertos e fracassados diante da impossibilidade de se contratar em qualquer hipótese com o licitante que, embora tenha ofertado o menor valor, apresente preço acima daquele previamente estimado, ainda que sem sobrepreço.

Além disso, representará retrocesso em relação ao entendimento sobre o tema na égide da Lei nº 8.666/93, aprimorado ao logo dos anos de sua vigência, especialmente pelo Tribunal de Contas da União, que admite a contratação com aquele que ofertar o menor preço, ainda que acima do valor previamente estimado para o certame.

Para que essa involução não se concretize, é preciso que os órgãos de assessoramento jurídico da Administração, especialmente a advocacia pública, com a inestimável contribuição da doutrina especializada, assim como os atos normativos editados pelos entes da federação para regulamentar a nova lei de licitações criem a interpretação mais adequada e juridicamente sustentável para estabelecer um limite à aplicação literal do disposto no art. 59, III.

Uma solução que se coloca para debate, a partir deste texto, é atribuir presunção relativa ao referido dispositivo, no sentido de que, não havendo sobrepreço na melhor oferta apresentada, ainda que acima do valor previamente estimado, e desde que haja disponibilidade orçamentária para assegurar o custeio desse acréscimo, o agente de contratação possa, fundamentadamente, classificar a proposta.

Dito de outro modo, a desclassificação com amparo no art. 59, III, se daria quando:

I – a melhor oferta apresentar sobrepreço; ou

II – a melhor oferta, ainda que superior ao valor previamente estimado, não apresentar sobrepreço, mas o órgão ou entidade contratante não possuir disponibilidade orçamentária para fazer frente ao acréscimo de valor.

Não se ignora que esta conclusão pode ser polêmica e demandará que os agentes de contratação disponham de conhecimento e capacitação adequada para sua implementação, especialmente no que diz respeito à realização de diligências para averiguar a ocorrência ou não de sobrepreço e a existência de disponibilidade orçamentária suficiente para custear o acréscimo.

No entanto, é preciso que o tema seja enfrentado e que soluções sejam debatidas para o aprimoramento e evolução das licitações sob a égide do novo marco legal.

É o que nos dispusemos a fazer neste artigo.

Referência

HEINEN, Juliano. *Comentários à Lei de Licitações e Contratos Administrativos*. 2. ed. São Paulo: Juspodivm, 2022.

MOTTA, Fabrício; NOHARA, Irene Patrícia. *LINDB no direito público*: Lei 13.655/2018. São Paulo: Revista dos Tribunais, 2020 (Coleção soluções de direito administrativo: leis comentadas. Série I: administração pública; v. 10).

NÓBREGA, Marcos; CAMELO, Bradson; TORRES, Ronny Charles Lopes de. *Pesquisa de preços nas contratações públicas, em tempos de pandemia*. Disponível em: https://ronnycharles.com.br/pesquisa-de-precos-nas-contratacoes-publicas-em-tempos-de-pandemia/.

TORRES, Ronny Charles Lopes de. *Leis de licitações públicas comentadas*. 12. ed. São Paulo: Juspodivm, 2021.

Informação bibliográfica deste texto, conforme a NBR 6023:2018 da Associação Brasileira de Normas Técnicas (ABNT):

CARVALHO, André Lopes; SANSON, Rafael Koehler. O valor previamente estimado da contratação e sua função na fase de julgamento da proposta à luz da Lei Federal nº 14.133/2021. *In*: PRUDENTE, Juliana Pereira Diniz; MEDEIROS, Fábio Andrade; COSTA, Ivanildo Silva da. *Nova Lei de Licitações sob a ótica da Advocacia Pública*: reflexões temáticas. Belo Horizonte: Fórum, 2022. p. 119-138. ISBN 978-65-5518-381-8.

ESTIMATIVA DO VALOR DAS CONTRATAÇÕES NA LEI Nº 14.133: COMPRAS E SERVIÇOS EM GERAL

KUNIBERT KOLB NETO

1 Introdução

A elaboração da estimativa de valor da contratação,[1] elemento-chave do seu planejamento, é uma atividade repetida todos os dias, em quase todos os órgãos públicos brasileiros. E, apesar de cotidiana, paradoxalmente mal executada pela Administração, a qual se limita, quase sempre, a utilizar a malfadada técnica das *três cotações*, notoriamente ineficaz.

A Lei Federal nº 14.133/2021 optou por regular de forma minuciosa essa atividade, o que, aparentemente, seria um ganho em termos de qualidade da norma. Porém, a sua prolixidade e falta de técnica legislativa encerram disposições limitadoras e até mesmo contraditórias,

---

[1] A Lei Federal nº 14.133/2021, valendo-se de uma técnica legislativa de qualidade duvidosa, também utiliza, com o mesmo significado, as expressões "orçamento estimado", "valor estimado", "orçamento da Administração" e "orçamento da licitação".

que, infelizmente, só serão superadas pela literatura especializada e pela jurisprudência à custa de muito tempo, trabalho e polêmica:

> Escrever muito jamais significou escrever bem, e esta Lei nº 14.133 é apenas mais um dos milhões de exemplos dessa verdade.
> Toureá-la doravante, como a nação brasileira precisará fazer por não se imagina quantas décadas, será muita vez um tormento inenarrável, uma tortura institucional com requintes de crueldade.[2]

O presente artigo busca contribuir para a compreensão das regras que devem ser observadas na elaboração do orçamento estimado nos processos de aquisição de bens e contratação de serviços em geral. Não serão abordadas as regras específicas que disciplinam as contratações "de obras e serviços de engenharia, que respondem com técnica própria"[3] e demandam um estudo paralelo.

2 O planejamento das contratações na Lei Federal nº 14.133

2.1 A importância do planejamento na nova Lei de Licitações

O dever de planejar decorre do princípio da eficiência,[4] e a sua previsão como princípio pela Lei Federal nº 14.133/2021 possui dupla finalidade: (i) fixar o dever de planejamento e (ii) caracterizar eventual responsabilidade por omissão do agente público responsável.[5] Já estava previsto desde o Decreto-Lei nº 200/1967, mas, apesar da antiguidade de sua previsão legal, ainda hoje "a realidade cotidiana da Administração Pública, salvo alguns centros de excelência, ocorre mediante tomada de

---

[2] RIGOLIN, Ivan Barbosa. *Lei nº 14.133/2021 comentada*: uma visão crítica. Belo Horizonte: Fórum, 2021, p. 19.

[3] CHAVES, Luiz Cláudio de Azevedo. *A atividade de planejamento e análise de mercado nas contratações governamentais*: a atividade de planejar e pesquisar preços de mercado nas licitações públicas e justificativa de preço nas contratações diretas da administração pública. Belo Horizonte: Fórum, 2021, p. 91.

[4] OLIVEIRA, Rafael Carvalho Rezende. *Nova lei de licitações e contratos administrativos*. 1. ed. Rio de Janeiro: Forense, 2021, p. 30.

[5] SANTOS, José Anacleto Abduch. *Nova Lei de Licitações*: o princípio do planejamento. Disponível em: https:// www.zenite.blog.br/nova-lei-de-licitacoes-o-principio-do-planejamento/. Acesso em: 10 jan. 2022.

decisão sem qualquer estudo prévio, baseada em percepções subjetivas dos gestores", inclusive e especialmente nas contratações públicas.[6]

A Lei Federal nº 14.133/2021 busca interferir nessa realidade, prestigiando de forma enfática o planejamento, que constitui um dos seus pilares fundamentais, como ensina Joel de Menezes Niebuhr.[7] Ou a sua "pedra de toque" nas palavras de André Catarino.[8]

Essa ênfase dada pela lei ao planejamento começa no seu art. 5º, o qual elenca o planejamento como um dos princípios que devem ser observados na sua aplicação. E se repete em diversos outros dispositivos, que deixam clara a preocupação em fazer com que as contratações públicas sejam adequadamente planejadas. Por exemplo:

- O art. 11, parágrafo único, responsabiliza a alta administração do órgão ou entidade pela implantação de processos e estruturas que, dentre outros objetivos, assegurem o alinhamento das contratações ao planejamento estratégico.
- O art. 12, VII, prevê a possibilidade de os entes federativos elaborarem plano de contratações anual que terá, dentre outros, o objetivo de garantir o alinhamento das contratações com o seu planejamento estratégico.
- O art. 17, I, determina que o processo de licitação se inicie com a fase preparatória, que é justamente caracterizada pelo planejamento (art. 18, *caput*), de onde se extrai que o planejamento, devidamente formalizado, é um elemento obrigatório do processo de licitação.
- O art. 18, §1º, II, elenca, dentre os elementos que devem compor o estudo técnico preliminar da contratação, a "demonstração da previsão da contratação no plano de contratações anual, sempre que elaborado, de modo a indicar o seu alinhamento com o planejamento da Administração".
- O art. 40 regulamenta o planejamento das compras.
- O art. 174, §3º, III, determina que o Portal Nacional de Contratações Públicas (PNCP) ofereça um "sistema de planejamento e gerenciamento de contratações".

---

[6] COUTO, Reinaldo e CAPAGIO, Álvaro do C. *Nova lei de licitações e contratos administrativos.* São Paulo: Saraiva, 2021, p. 60.

[7] NIEBUHR, Joel de Menezes (coord.). *Nova lei de licitações e contratos administrativos.* 2. ed. Curitiba: Zênite, 2021, p. 80.

[8] CATARINO, André. *Planejamento a pedra de toque da Nova Lei de Licitações.* Disponível em: https://lageportilhojardim.com.br/blog/planejamento-nova-lei-de-licitacoes/. Acesso em: 10 jan. 2022.

2.2 O planejamento global e específico das contratações

A lei estabelece dois momentos para o planejamento das contratações. O primeiro está previsto no art. 12, VII: é o planejamento global das contratações do ente federativo. Este possui caráter opcional e é feito por intermédio da elaboração de um plano de contratações anual, com o objetivo de: (i) racionalizar as contratações de toda a sua Administração Direta e Indireta; (ii) alinhar as contratações ao seu plano estratégico; e (iii) auxiliar a elaboração das leis orçamentárias.

O segundo momento é o planejamento específico de cada contratação, de caráter obrigatório. Deve ser executado pelo órgão ou entidade responsável pela contratação, de acordo com o procedimento regulado no art. 18, o qual estabelece, sem qualquer distinção em relação ao vulto ou complexidade da contratação, um rito extremamente pormenorizado e complexo,[9] exigindo, no mínimo, a prática dos seguintes atos:

- o estudo técnico preliminar, descrevendo a necessidade da contratação e o interesse público envolvido.
- o termo de referência, anteprojeto, projeto básico ou projeto executivo, conforme o caso, definindo o objeto a ser contratado.
- o orçamento estimado.
- o edital da licitação.
- a análise de riscos.
- aprovação jurídica.

3 A estimativa do valor da contratação

A estimativa do valor da contratação é uma etapa do planejamento da licitação (art. 18, IV) extremamente importante, pois o art. 59, III, da Lei Federal nº 14.133/2021 determina a desclassificação das propostas com preços acima do orçamento estimado, o que denota se tratar de uma das estratégias adotadas na Lei para que a licitação cumpra o objetivo previsto no art. 11, III: "evitar contratações com sobrepreço ou com preços manifestamente inexequíveis e superfaturamento na execução dos contratos". Além disso, o orçamento estimado é especialmente importante para uma execução eficiente do orçamento, para evitar

---

[9] NIEBUHR, Joel de Menezes (coord.). *Nova lei de licitações e contratos administrativos*. 2. ed. Curitiba: Zênite, 2021, p. 82.

a contratação com preços inexequíveis e também para o controle institucional e social das contratações.[10]

3.1 O momento da elaboração da estimativa do valor da contratação

A redação da Lei é bastante detalhista quanto ao rito que deve ser observado na elaboração da estimativa do valor da contratação. Mas, ao mesmo tempo, comprovando as já mencionadas críticas de Ivan B. Rigolin, é bastante confusa em relação ao momento em que isso deve ser feito.[11] No *caput* do art. 18, o orçamento estimado é tratado como um elemento distinto, previsto após o estudo técnico preliminar e o termo de referência. Já o §1º, VI, combinado com o §2º do mesmo artigo, o elenca como um dos itens obrigatórios do estudo técnico preliminar. E, por fim, o art. 6º dispõe que as "estimativas do valor da contratação" e o "orçamento detalhado do custo global da obra" são elementos obrigatórios do termo de referência e do projeto básico.

A solução apontada por Joel Menezes Niebuhr para esse paradoxo é a elaboração de estimativas distintas. Uma *preliminar*, mais simples, como parte do *estudo técnico preliminar*. E uma segunda, mais rigorosa, obedecendo a todos os critérios legais, como elemento de instrução do *termo de referência* ou do *projeto básico*.[12]

Essa solução também é defendida por Sidney Bittencourt[13] e está em sintonia com a Orientação Técnica do Instituto Brasileiro de Auditoria de Obras Públicas OT-IBR 004/2012 para a elaboração de orçamentos de obras públicas, mencionada pelo Tribunal de Contas da União no Acórdão nº 356/2020-Plenário. Essa orientação, segundo relata o acórdão, preconiza níveis de precisão e metodologias específicas para a estimação do valor nas diversas fases do planejamento. No estudo preliminar, por exemplo, a precisão preconizada é de 30%. Já, na fase do projeto básico, a precisão deve ser de 10%.

---

[10] COUTO, Reinaldo; CAPAGIO, Álvaro do C. *Nova lei de licitações e contratos administrativos*. São Paulo: Saraiva, 2021, p. 134.
[11] NIEBUHR, Joel de Menezes (coord.). *Nova lei de licitações e contratos administrativos*. 2. ed. Curitiba: Zênite, 2021, p. 87.
[12] NIEBUHR, Joel de Menezes (coord.). *Nova lei de licitações e contratos administrativos*. 2. ed. Curitiba: Zênite, 2021, p. 88.
[13] BITTENCOURT, Sidney. *Nova lei de licitações*: passo a passo. Belo Horizonte: Fórum, 2021, p. 231.

Entendo, no entanto, que, se a estimativa elaborada no estudo técnico preliminar atender integralmente aos critérios legais, nada impede que o termo de referência apenas faça remissão a essa mesma estimação. E, principalmente, o que é realmente importante para a higidez da contratação é que exista no processo uma estimativa de valor que siga integralmente as regras do art. 23.

3.2 O regime legal geral da estimação do valor das contratações públicas

O *caput* do art. 23 da Lei Federal nº 14.133/2021 estabelece as regras gerais da estimação do valor da contratação de qualquer objeto. O parágrafo primeiro trata das regras específicas para a estimativa do valor nos processos de aquisição de bens e contratação de serviços em geral. E o parágrafo segundo, das regras específicas que devem ser observadas para a contratação de obras e serviços de engenharia.

O *caput* estabelece o *resultado* que deve ser alcançado na estimativa de valor de qualquer contratação: a compatibilidade com os valores *efetivamente* praticados no mercado.[14] E também os parâmetros gerais que devem ser considerados para aferição dessa compatibilidade:

- Os preços constantes de bancos de dados públicos;
- As quantidades a serem contratadas, observada a potencial economia de escala; e
- As peculiaridades do local de execução do objeto.

Ou seja: a Lei determina que a estimativa do valor da contratação deve atingir um resultado: a compatibilidade com os valores *efetivamente* praticados no mercado. Todavia, para que o valor estimado seja considerado compatível com *os valores praticados no mercado*, é preciso que essa estimativa leve em conta três parâmetros.

O primeiro parâmetro é a consideração dos preços constantes de bancos de dados públicos, como, por exemplo, o *Banco de Preços em Saúde – BPS*[15] ou a *Tabela de Custos de Obras* do Paraná Edificações – PRED.[16]

---

[14] MADUREIRA, Cláudio. *Licitações, contratos e controle administrativo*: descrição sistemática da Lei nº 14.133/2021 na perspectiva do modelo brasileiro de processo. Belo Horizonte: Fórum, 2021, p. 173.

[15] MINISTÉRIO DA SAÚDE. Acesso à informação. Banco de Preços em Saúde. Portal de Serviços do Governo Federal. Disponível em: https://www.gov.br/saude/pt-br/acesso-a-informacao/banco-de-precos#:~:text=O%20Banco%20de%20Pre%C3%A7os%20em,por%20institui%C3%A7%C3%B5es%20p%C3%BAblicas%20e%20privadas. Acesso em: 30 out. 2021.

[16] PARANÁ (Estado). Paraná Edificações – PRED. Custos de Edificações. Disponível em: http://www.paranaedificacoes.pr.gov.br/Pagina/Custos-de-Edificacoes. Acesso em: 30 out. 2021.

Trata-se de um parâmetro ao qual a Lei concede uma importância especial – repetida no §1º e no §2º do art. 23 – visando justamente evitar uma comparação direta com os preços do mercado privado, uma vez que:

> A disciplina da contratação administrativa contempla faculdades em favor da Administração que usualmente não são praticadas no setor privado. Essas diferenças produzem custos de transação muito mais elevados. Logo, não é estranhável que os agentes privados pratiquem preços mais elevados para contratações com a Administração.[17]

O segundo parâmetro é que seja considerada eventual economia de escala: existem objetos em que o preço unitário varia de forma significativa em razão da quantidade a ser adquirida. Por consequência, a depender do objeto, se a Administração pretende adquirir uma quantidade pequena, ela deve ter como referência os preços de mercado praticados no varejo. Porém, se pretende adquirir uma quantidade grande, a referência correta são os preços praticados no atacado para quantidades semelhantes.

E o terceiro parâmetro é a consideração das peculiaridades do local de execução do objeto. Dessa forma, por exemplo, a aquisição de um objeto que deva ser entregue em um local remoto ou de difícil acesso deve levar em conta os custos do transporte. Assim como um serviço de limpeza ou uma reforma em uma escola rural deve considerar eventuais custos com o deslocamento dos trabalhadores. Também devem ser considerados aspectos regionais: se a Administração Pública do Estado de São Paulo pretende adquirir um produto que só é fabricado no Amazonas, eventuais referências de compras públicas realizadas no próprio Estado do Amazonas deverão ser utilizadas com cuidado, tendo em vista o custo do transporte.[18]

---

[17] JUSTEN, Filho, Marçal. *Comentários à lei de licitações e contratações administrativas*: Lei 14.133/2021. São Paulo: Thomson Reuters Brasil, 2021, p. 384.

[18] CHAVES, Luiz Cláudio de Azevedo. *A atividade de planejamento e análise de mercado nas contratações governamentais*: a atividade de planejar e pesquisar preços de mercado nas licitações públicas e justificativa de preço nas contratações diretas da administração pública. Belo Horizonte: Fórum, 2021, p. 138.

3.3 Possibilidade de regulamentação diferenciada pelos Estados, Distrito Federal e Municípios

O §3º do art. 23 da Lei nº 14.133/2021 estabelece que Estados, Distrito Federal e Municípios poderão prever a utilização de outros sistemas de custos para a estimação do valor da contratação, desde que não sejam utilizados recursos da União.

3.4 A atualidade do orçamento

Segundo Marçal Justen, "embora não existam regras legais sobre o tema, deve-se reputar que a eficiência do planejamento é comprometida quando a pesquisa de preços ocorreu em período muito anterior no tempo".[19] Por esse motivo, regulamentos estabelecidos pelos diversos entes federativos costumam estabelecer limites temporais para a utilização dos orçamentos. No Estado do Paraná, por exemplo, para aquisições e contratações de serviços em geral o prazo de validade das cotações é de 120 dias para os processos de registro de preços (Decreto Estadual nº 7.303/2021 art. 8º, §1º) e de 90 a 180 nos demais casos, a depender da metodologia adotada (Decreto Estadual nº 4.993/2016, art. 9º, §§4º e 5º). Na União, também para aquisições e contratações de serviços em geral, esse prazo varia de seis meses a um ano, também variando de acordo com a metodologia utilizada (Instrução Normativa nº 73/2020, da Secretaria Especial de Desburocratização, Gestão e Governo Digital, do Ministério da Economia).

4 A estimativa do valor da contratação nos processos de aquisição de bens e contratação de serviços em geral

Nos processos de aquisição de bens e contratação de serviços em geral, o art. 23, §1º, determina que "o valor estimado será definido com base no melhor preço aferido por meio da utilização dos seguintes parâmetros, adotados de forma combinada ou não":

- Preços disponibilizados no Portal Nacional de Contratações Públicas (PNCP).

---

[19] JUSTEN, Filho, Marçal. *Comentários à lei de licitações e contratações administrativas*: Lei 14.133/2021. São Paulo: Thomson Reuters Brasil, 2021, p. 382.

- Preços de outras contratações da Administração Pública.
- Dados de pesquisas publicadas em mídia especializada.
- Dados de tabelas de referência formalmente aprovadas pelo Poder Executivo Federal.
- Dados de *sites* especializados ou de domínio amplo.
- Pesquisa junto a fornecedores.
- Pesquisa na base nacional de notas fiscais eletrônicas.

4.1 Melhor preço ao invés de menor preço

A utilização da expressão *melhor preço* ao invés de *menor preço*, segundo Marçal Justen, indica que deve ser privilegiada a relação custo-benefício, que nem sempre coincide com o menor preço.[20] Já Luiz C. de A. Chaves, citando o Acórdão nº 403/2013, da Primeira Câmara do Tribunal de Contas da União, registra que os preços consultados nas fontes de pesquisa previstos no art. 23, §1º, não devem ser utilizados de forma mecânica, mas sim analisados de forma crítica, "de forma a evitar que preços discrepantes com o objeto que será contratado, inexequíveis ou com sobrepreço, possam ser incluídos na memória de cálculo".[21] Além disso, com essa opção, a Lei está preconizando também que devem ser considerados aspectos como a economia de escala e peculiaridades do local de execução do objeto, antes tratados.

4.2 Utilização dos parâmetros de forma combinada ou não

A Advocacia-Geral da União (AGU) já defendia, sob o regime da Lei nº 8.666/1993, que "é juridicamente viável a eleição de apenas um dos parâmetros para a formação do preço estimado da contratação, conforme estabelecido pelo artigo 2º da IN nº 05/2014-SLTI/MP [...]".[22] No entanto, mesmo diante do texto expresso da nova Lei, essa faculdade

---

[20] JUSTEN, Filho, Marçal. *Comentários à lei de licitações e contratações administrativas*: Lei 14.133/2021. São Paulo: Thomson Reuters Brasil, 2021, p. 385.

[21] CHAVES, Luiz Cláudio de Azevedo. *A atividade de planejamento e análise de mercado nas contratações governamentais*: a atividade de planejar e pesquisar preços de mercado nas licitações públicas e justificativa de preço nas contratações diretas da administração pública. Belo Horizonte: Fórum, 2021, p. 137.

[22] BRASIL. Advocacia-Geral da União. Parecer nº 12/2014/CPLC/DEPCONSU/PGF/AGU. Disponível em: https://www.gov.br/agu/pt-br/composicao/procuradoria-geral-federal-1/arquivos/PARECERN122014CPLCDEPCONSUPGFAGU.pdf . Acesso em: 12 jan. 2022.

deve ser utilizada com grande parcimônia, pois independente dos parâmetros utilizados, a *estimativa do valor da contratação* só será hígida se alcançar o resultado preconizado no *caput* do art. 23: "ser compatível com os valores praticados pelo mercado".

Além disso, o Tribunal de Contas da União há muito tempo entende que a pesquisa deve ser a mais ampla possível[23] e critica a utilização de um único parâmetro, mesmo quando utilizado banco de preços oficial. A título de exemplo pode ser citado o Acórdão nº 1.378/2008, da 1ª Câmara, Relatado pelo Ministro Augusto Nardes, no qual o Tribunal determinou à Universidade Federal Fluminense que "promova a realização de pesquisa de preços praticados no mercado, não se restringindo única e exclusivamente ao Sistema de Preços (Siasg), que nem sempre apresenta necessariamente o menor preço de mercado, e sim o preço pago por determinada Unidade Gestora".

Na mesma linha, segue o Tribunal de Contas do Estado de Mato Grosso do Sul, que sintetizou a questão nos seguintes termos:

> No entanto, pautar a pesquisa de preços, apenas em preços praticados pela Administração Pública, pode perpetuar uma incompatibilidade com o mercado, pois se o produto for comprado com sobrepreço, esse parâmetro pode se disseminar e até mesmo perpetuar em todo o setor público.
> Motivo pelo qual a origem da pesquisa única e exclusivamente em preços registrados nem sempre apresenta, necessariamente, o menor preço de mercado, e sim o preço pago por determinado órgão comprador (Acórdãos TCU 1.378/2008-1C e 5.216/2007-1C).
> O que se espera, portanto, é que na realização da pesquisa de preços levem-se em consideração todas as fontes de referências disponíveis, com maior amplitude possível.
> Entretanto, a cesta de preços aceitáveis deve ser analisada de forma crítica, principalmente quando houver grande variação entre os valores apresentados, conforme consta do art. 6º, § 3º da Instrução Normativa n. 73/2020, da Secretaria Especial de Desburocratização, Gestão e Governo Digital do Ministério da Economia.[24]

---

[23] TCU. Plenário. Acórdão nº 1.620/2010. Rel. Min. Raimundo Carreiro. J. 7.7.2010.

[24] Tribunal de Contas do Estado de Mato Grosso do Sul. Plenário. Parecer-C - PAC 00 - 6/2020. Processo TC/5562/2019. Rel: Osmar Domingues Jeronymo. J. 5.2.2020.

4.3 Preços constantes do Portal Nacional de Contratações Públicas

O primeiro parâmetro previsto no art. 23, §1º, é a elaboração de composição de valores[25] menores ou iguais à *mediana*[26] dos preços unitários constantes no painel para consulta de preços ou no banco de preços em saúde disponibilizados no Portal Nacional de Contratações Públicas (PNCP).

Trata-se de uma especificação da regra geral, prevista no *caput* do art. 23, segundo a qual a *compatibilidade com os valores praticados no mercado* deve considerar os "preços constantes de bancos de dados públicos": para as aquisições e contratações de serviços em geral, os *bancos de dados públicos* a serem considerado são as informações disponibilizadas no Portal Nacional de Contratações Públicas (PNCP).

4.4 Preços de outras contratações da Administração Pública

O segundo parâmetro previsto no art. 23, §1º, são as "contratações similares feitas pela Administração Pública" (art. 23, §1º, II). Critério esse que já era recomendado no art. 15, V, da Lei Federal nº 8.666/1993 – embora apenas para compras – e também pela literatura especializada[27] e orientações dos Tribunais de Contas.[28]

Somente poderão ser utilizados como referência contratos que estejam em execução ou que tenham sido concluídos em no máximo um ano da data da realização da pesquisa, cujos valores devem ser atualizados pelo índice previsto para essa contratação. Também poderão ser utilizadas atas de registro de preço, observados os mesmos limites temporais e a atualização monetária.

---

[25] Quando se tratar de item simples, evidentemente não haverá *composição de custos*, mas a simples utilização dos preços coletados.

[26] O termo *"mediana"* refere-se a *"meio"*. Dado um conjunto de informações numéricas, o valor central corresponde à mediana desse conjunto. Dessa forma, é importante que esses valores sejam colocados em ordem, seja crescente ou decrescente. Se houver uma quantidade ímpar de valores numéricos, a mediana será o valor central do conjunto numérico. Se a quantidade de valores for um número par, devemos fazer uma média aritmética dos dois números centrais, e esse resultado será o valor da mediana (RIBEIRO, Amanda Gonçalves. Mediana. *Brasil Escola*. Disponível em: https://brasilescola.uol.com.br/matematica/mediana.htm. Acesso em: 1 nov. 2021).

[27] NIEBHUR, Joel de Menezes. *Licitação pública e contrato administrativo*. 3. ed. Belo Horizonte: Fórum, 2013, p. 274.

[28] Por exemplo: TCU. Plenário. Acórdão 868/2013. Rel.: Marcos Bemquerer. Pub. 22.4.2013.

Os objetos não precisam ser idênticos. Contudo, devem ter similaridade suficiente para permitir a comparação.[29] E, ao contrário do que fez em relação aos preços obtidos no PNCP, em que determina o uso da *mediana* dos preços listados, a Lei aqui não preestabelece nenhum critério de cálculo, de forma que poderá ser utilizada, justificadamente, a mediana, a média ou o menor preço obtido.

4.5 Dados de pesquisas publicadas em mídia especializada, de tabelas de referência aprovadas pelo Poder Executivo Federal e de *sites* especializados ou de domínio amplo

O art. 23, §1º, III, trata de três parâmetros distintos: (i) dados de pesquisa publicada em mídia especializada; (ii) tabelas de referências formalmente aprovadas pelo Poder Executivo Federal; e (iii) sítios eletrônicos especializados ou de domínio amplo.

Algumas instituições publicam pesquisas de preços de insumos setoriais, como, por exemplo, o Sindicato da Indústria da Construção Civil no Estado do Rio Grande do Sul, que publica uma tabela pormenorizada dos custos dos insumos da construção civil naquele Estado, contendo desde o salário médio por hora de trabalho dos profissionais, até o preço de itens como tijolo ou diária de locação de betoneira.[30]

Um exemplo de tabela de referência formalmente aprovada pelo Poder Executivo Federal é o Sistema Nacional de Pesquisa de Custos e Índices da Construção Civil – SINAPI, previsto no Decreto Federal nº 7.983/2013 e que contém as referências de preços para obras e serviços de Engenharia.[31]

Sítios eletrônicos especializados ou de domínio amplo que podem ser utilizados incluem, por exemplo, os sítios de comércio eletrônico de amplo reconhecimento. Alerta-se, contudo, que sítios de leilão e intermediação de vendas "são fontes honestas, mas não são idôneas para o fim de coleta de dados, porquanto trabalham com trocas e vendas, por

---

[29] JUSTEN, Filho, Marçal. *Comentários à lei de licitações e contratações administrativas*: Lei 14.133/2021. São Paulo: Thomson Reuters Brasil, 2021, p. 386.

[30] Sindicato das Indústrias da Construção Civil no Estado do Rio Grande do Sul – SINDUSCON-RS. Preços e custos da construção. 4 de janeiro de 2021. Disponível em: https://sinduscon-rs.com.br/wp-content/uploads/2021/01/Pre%C3%A7o-e-Custos-da-Constru%C3%A7%C3%A3o-4-JANEIRO-2021.pdf. Acesso em: 10 jan. 2022.

[31] Caixa Econômica Federal. Tudo sobre o SINAPI. Disponível em: https://www.caixa.gov.br/poder-publico/modernizacao-gestao/sinapi/Paginas/default.aspx. Acesso em: 10 jan. 2022.

particulares, de produtos usados", devendo ser evitados.[32] Além disso, a consulta a sítios de comércio eletrônico costuma ser adequada para balizar a estimativa de valor de pequenas contratações. Porém não para grandes contratações em que a economia de escala impacta o preço.

4.6 Pesquisa junto a fornecedores

O quarto parâmetro no art. 23, §1º, para a definição do valor estimado nos processos de aquisição de bens e contratação de serviços em geral é a *pesquisa direta com no mínimo 3 (três) fornecedores* (art. 23, §1º, IV).

Essa ferramenta não estava prevista na Lei Federal nº 8.666/1993. Mas sempre foi a mais utilizada pela Administração Pública, o que é um contrassenso, pois se trata de um parâmetro sabidamente falho, muitas vezes de difícil execução em razão do desinteresse dos fornecedores e que não raro possibilita superfaturamento.

A prática de efetuar a pesquisa de mercado mediante a obtenção de três orçamentos já foi chancelada na jurisprudência do TCU.[33] Porém o entendimento do Tribunal evoluiu, passando a reconhecer que "a estimativa que considere apenas cotação de preços junto a fornecedores pode apresentar preços superestimados, uma vez que as empresas não têm interesse em revelar, nessa fase, o real valor a que estão dispostas a realizar o negócio".[34] E, atualmente, a limitação da pesquisa de preços à consulta a fornecedores é desaconselhada pela literatura especializada e pelo Tribunal de Contas da União, que a admite apenas quando não for possível a utilização de métodos mais confiáveis.[35]

> A administração, pois, deve realizar pesquisa de mercado para orçar o valor estimado da futura contratação. A legislação não prescreve como deve ser realizado esse orçamento. Praticamente a Administração Pública nacional inteira costuma consultar três ou quatro pessoas que atuem no ramo do objeto a ser licitado, pedindo a eles que encaminhem orçamento informal. Daí a administração faz uma média dos orçamentos recebidos para apurar o valor estimado da contratação.

---

[32] CHAVES, Luiz Cláudio de Azevedo. *A atividade de planejamento e análise de mercado nas contratações governamentais*: a atividade de planejar e pesquisar preços de mercado nas licitações públicas e justificativa de preço nas contratações diretas da administração pública. Belo Horizonte: Fórum, 2021, p. 147.
[33] TCU. Plenário. Acórdão nº 627/1999. Rel.: Marcos Vinicios Vilaça. J. 15.9.1999.
[34] TCU. Plenário. Acórdão nº 299/2011. Rel. José Múcio Monteiro. J. 9.2.2011.
[35] TCU. Plenário. Acórdão nº 1.875/2021. Rel.: Raimundo Carreiro. J. 4.8.2021.

Insiste-se que o referido procedimento não está previsto em lei alguma. Trata-se de mero costume, que verdadeiramente é arraigado na Administração Pública nacional.

Entretanto, o fato é que o procedimento que a Administração Pública costuma levar a cabo para estimar os preços de seus contratos não é eficaz. Ocorre, com larga frequência, que as empresas previamente consultadas pela entidade administrativa apresentam a ela orçamento com preços excessivos, superiores aos preços praticados por elas, até mesmo porque pretendem participar da licitação e não se dispõem a externar antes do próprio certame o seu preço real e final. Assim sendo, a entidade administrativa acaba recebendo orçamentos superfaturados e, por consequência, superestima os valores dos seus futuros contratos.[36]

No entanto, apesar dessas críticas, o fato é que essa metodologia foi positivada pela Lei Federal nº 14.133, sem qualquer ressalva ou ordem de preferência, com quatro requisitos para a sua validade: (i) mínimo de três cotações; (ii) solicitação formal da cotação; (iii) justificativa da escolha dos fornecedores consultados; e (iv) os orçamentos obtidos com no máximo seis meses de antecedência da divulgação do edital.

Para esse parâmetro a lei não estabelece nenhum critério específico para o uso dos preços obtidos, de forma que poderá ser utilizada, justificadamente, a mediana, a média ou o menor preço obtido.

Quanto à justificativa da escolha dos fornecedores consultados, "Não basta uma justificativa qualquer, *é imperioso evidenciar que os atributos do sujeito consultado lhe dão confiabilidade e permitem se valer das informações obtidas*".[37] E, embora a Lei exija apenas um mínimo de três cotações, o Tribunal de Contas da União recomenda que a pesquisa deve ser a mais ampla possível e que eventuais limitações de mercado sejam expressamente justificadas.[38]

Por fim, a Lei exige que exista uma solicitação formal de cotação. Não é possível mais se valer, por exemplo, de pesquisa realizada por telefone e pessoalmente junto aos estabelecimentos, estratégia extremamente útil para compras de pequenos volumes e que era prevista, por exemplo, no art. 11, I, "b" e "e", da Portaria nº 444/2018 do Tribunal de Contas da União.

---

[36] NIEBHUR, Joel de Menezes. *Licitação pública e contrato administrativo*. 3. ed. Belo Horizonte: Fórum, 2013, p. 273-4.

[37] JUSTEN, Filho, Marçal. *Comentários à lei de licitações e contratações administrativas*: Lei 14.133/2021. São Paulo: Thomson Reuters Brasil, 2021, p. 387.

[38] TCU. 1ª Câmara. Acórdão nº 2.203/2005. Rel. Augusto Nardes. J. 27.9.2005.

4.7 Pesquisa na base nacional de notas fiscais eletrônicas

O acesso à base nacional de notas fiscais eletrônicas (art. 23, §1º, V) é uma das funcionalidades que deve ser disponibilizada pelo Portal Nacional de Contratações Públicas (PNCP), conforme determina o art. 174, §3º, da Lei Federal nº 14.133/2021.

Existem ainda poucas informações sobre a utilização prática dessa ferramenta e até a data em que o presente artigo foi redigido essa funcionalidade ainda não havia sido disponibilizada no PNCP. De qualquer forma, Marçal Justen mostra-se bastante cético em relação a ela, apontando que "[...] a sua implementação é problemática. Os dados constantes de notas fiscais eletrônicas usualmente não permitem identificar as características da contratação e de seus objetos".[39]

5 A estimativa do valor da contratação nos processos de contratação direta

A estimação da despesa nos processos de contratação direta também deverá ser feita de acordo com as regras estabelecidas no art. 23 (art. 72, II). Inclusive nos casos de dispensa de licitação para contratação emergencial (art. 75, §6º).

Não sendo possível a estimação de acordo com as regras do art. 23 – o que é relativamente comum nas hipóteses de inexigibilidade –, a Lei estabeleceu que cabe ao contratado comprovar que os preços estão de acordo com os praticados em contratações semelhantes. Essa comprovação deverá ser feita mediante apresentação de notas fiscais emitidas no prazo máximo de um ano ou outro meio idôneo.

6 O sigilo do valor estimado

O art. 24 da Lei Federal nº 14.133/2021 permite que o valor estimado seja mantido em sigilo. Esse sigilo não é aplicável aos órgãos de controle interno e externo, nem poderá ocorrer quando o critério de julgamento for o do maior desconto. Além disso, é necessariamente temporário, devendo ser levantado necessariamente após a conclusão da licitação (art. 18, §1º, VI).

---

[39] JUSTEN, Filho, Marçal. *Comentários à lei de licitações e contratações administrativas*: Lei 14.133/2021. São Paulo: Thomson Reuters Brasil, 2021, p. 387.

Trata-se de medida recomendada nas diretrizes para combater o conluio entre concorrentes em contratações públicas, da Organização para a Cooperação e Desenvolvimento Econômico – OCDE, nos seguintes termos: "Use um preço máximo somente quando ele for baseado em minuciosa pesquisa de mercado e os funcionários estejam convencidos de que ele é muito competitivo. Não publique o preço, mas o mantenha confidencial, em arquivo, ou o deposite junto a outra autoridade pública".[40]

Joel de Menezes Niebuhr entende que a decisão é discricionária da Administração, devendo ser justificada,[41] donde se inferiria que a regra é a da publicidade. Com visão diversa, Marçal Justen entende que, por força do disposto no art. 6º, XXII, "i", o sigilo é obrigatório para objetos comuns, licitados através de pregão. E deve ser avaliado fundamentadamente nos demais casos.[42]

A literatura especializada brasileira se divide quanto aos benefícios da imposição de sigilo. Reinaldo Couto e Álvaro do C. Capagio, por exemplo, entendem que, havendo número reduzido de licitantes, a divulgação do orçamento estimula a "hipertrofia de preços e às práticas antijurídicas de acordo, combinação, manipulação ou ajuste de preços entre licitantes".[43] E Luiz Alberto Blanchet defende que "a prática tem demonstrado que, quando não se dá publicidade ao orçamento, a variação dos preços é maior, tornando maior a competitividade e a vantagem para o interesse público".[44] Também vê como positiva essa possibilidade, Sidney Bittencourt.[45]

Já Luiz C. de A. Chaves defende que a publicidade do valor estimado só poderá induzir a uma distorção dos preços quando houver erro em sua apuração, o que não seria admissível: "Precifica-se com defeito e põe-se para debaixo do tapete esse erro, tornando sigiloso

---

[40] No original: "Use a maximum reserve price only if it is based on thorough market research and officials are convinced it is very competitive. Do not publish the reserve price, but keep it confidential in the file or deposit it with another public authority" (Organisation for Economic Co-operation and Development (OECD). GUIDELINES FOR FIGHTIN BID RIGGING IN PUBLIC PROCUREMENT. *Organisation for Economic Co-operation and Development*. Disponível em: https://www.oecd.org/competition/cartels/42851044.pdf. Acesso em: 10 jan. 2022).

[41] NIEBUHR, Joel de Menezes (coord.). *Nova lei de licitações e contratos administrativos*. 2. ed. Curitiba: Zênite, 2021, p. 90

[42] JUSTEN, Filho, Marçal. *Comentários à lei de licitações e contratações administrativas*: Lei 14.133/2021. São Paulo: Thomson Reuters Brasil, 2021, p. 396.

[43] COUTO, Reinaldo; CAPAGIO, Álvaro do C. *Nova lei de licitações e contratos administrativos*. São Paulo: Saraiva, 2021, p. 137.

[44] BLANCHET, Luiz Alberto. *Roteiro prático das licitações*. 6. ed. Curitiba: Juruá, 2003, p. 58.

[45] BITTENCOURT, Sidney. *Nova lei de licitações:* passo a passo. Belo Horizonte: Fórum, 2021, p. 259.

o orçamento estimado".⁴⁶ E Ivan Barbosa Rigolin afirma que "este artigo veicula, *prima facie*, uma péssima ideia: orçamentos secretos da administração. Retrocesso absoluto ante a excelente regra da proibição de segredo na licitação, afora a proposta do licitante até a sua abertura".⁴⁷

De qualquer forma, o TCU há muito tempo admite esse sigilo,⁴⁸ de forma que essa previsão legal não deve encontrar resistência nos órgãos de controle.

7 Considerações finais

Ao prestigiar enfaticamente o planejamento das licitações, a Lei Federal nº 14.133/2021 busca induzir um maior profissionalismo na gestão pública. No entanto, a lei padece de prolixidade e de uma técnica legislativa deficiente, descendo a detalhamentos típicos de atos infralegais.⁴⁹

Ao tratar do planejamento, numa opção legislativa de qualidade duvidosa, a Lei prevê um procedimento pormenorizado e intrincado para toda e qualquer contratação, independente do seu vulto ou complexidade. Exige, sem qualquer distinção, até mesmo para contratações simples e de pequeno valor, um procedimento burocrático, lento e caro, que provavelmente trará mais perdas do que ganhos para a Administração Pública. Nas palavras de Joel de Menezes Niebuhr: "as regras sobre a etapa preparatória prescritas na Lei nº 14.133/2021 condenam as licitações e os contratos brasileiros à burocracia exagerada e disfuncional, exigindo procedimentos muito pesados e amarrados para tudo [...]".⁵⁰

Melhor seria que também houvesse um *planejamento do planejamento*, avaliando-se o seu custo-benefício.⁵¹ Se não quanto à necessidade

---

⁴⁶ CHAVES, Luiz Cláudio de Azevedo. *A atividade de planejamento e análise de mercado nas contratações governamentais*: a atividade de planejar e pesquisar preços de mercado nas licitações públicas e justificativa de preço nas contratações diretas da administração pública. Belo Horizonte: Fórum, 2021, p. 131.

⁴⁷ RIGOLIN, Ivan Barbosa. *Lei nº 14.133/2021 comentada*: uma visão crítica. Belo Horizonte: Fórum, 2021, p. 121.

⁴⁸ Por exemplo: TCU. Plenário. Acórdão nº 2.080/2012. Rel.: José Jorge. J. 8.8.2012; e TCU. Plenário. Acórdão 114/2007. Rel. Benjamin Zymler. J. 7.2.2007.

⁴⁹ RIGOLIN, Ivan Barbosa. *Lei nº 14.133/2021 comentada*: uma visão crítica. Belo Horizonte: Fórum, 2021, p. 19.

⁵⁰ NIEBUHR, Joel de Menezes (coord.). *Nova lei de licitações e contratos administrativos*. 2. ed. Curitiba: Zênite, 2021, p. 82-3.

⁵¹ JUSTEN, Filho, Marçal. *Comentários à lei de licitações e contratações administrativas*: Lei 14.133/2021. São Paulo: Thomson Reuters Brasil, 2021, p. 333.

de sua elaboração formal, pelo menos em relação à complexidade a ser observada em cada caso.

No tocante à estimativa do valor da licitação, a possibilidade de as fontes de pesquisa serem utilizadas "de forma combinada ou não" acende uma preocupação. Não se pode esquecer que, independentemente da metodologia adotada, o *caput* do art. 23 estabelece que "o valor previamente estimado da contratação deverá ser compatível com os valores praticados pelo mercado" e que a estimação só será válida se atingir efetivamente esse objetivo. Por esse motivo, é altamente recomendável que a pesquisa de preços seja realizada da forma mais ampla possível, especialmente nas licitações de grande vulto ou com objetos complexos. E, independentemente das fontes de pesquisa utilizadas, "há que se estabelecer uma cesta de preços aceitáveis, que deve ser analisada de forma crítica, em especial quando houver grande variação entre os valores apresentados".[52]

Referências

BITTENCOURT, Sidney. *Nova lei de licitações:* passo a passo. Belo Horizonte: Fórum, 2021.

BLANCHET, Luiz Alberto. *Roteiro prático das licitações.* 6. ed. Curitiba: Juruá, 2003.

BRASIL. Advocacia-Geral da União. Parecer nº 12/2014/CPLC/DEPCONSU/PGF/AGU. Disponível em: https://www.gov.br/agu/pt-br/composicao/procuradoria-geral-federal-1/arquivos/PARECERN122014CPLCDEPCONSUPGFAGU.pdf. Acesso em: 12 jan. 2022.

BRASIL. Advocacia-Geral da União. Parecer nº 12/2014/CPLC/DEPCONSU/PGF/AGU. Disponível em: https://www.gov.br/agu/pt-br/composicao/procuradoria-geral-federal-1/arquivos/PARECERN122014CPLCDEPCONSUPGFAGU.pdf. Acesso em: 12 jan. 2022.

CAIXA ECONÔMICA FEDERAL. Tudo sobre o SINAPI. *Caixa Econômica Federal.* Disponível em: https://www.caixa.gov.br/poder-publico/modernizacao-gestao/sinapi/Paginas/default.aspx. Acesso em: 10 jan. 2022.

CATARINO, André. *Planejamento a pedra de toque da Nova Lei de Licitações.* Disponível em: https://lageportilhojardim.com.br/blog/planejamento-nova-lei-de-licitacoes/. Acesso em: 10 jan. 2022.

CHAVES, Luiz Cláudio de Azevedo. *A Atividade de Planejamento e Análise de Mercado nas Contratações Governamentais:* a Atividade de Planejar e Pesquisar Preços de Mercado nas Licitações Públicas e Justificativa de Preço nas Contratações Diretas da Administração Pública. Belo Horizonte: Fórum, 2021.

COUTO, Reinaldo; CAPAGIO, Álvaro do C. *Nova Lei de Licitações e Contratos Administrativos.* São Paulo: Saraiva, 2021.

---

[52] Tribunal de Contas do Estado do Paraná. Plenário. Acórdão nº 1.393/2019. Rel. Fábio de Souza Camargo. J. 22.5.2019.

JUSTEN, Filho, Marçal. *Comentários à lei de licitações e contratações administrativas*: Lei 14.133/2021. São Paulo: Thomson Reuters Brasil, 2021.

MADUREIRA, Cláudio. *Licitações, contratos e controle administrativo*: descrição sistemática da lei nº 14.133/2021 na perspectiva do modelo brasileiro de processo. Belo Horizonte: Fórum, 2021.

MINISTÉRIO DA SAÚDE. Acesso à informação. Banco de Preços em Saúde. Portal de Serviços do Governo Federal. Disponível em: https://www.gov.br/saude/pt-br/acesso-a-informacao/banco-de-precos#:~:text=O%20Banco%20de%20Pre%C3%A7os%20em,por%20institui%C3%A7%C3%B5es%20p%C3%BAblicas%20e%20privadas. Acesso em: 30 out. 2021.

NIEBHUR, Joel de Menezes. *Licitação pública e contrato administrativo*. 3. ed. Belo Horizonte: Fórum, 2013.

NIEBUHR, Joel de Menezes (coord.). *Nova Lei de licitações e contratos administrativos*. 2. ed. Curitiba: Zênite, 2021.

OLIVEIRA, Rafael Carvalho Rezende. *Nova Lei de Licitações e Contratos Administrativos*. 1. ed. Rio de Janeiro: Forense, 2021.

Organisation for Economic Co-operation and Development (OECD). GUIDELINES FOR FIGHTIN BID RIGGING IN PUBLIC PROCUREMENT. *Organisation for Economic Co-operation and Development*. Disponível em: https://www.oecd.org/competition/cartels/42851044.pdf. Acesso em: 10 jan. 2022.

PARANÁ (Estado). Paraná Edificações – PRED. Custos de Edificações. *Paraná Edificações — PRED*. Disponível em: http://www.paranaedificacoes.pr.gov.br/Pagina/Custos-de-Edificacoes. Acesso em: 30 out. 2021.

RIBEIRO, Amanda Gonçalves. Mediana. *Brasil Escola*. Disponível em: https://brasilescola.uol.com.br/matematica/mediana.htm. Acesso em: 1 nov. 2021.

RIGOLIN, Ivan Barbosa. *Lei nº 14.133/2021 comentada*: uma visão crítica. Belo Horizonte: Fórum, 2021.

SANTOS, José Anacleto Abduch. *Nova Lei de Licitações*: o princípio do planejamento. Disponível em: https://www.zenite.blog.br/nova-lei-de-licitacoes-o-principio-do-planejamento/. Acessado em: 10 jan. 2022.

Sindicato das Indústrias da Construção Civil no Estado do Rio Grande do Sul – SINDUSCON-RS. Preços e custos da construção. *SINDUSCON-RS*. 4 de janeiro de 2021. Disponível em: https://sinduscon-rs.com.br/wp-content/uploads/2021/01/Pre%C3%A7o-e-Custos-da-Constru%C3%A7%C3%A3o-4-JANEIRO-2021.pdf. Acesso em: 10 jan. 2022.

Informação bibliográfica deste texto, conforme a NBR 6023:2018 da Associação Brasileira de Normas Técnicas (ABNT):

KOLB NETO, Kunibert. Estimativa do valor das contratações na Lei nº 14.133: compras e serviços em geral. *In*: PRUDENTE, Juliana Pereira Diniz; MEDEIROS, Fábio Andrade; COSTA, Ivanildo Silva da. *Nova Lei de Licitações sob a ótica da Advocacia Pública*: reflexões temáticas. Belo Horizonte: Fórum, 2022. p. 139-157. ISBN 978-65-5518-381-8.

O MÉTODO SISTÊMICO ADOTADO PELO ESTADO DO PARANÁ PARA A CONSTRUÇÃO DO REGULAMENTO DA LEI Nº 14.133/2021

HAMILTON BONATTO

I Introdução

Esta é a cena: o primeiro personagem é um pescador, alto, imberbe, gentil por ser descendente dos índios Carijós,[1] parente dos Guaranis, tralhando uma tarrafa.[2] Ao seu lado, o segundo personagem, sentado numa estiva já sem uso, seu neto, ainda criança, com aproximadamente dez anos de idade. O avô era seu Alexandre Leocádio Santana[3] e seu neto

---

[1] "Carijó", *Carihó* ou melhor *Cariyoé* e que significa "descendentes dos brancos ou dos anciãos". Disponível em: www.antropowatch.com.br/relatorio_a_ufsc.html.

[2] Tarrafa é uma rede de pesca circunscrita por chumbadas, com a função de, uma vez arremessada à água, caçar os peixes que estiverem dentro da circunferência.

[3] Alexandre Leocádio Santana foi, de tanto salvar voluntariamente as pessoas ("banhistas") que se afogavam no mar, o primeiro "salva-vidas" da praia de Matinhos, Paraná, juntamente com outros. Mas, antes de tudo, foi pescador e agricultor. Nasceu em 17 de março de 1907

A tarrafa mudava de fieira em fieira, num crescente, enquanto tralhava. A agulha de tecer redes, que ele mesmo fizera de caxeta, corria em seus dedos habilidosos e teciam as malhas. Durante o trabalho assoviava algum fandango[4] e às vezes cantarolava:

> Que menina tão bonita
> Tão faceira no dançar
> Menina levanta o rosto
> Que eu quero te namorar...
> Os teus olhos *brilha* tanto
> Dando ai... la, ri lai, lai.

Outro:

> Coração entristecido
> Magoado e doente
> Para quem contas teus males
> A quem teus males não sente?
> Alecrim verde, cheiroso
> Não sejas enganador
> Todo amante que é firme
> Não engana seu amor.[5]

Era o mês de junho. Tempo de tainha e frio. Por isso a tarrafa crescia. Fio de algodão, fieira, roda e chumbadas formando o rufo por meio dos tentos. O menino passava horas e dias vendo o avô tralhar a tarrafa até que ficasse pronta.

Importante era a tarrafa, mas não bastava por si só. Era preciso avistar os cardumes. Por isso, na manhã seguinte, o avô acordava cedo

---

e faleceu em 15 de janeiro de 1993. Disponível em: http://culturadematinhos.blogspot.com/2012/09/nomes-de-rua-quem-foi-alexandre-lecadio.html. Acesso em: 10 fev. 2022.

[4] No litoral do *Paraná* e de *São Paulo*, o fandango é um gênero musical e coreográfico fortemente associado ao modo de vida da população *caiçara*. Sua prática sempre esteve vinculada à organização de trabalhos coletivos – mutirões, puxirões ou pixiruns – nos roçados, nas colheitas, nas puxadas de rede ou na construção de benfeitorias, onde o organizador oferecia, como pagamento aos ajudantes voluntários, um fandango, espécie de baile com comida farta. Para além dos mutirões, o fandango era a principal diversão e momento de socialização das comunidades caiçaras, estando presente em diversas festas religiosas, batizados, casamentos e, especialmente, no *carnaval*, quando os quatro dias de festa eram realizados ao som dos instrumentos do fandango. Disponível em: http://pt.wikipedia.org/wiki/Fandango. Acesso em: 5 fev. 2022.

[5] BONATTO, Jocelina Santana. *Gigi*: de volta ao passado. Curitiba: Venezuela, 2008.

para ficar de prontidão na pedra de espia, lugar de onde avistava possíveis mantos de tainha.

> Quando alguém gritou "tainha, tainha..." formou-se um grande furdunço na praia. Era gente correndo para todo lado. As crianças iam de casa em casa gritando: "olha o cerco... tainha, tainha". Era o arrastão.
> O grito que vinha lá da pedra mais alta era do "espia". De lá ele ficava para ver se o cardume de tainha estava chegando. Coisa de especialista. O espia via o cardume chegando através de uma mancha escura no mar. Todos tentavam ver, mas poucos conseguiam. E como ele, ninguém. Era um "farejador" de peixe.[6]

O menino era curioso. Aproveitava-se da paciência do avô e o enchia de perguntas.

– Do que precisa para pescar tainha com a tarrafa?

– Eu não sei bem o que precisa – disse o avô –, mas um bom vento sul batendo para as tainhas virem desovar por aqui faz bem; não sei o porquê, mas a água do mar deve estar mais quentinha; sempre aprendi, não sei de onde, que o dia tem que ser de frio; rebojo não é bom, o mar fica revolto e não é bom; o mar calmo favorece, alguém já me disse e é certo; sei também, quem me ensinou nem lembro, que as tainhas devem estar em época de desova. Têm que acontecer todas essas coisas e parece que, quando elas se combinam, dá tainha.

O avô dizia, mas não sabia bem explicar como que aprendeu a saber quando vem o manto de tainhas em corso. Sabia que enxergava o corso, mas, antes de disso, sentia o peixe e os movimentos do mar.

O velho índio Carijó fitava o céu e dizia, com olhar no infinito, que bonito mesmo era ver a tainha saltitante mostrando seu dorso prateado. "Isso todo mundo vê", dizia.

– E o que mais precisa? Só isso? Perguntou o menino.

O avô, com a paciência típica de um bom pescador, continua a conversa com o seu neto e responde:

– Eu não entendo bem a razão, mas sei que é preciso sentir o todo, o mar, o vento, o corso, o manto, o frio, o rebojo, o tempo. Sinto cada coisa dessas, e sinto tudo de uma vez. Sei que sempre é assim e, se assim for, sempre tem tainha. Tudo tem que acontecer em conjunto, como

---

[6] BONATTO, Hamilton. *Pedra de Espia*. Fragmento do conto que recebeu Menção Honrosa no Concurso Estadual de Contos e Poesias e Fotografias dos Servidores Públicos do Estado do Paraná. Programa "Servir com Arte" do Governo. Curitiba, 2009.

se um dependesse do outro. Mas lembre-se – disse como quem desse um conselho – "é preciso ainda uma boa tarrafa e um bom pescador".

Essa cena reflete a noção de sistema, ilustra o pensamento sistêmico, a interconexão das partes e a relação entre as diversas ações, demonstrando os padrões existentes.

Compreendemos, lançando e abrindo a tarrafa, que esse padrão se encontra em toda a rede de interconexão, inclusive quando se trata de diversos institutos previstos em determinada lei. É com este pensamento que desenvolvemos este estudo.

II O pensamento sistêmico

Fomos induzidos a pensar e nos imaginar como partes isoladas do todo. Fomos criados de forma que, como parte, fôssemos apenas parcela de uma simples somatória que levaria à totalidade. Essa herança nos foi deixada a partir do pensamento cartesiano e depois pela engenhosidade e genialidade de Newton e suas leis da física.[7]

Aprendemos muito bem a separar. (...) Nosso pensamento é disjuntivo e, além disso, redutor: buscamos a explicação de um todo através da constituição de suas partes. Queremos eliminar o problema da complexidade. Este é um obstáculo profundo, pois obedece à fixação a uma forma de pensamento que se impõe em nossa mente desde a infância, que se desenvolve na escola, na universidade, e se incrusta na especialização; e o mundo dos experts e dos especialistas maneja cada vez mais nossas sociedades.[8]

É necessário compreendermos as complexidades. Percebermo-nos como parte de um todo, interligados a todas as partes deste mesmo todo, formando uma rede que cria e recria um sistema. Por isso temos a necessidade de evoluir do pensamento único mecanicista, cartesiano e newtoniano, para um equilíbrio que inclua o pensamento ecológico, sistêmico. Essa evolução é uma ruptura drástica na forma única de ver o mundo e suas relações, é uma mudança paradigmática.

O desenvolvimento aceito pela sociedade atual está alicerçado no pensamento de René Descartes, um dos pensadores mais influentes da história da humanidade, principalmente devido ao seu "Discurso sobre

---

[7] BONATTO, Hamilton. *Critérios éticos para a Construção de Edifícios Públicos Sustentáveis.* Curitiba: Negócios Públicos, 2015.
[8] CAVA, Patrícia Pereira. Pensando em direção a uma "pedagogia da complexidade". *UniRevista*, v. 1, n. 2, 2006.

o Método para Bem Conduzir a Razão a Buscar a Verdade Através da Ciência", conhecido apenas como "Discurso sobre o Método".

O físico teórico e escritor Fritjof Capra, no seu conhecido "Ponto de Mutação", assim comenta sobre o "método":

> A divisão entre espírito e matéria levou à concepção do universo como um sistema mecânico que consiste em objetos separados, os quais, por sua vez, foram reduzidos a seus componentes materiais fundamentais cujas propriedades e interações, acredita-se, determinam completamente todos os fenômenos naturais. Essa concepção cartesiana da natureza foi, além disso, estendida aos organismos vivos, considerados máquinas constituídas de peças separadas. Veremos que tal concepção mecanicista do mundo ainda está na base da maioria de nossas ciências e continua a exercer uma enorme influência em muitos aspectos de nossa vida. Levou à bem conhecida fragmentação em nossas disciplinas acadêmicas e entidades governamentais e serviu como fundamento lógico para o tratamento do meio ambiente natural como se ele fosse formado de peças separadas a serem exploradas por diferentes grupos de interesses.[9]

Não quer com isso dizer o autor que o método de Descartes é inaplicável, mas fazer ver que possui limitações.

O pensamento cartesiano, sem visualizar o todo, a nosso ver, leva a uma visão fragmentada do mundo, incompatível com a visão ecológica.

Com Isaac Newton, o pensamento de Descartes apareceu como teoria científica, possibilitando descrever os movimentos das partículas através de funções matemáticas. Nada mais genial, porém não ao ponto de possibilitar que todos os fenômenos pudessem ser representados por funções lineares e não lineares, como se fosse possível estabelecer uma função da realidade.

O fato é que essas descobertas newtonianas marcaram nossas vidas, nossa maneira de pensar e agir. Isso determinou nossa concepção de mundo.

Em que pese que as leis de movimento de Newton fossem baseadas em coisas que pudessem ser vistas, foram e têm sido utilizadas para coisas que não podem ser vistas, sobre as quais também se aplicou o método de separar para poder compreender. E sabemos que as interconexões entre todas as coisas do cosmos não permitem o olhar isolado.

---

[9] CAPRA, Fritjof. *O Ponto de Mutação*. A ciência, a sociedade e a cultura emergente. São Paulo: Cultrix, 1982.

Nas palavras de Capra, "somos todos partes de uma teia inseparável de relações".[10] Por isso, não podemos agir hoje sem pensar no amanhã; não podemos agir aqui sem pensar no lá; não podemos agir pensando no um, sem pensar no outro. O mundo não é uma máquina que possamos tratar suas partes desconectadas das demais.

Como uma forma de trazer mais equilíbrio ao pensamento mecanicista-reducionista da chamada revolução científica, representada pelas ideias de Galileu Galilei, Nicolau Copérnico, René Descartes, Francis Bacon e Isaac Newton, dentre outros seus contemporâneos, surgiu o pensamento sistêmico.

O Pensamento Sistêmico é um quadro de referências conceitual, um conjunto de conhecimentos e ferramentas desenvolvido ao longo dos últimos cinquenta anos para esclarecer os padrões como um todo e ajudar-nos a ver como modificá-los efetivamente. Pensamento sistêmico é criar uma forma de analisar e uma linguagem para descrever e compreender as forças e inter-relações que modelam o comportamento dos sistemas.[11]

O mecanicismo já não consegue dar respostas para todas as questões como se queria imaginar, uma vez que não pondera o subjetivismo e não privilegia a interdisciplinaridade, isto é, não possibilita o envolvimento entre as diversas disciplinas e adota a mesma perspectiva metodológico-teórica, e não promove que os resultados sejam integrados na busca de soluções por meio da articulação entre as disciplinas; muito menos a transdisciplinaridade, que vai além, no sentido de acabar com as fronteiras entre as disciplinas, de tal forma que busque, inclusive, superar esse conceito.

Enquanto que os mecanicistas acreditam que a complexa soma das partes resulta na totalidade, de forma linear, o pensamento sistêmico enxerga a totalidade integrada, onde as partes interagem e são interdependentes. Num sistema a soma das partes individuais não o representa, mesmo que possamos individualizar estas partes. No sistema, cada parte se relaciona com o todo. Esse todo tem suas propriedades e, se as partes são tratadas isoladamente, as propriedades do todo desaparecem.

---

[10] CAPRA, Fritjof. *O Ponto de Mutação*. A ciência, a sociedade e a cultura emergente. São Paulo: Cultrix, 1982.
[11] SENGE, Peter. *A Quinta Disciplina*: arte e prática da organização que aprende. Tradução: Gabriel Zilde Neto e OP Traduções. 27. ed. Rio de Janeiro: BestSeller, 2011.

No paradigma sistêmico há uma interconexão entre as partes, onde os sistemas e subsistemas são interligados, formando uma totalidade, a qual é maior que a soma das partes.

Fritjof Capra inspira tais deduções:

> Na mudança do pensamento mecanicista para o pensamento sistêmico, a relação entre as partes e o todo foi invertida. A ciência cartesiana acreditava que em qualquer sistema complexo o comportamento do todo podia ser analisado em termos das propriedades de suas partes. A ciência sistêmica mostra que os sistemas vivos não podem ser compreendidos por meio da análise. As propriedades das partes não são propriedades intrínsecas, mas só podem ser entendidas dentro do contexto do todo maior. Desse modo, o pensamento sistêmico é pensamento "contextual"; e uma vez explicar coisas considerando o seu contexto significa explicá-la considerando o seu meio ambiente, também podemos dizer que todo pensamento sistêmico é pensamento ambientalista.[12]

Para o mesmo autor, aquilo que denominamos parte é apenas "um padrão numa teia inseparável de relações", e a mudança das partes para o todo também pode ser vista como uma mudança de objetos para relações, em que os próprios objetos são redes de relações.

Diz Capra que a metáfora do conhecimento como um edifício, onde a cada importante revolução científica havia a sensação de que os fundamentos da ciência estavam apoiados em terreno movediço, está sendo substituída pela metáfora de rede. O universo material é visto como uma teia dinâmica de eventos inter-relacionados. Nenhuma das propriedades de qualquer parte dessa teia é fundamental; todas resultam das propriedades das outras partes, e a consistência global de suas inter-relações determina a estrutura de toda a teia.[13]

Quando pensamos de forma sistêmica, não é o conhecimento dos objetos que nos importa, mas os padrões de relacionamentos entre as partes componentes do sistema; não é a quantidade que nos interessa, mas a qualidade, onde as propriedades são dependentes das relações, das formas e dos padrões, não se podendo mensurar e quantificar de tal forma que se criem padrões universais.

Quando optamos pelo pensamento sistêmico, contrapondo ao pensamento exclusivamente mecanicista, estamos deixando de lado a

---

[12] CAPRA, Fritjof. *A teia da vida*: uma nova compreensão científica dos sistemas vivos. São Paulo: Cultrix, 2006.
[13] CAPRA, Fritjof. *A teia da vida*: uma nova compreensão científica dos sistemas vivos. São Paulo: Cultrix, 2006.

metáfora mecânica e dando lugar à metáfora do organismo vivo, mesmo que, aparentemente, o cartesianismo nos ofereça mais facilidades:

> Aprendemos, desde muito cedo, a desmembrar os problemas, a fragmentar o mundo. Aparentemente, isso torna tarefas e assuntos complexos mais administráveis, mas, em troca, pagamos um preço oculto muito alto. Não conseguimos mais perceber as consequências das nossas ações; perdemos a noção intrínseca de conexão com o todo. Quando queremos divisar "o quadro geral", tentamos montar os fragmentos em nossa mente, listar e organizar todas as peças. Mas, como diz o físico David Bohm, a tarefa é inglória – é como tentar montar fragmentos de um espelho quebrado para enxergar um reflexo verdadeiro. Depois de algum tempo desistimos de ver o todo.[14]

Quando se trata da regulamentação de uma lei não é diferente. A fragmentação, em que pese facilitar o trabalho de elaboração, faz com que se perca a noção do todo e não se enxergem os padrões de relacionamentos entre as partes componentes do sistema jurídico e econômico.

Assim, a proposta consiste em que pensemos também a regulamentação de uma lei com diversos institutos a partir de sistemas interconectados, com padrões de relacionamentos entre as suas partes componentes, valorizando a qualidade, onde as propriedades são dependentes das relações, das formas e dos padrões.

III O conteúdo do regulamento

Antes de decidir o método a ser aplicado, é necessário verificar qual o conteúdo a ser regulamentado.

Buscamos, primeiramente, elencar os itens dos quais a lei exige explicitamente regulamentação. O quadro a seguir demonstra a complexidade da tarefa e a dificuldade que pode ser encontrada para que haja uma coerência entre todos os institutos presentes na novel legislação.

---

[14] SENGE, Peter. *A Quinta Disciplina*: arte e prática da organização que aprende. Tradução: Gabriel Zilde Neto e OP Traduções. 27. ed. Rio de Janeiro: BestSeller, 2011.

QUADRO 1
Dispositivos dos quais a lei prevê regulamentação

(continua)

DISPOSITIVO	TEMA	ENTE REGULAMENTADOR
Art. 1º, §2º	Contratações no exterior	União/Ministro
Art. 8º, §3º	Regras para atuação das funções essenciais	União, Estados, DF e Municípios
Art. 12, VII	Plano de Contratação Anual	União, Estados, DF e Municípios
Art. 19, I	Centralização de aquisição e contratação de bens e serviços	União, Estados, DF e Municípios
Art. 19, II e §1º	Catálogo eletrônico de padronização de compras, serviços e obras	União, Estados, DF e Municípios
Art. 19, III	Sistema informatizado de acompanhamento de obras	União, Estados, DF e Municípios
Art. 19, IV	Modelos de minutas de editais, de termos de referência, de contratos padronizados e de outros documentos	União, Estados, DF e Municípios
Art. 19, V e §3º	Adoção gradativa de tecnologias e processos integrados - modelos digitais de obras e serviços de engenharia - BIM	União, Estados, DF e Municípios
Art. 20, §§1º e 2º	Limites para o enquadramento dos bens de consumo nas categorias comum e luxo	União, Estados, DF e Municípios
Art. 23, §1º	Pesquisa de preços	União, Estados, DF e Municípios
Art. 23, §2º	Parâmetros para valor estimado de obras e serviços de engenharia	União, Estados, DF e Municípios
Art. 25, §4º	Implantação de Programa de Integridade - obras, serviços e fornecimentos de grande vulto	União, Estados, DF e Municípios
Art. 25, §9º	Exigência de percentual mínimo de mão de obra - mulheres vítimas de violência doméstica e oriundos ou egressos do sistema prisional.	União, Estados, DF e Municípios
Art. 26	Margem de preferência	União (I) e União, Estados, DF e Municípios (II)
Art. 31	Leilão	União, Estados, DF e Municípios

(continua)

DISPOSITIVO	TEMA	ENTE REGULAMENTADOR
Art. 34, §1º	Custos indiretos, relacionados com as despesas de manutenção, utilização, reposição, depreciação e impacto ambiental do objeto licitado	União, Estados, DF e Municípios
Art. 36	Desempenho pretérito	União, Estados, DF e Municípios
Art. 43	Soluções baseadas em softwares de uso disseminado	União, Estados, DF e Municípios
Art. 60	Ações de equidade entre homens e mulheres	União, Estados, DF e Municípios
Art. 61	Negociação	União, Estados, DF e Municípios
Art. 65	Habilitação por processo eletrônico de comunicação a distância	União, Estados, DF e Municípios
Art. 67, §3º	Qualificação técnico-profissional, exceto para obras e serviços de engenharia	União, Estados, DF e Municípios
Art. 67, §12	Atestados de responsabilidade técnica a sancionados	União, Estados, DF e Municípios
Art. 70	Documentação de empresas estrangeiras	União, Estados, DF e Municípios
Art. 75, §5º	Dispensa - produtos para pesquisa e desenvolvimento	União, Estados, DF e Municípios
Art. 76, §3º	Título de propriedade ou de direito real de uso de imóvel	União, Estados, DF e Municípios
Art. 78, I, parágrafo único	Credenciamento	União, Estados, DF e Municípios
Art. 78, II	Pré-qualificação	União, Estados, DF e Municípios
Art. 78, III, e art. 81	Procedimento para Manifestação de Interesse	União, Estados, DF e Municípios
Art. 78, IV; art. 82, §5º, II, §6º; art. 86	Sistema de Registro de Preços	União, Estados, DF e Municípios
Art. 78, V; art. 87, *caput* e §3º; art. 88, §§4º e 5º	Registro Cadastral	União, Estados, DF e Municípios
Art. 91, §3º	Forma eletrônica na celebração de contratos e de termos aditivos	União, Estados, DF e Municípios
Art. 92, XVIII	Modelo de gestão do contrato	União, Estados, DF e Municípios

(conclusão)

DISPOSITIVO	TEMA	ENTE REGULAMENTADOR
Art. 122, §2º	Subcontratação	União, Estados, DF e Municípios
Art. 137, §1º	Procedimentos e critérios para verificação da ocorrência dos motivos da extinção do contrato	União, Estados, DF e Municípios
Art. 140, §3º	Prazos e os métodos para a realização dos recebimentos provisório e definitivo	União, Estados, DF e Municípios
Art. 144, *caput* e §1º	Remuneração variável	União, Estados, DF e Municípios
Art. 156, §6º, II	Competência para aplicação de sanção	União, Estados, DF e Municípios
Art. 161, parágrafo único	Forma de cômputo e as consequências da soma de diversas sanções	União, Estados, DF e Municípios
Art. 169, §1º	Práticas contínuas e permanentes de gestão de riscos e de controle preventivo	União, Estados, DF e Municípios
Art. 174	Portal Nacional de Contratações Públicas	União
Art. 175, §1º	Sistema eletrônico fornecido por pessoa jurídica de direito privado	União, Estados, DF e Municípios
Art. 184	Aplicação da Lei aos convênios, acordos, ajustes e outros instrumentos congêneres	União, Estados, DF e Municípios

Fonte: BONATTO, Hamilton. *Habemos Legem*: é tempo de travessia. Disponível em: https://repositorio.ufsc.br/bitstream/handle/123456789/221852/11.%20Artigo%20 HABEMUS%20LEGEM%21%20%c3%89%20O%20TEMPO%20DA%20TRAVESSIA%20 de%20Hamilton%20Bonatto.pdf?sequence=1&isAllowed=y. Acesso em: 9 fev. 2022.

É perceptível, no entanto, que, mesmo não havendo previsão expressa na Lei nº 14.133/2021, há outras disposições a serem regulamentadas, a exemplo de: elementos mínimos necessários para a caracterização do anteprojeto e projetos de engenharia (conteúdos técnicos); modalidade concurso; atuação da assessoria jurídica; os papéis do gestor e do fiscal do contrato – detalhes; composição do Bônus e Despesas Indiretas – BDI; centrais de compras; micro e pequenas empresas; obras comuns e especiais; critérios de sustentabilidade para as contratações; elaboração de orçamentos de referência e formação dos preços das propostas e da celebração de aditivos, especialmente para obras e serviços de engenharia; reequilíbrio econômico-financeiro *lato sensu* – procedimentos; predominância de mão de obra; avaliação de desempenho; instrumento de medição de resultado; pós-ocupação; recursos; competência para autorização de processo de apuração e aplicação das diversas penalidades; meios alternativos de resolução de controvérsias; compras diretas por meio eletrônico; entre outros.

Ainda, após a consulta pública, por sugestão da sociedade,[15] foi verificada a necessidade de aplicar o regulamento, no que couber, às licitações na modalidade especial incluída no Capítulo VI pela Lei Complementar Federal nº 182/2021, isto é, para as contratações de soluções inovadoras, tendo em vista a evidente relação com o que trata a Lei nº 14.133/2022.

IV A edição do regulamento e as normas gerais

Já tivemos a oportunidade de comentar em outro artigo[16] o que expomos nos parágrafos seguintes.

Em que pese a distinção entre normas gerais (nacionais) e normas federais (âmbito da União), a Lei não se bastou em tratar das primeiras, ao contrário, detalhou e adentrou em matérias-alvo de normas específicas. Não há limites ao legislador, porém as previsões devem estar associadas aos órgãos e entidades da Administração Pública federal direta, fundacional e autárquica, e não aos demais entes federativos.

> (...) em matéria de licitações, a União poderá editar dois tipos de normas destinadas a disciplinar os aspectos administrativos desse instituto. De uma certa perspectiva, poderá editar normas legais que definam princípios e diretrizes básicas para o instituto da licitação em todo país (normas gerais). Serão, de acordo com a célebre conceituação introduzida por Geraldo Ataliba em nosso direito, verdadeiras normas "nacionais". De outro ângulo, poderá fixar normas legais de detalhamento, responsáveis apenas por proceder a meras especificações em relação à configuração e ao processamento das licitações (normas específicas). Nesse caso, estas últimas normas por não serem "gerais" no sentido jurídico próprio da expressão deverão ser recebidas como exclusivamente "federais", ou seja, como regras que se destinam a disciplinar unicamente as licitações

---

[15] A sugestão foi dada pelo Grupo de Pesquisa "Compras Públicas Inovadoras", devidamente inscrito no CNPq e desenvolvido no UNICURITIBA desde 2020, sob a liderança do Professor Dr. Luciano Elias Reis.

[16] BONATTO, Hamilton. *Habemos Legem*: é tempo de travessia. Disponível em: https://repositorio.ufsc.br/bitstream/handle/123456789/221852/11.%20Artigo%20HABEMUS%20LEGEM%21%20%c3%89%20O%20TEMPO%20DA%20TRAVESSIA%20de%20Hamilton%20Bonatto.pdf?sequence=1&isAllowed=y. Acesso em: 9 fev. 2022.

realizadas pela Administração Direta ou Indireta da União, e pelas demais pessoas que, por serem controladas direta ou indiretamente por esta, estão submetidas ao dever de licitar.[17]

A Lei nº 14.133/2021, o que é de fácil verificação, não é composta apenas de normas de caráter nacional, havendo grande quantidade de dispositivos nos seus abundantes 194 artigos que são apenas de âmbito de aplicação da Administração Pública federal direta, autárquica e fundacional. É necessário distinguir os dispositivos que são nacionais dos que são federais, as normas gerais das normas específicas, especialmente quando seja oportuno inovar essas últimas em função de uma realidade local ou regional.

> Neste aspecto, cumpre anotar a importância de estabelecimento de um critério definidor do alcance da normatização da União no tocante à licitação e aos contratos administrativos. Tal critério funda-se na distinção entre "normas gerais" e "normas específicas". Com efeito, quando a União estabelece uma "norma geral", tal diploma ostenta a condição de "lei nacional", aplicável em todo o território, devendo ser observada indistintamente por todos os entes federativos. Noutra via, ao criar "norma específica" sobre o assunto, tal lei terá âmbito federal, só atingindo a própria União.[18]

As normas gerais, conforme o inciso XXVII do art. 22 da Constituição da República,[19] são de competência privativa da União e têm importância na medida em que unificam, padronizam, modelam a disciplina das licitações e contratações públicas para todos os entes da Federação. A estes lhes compete emitir normas específicas, em razão da autonomia administrativa, limitadora da competência da União. Assim, se as normas gerais unificam, as específicas tendem a aproximar da realidade local.

---

[17] CARDOZO, José Eduardo Martins. Leis Estaduais e Municipais em matéria de Licitação. *Fórum de Contratação e Gestão Pública*, Belo Horizonte, ano 4, n. 39, mar. 2005.

[18] AMORIM, Victor Aguiar Jardim. *O que "sobra" para Estados e Municípios na competência de licitações e contratos?* Disponível em: https://www.conjur.com.br/2017-jan-22/sobra-estados-municipios-licitacoes-contratos. Acesso em: 9 fev. 2022.

[19] Art. 22. Compete privativamente à União legislar sobre: (...) XXVII - normas gerais de licitação e contratação, em todas as modalidades, para as administrações públicas diretas, autárquicas e fundacionais da União, Estados, Distrito Federal e Municípios, obedecido o disposto no art. 37, XXI, e para as empresas públicas e sociedades de economia mista, nos termos do art. 173, §1º, III.

Logo, os Estados, o Distrito Federal e os Municípios possuem competência para editar normas próprias, para disciplinar os aspectos que não se enquadram como norma geral, de modo a complementar a legislação nacional. Esses entes não estão submetidos às normas da União que não possuem caráter nacional.

Não tem sido consensuado quais os dispositivos da legislação brasileira tratam de licitações e contratos como normas gerais e, consequentemente, quais são as normas específicas. No entanto, não há dúvidas da impossibilidade dos Estados, Distrito Federal e Municípios criarem, por exemplo, modalidades licitatórias, novos critérios de julgamento, menores prazos mínimos para apresentação de propostas e lances. Podem, apenas supletivamente, legislar sobre regras específicas para complementar as normas gerais sem as contrariar.

Uma vez separadas as normas de cunho geral, daquelas de caráter específico, estas, mesmo que constem na Lei nº 14.133, de 2021, podem ser previstas de forma diferente da União pelos Estados, Distrito Federal e Municípios, desde que nos limites do disposto na Constituição da República. Este tema também se reveste de importância e merece debate quando da elaboração do regulamento.

No entanto, ao ser elaborado o regulamento do Estado do Paraná,[20] percebeu-se que, pelo menos neste momento, não haveria necessidade de editar uma lei específica do ente no sentido de prever procedimentos de forma diferenciada da prevista na Lei nº 14.133/2021, no sentido de inovar, como já fora realizado anteriormente na vigência da Lei nº 8.666/1993.[21]

Uma vez elencado o conteúdo a ser regulamentado e verificada a complexidade dos temas, optou-se pela adoção de um método sistêmico para a elaboração da minuta de decreto que iria regulamentar a Lei nº 14.133/2021 no âmbito da Administração Pública estadual, direta, autárquica e fundacional do Estado do Paraná, definindo-se, ainda, incluir a regulamentação da aquisição e incorporação de bens ao patrimônio público estadual, os procedimentos para intervenção estatal

---

[20] BRASIL. Estado do Paraná. Decreto Estadual nº 10.086/2022. Disponível em: https://www.legislacao.pr.gov.br/legislacao/pesquisarAto.do?action=exibir&codAto=259079&indice=1&totalRegistros=2&dt=9.1.2022.8.38.45.237. Acesso em: 9 fev. 2022.

[21] O Estado do Paraná editou a Lei Estadual nº 15.608/2007 que "Estabelece normas sobre licitações, contratos administrativos e convênios no âmbito dos Poderes do Estado do Paraná. Disponível em: https://www.legislacao.pr.gov.br/legislacao/pesquisarAto.do?action=exibir&codAto=5844&indice=1&totalRegistros=1&dt=9.1.2022.8.36.39.935. Acesso em: 9 fev. 2022.

na propriedade privada, pela evidente interconexão entre esses temas e os da lei a ser regulamentada.

V A regulamentação de lei pelo método sistêmico

Quando elaboramos um decreto para regulamentar a Lei que estabelece normas gerais de licitação e contratação para as Administrações Públicas diretas, autárquicas e fundacionais da União, dos Estados, do Distrito Federal e dos Municípios, além dos conceitos formatados historicamente e formadores de um sistema legal, precisamos conhecer qualitativamente as relações que abrangem tais conceitos, de tal modo que se estabeleçam padrões de forma a ordená-los dentro de um sistema maior. O conhecimento que temos do padrão implica o conhecimento que possuímos a respeito do sistema.

Assim como o padrão da vida é, segundo Capra, redes, nos sistemas sociais; aqui, na elaboração de um regulamento à Lei de Licitações e Contratos, os conceitos que levam ao resultado que buscamos também estão arranjados à maneira de rede. Se ao olharmos para a vida, estamos olhando para redes, também ao olharmos para o ordenamento jurídico, estamos olhando para redes e, ainda, se olharmos para o Direito, estamos olhando para redes.

Vale dizer que a noção de rede dá coerência das partes com o todo e conduz a uma tendência de evolução, pois as partes, interconectadas, se cooperam e se transformam, criando novas relações durante o processo, que nada mais é do que um processo de conhecimento, segundo Humberto Maturana e Francisco Varela, citados por Capra,[22] o processo da própria vida.

A continuar a analogia entre as redes da vida e as redes que interconectam os fatores relativos a um regulamento de determinada lei, verificamos que ambas são complexas e possuem propriedade não linear, se estendendo a todas as direções.[23]

O pensamento cartesiano tornou-se inadequado para visualizar a complexidade inerente a esses atos administrativos, tendo em vista que não leva em conta todas as suas conexões, todo o contexto, todas as inter-relações e todos os critérios que definem o padrão das estruturas pretendidas.

---

[22] SENGE, Peter. *A Quinta Disciplina*: arte e prática da organização que aprende. Tradução: Gabriel Zilde Neto e OP Traduções. 27. ed. Rio de Janeiro: BestSeller, 2011. p. 88.
[23] SENGE, Peter. *A Quinta Disciplina*: arte e prática da organização que aprende. Tradução: Gabriel Zilde Neto e OP Traduções. 27. ed. Rio de Janeiro: BestSeller, 2011. p. 78.

Passar do pensamento mecanicista, em que a ideia é a de função, e é prevalente a soma das partes, para o pensamento sistêmico, no qual a ideia é de organização, e são prevalentes as relações entre as partes, é uma necessidade.

Construir um regulamento a determinada lei implica compreender as conexões, e nos chama a partir de um novo paradigma metodológico, isto é, transmudar a forma de pensar, do pensamento mecanicista para o pensamento sistêmico.

Vemos que a construção de um regulamento da Lei de Licitações e Contratos não pode ter seus institutos desconectados uns dos outros. Há uma rede enorme a ser interconectada, a exemplo das modalidades, dos modos de disputa, dos critérios de aceitabilidade, dos regimes de empreitada, das formas de contratação, dos instrumentos auxiliares, da alocação de riscos, entre outros. Essa interconexão deve ser visualizada desde as primeiras fases do planejamento, inclusive do estudo técnico preliminar, até a entrega do objeto ou recebimento do serviço ou da obra, quando for o caso, bem como a pós-ocupação. Todos os institutos devem ser construídos de tal forma que um se comunique com o outro. A soma de todos os institutos previstos na Lei só pode ter como resultado um todo coeso se levar em conta as interconexões.

> Apesar da mudança das metáforas de vanguarda da ciência – que passaram de "máquina" para "rede" –, a visão de mundo mecanicista da modernidade ainda predomina entre juristas e profissionais do direito, líderes políticos e executivos. Só nas duas últimas décadas, por exemplo, os teóricos organizacionais começaram a aplicar o pensamento sistêmico à administração das instituições humanas...[24]

Faz-se necessário uma ambição intelectual para tratar os diversos institutos como um sistema interconectado, sem fugir da complexidade inerente dos sistemas complexos. É preciso resistir à lógica que já está impregnada em nossas mentes e que nos leva a fragmentar tudo para então compreendermos.

Assim como um inseto foge das teias, um peixe da tarrafa, também tendemos a fugir das interconexões, tendo em vista que elas nos prendem e negam toda metodologia de aprendizagem que possuímos desde sempre.

---

[24] CAPRA, Fritjof; MATTEI, Ugo. *A Revolução Ecojurídica:* o direito sistêmico em sintonia com a natureza e a comunidade. Tradução Jefferson Luiz Camargo. São Paulo: Cultrix, 2018.

Para nós tem sido mais fácil isolar as partes, fragmentar o sistema, e assim fazemos, mesmo que com isso não consigamos enxergar a propriedade do todo, maior que a soma das partes.

O pior é que estamos desistindo de ver o todo!

A interligação entre os seres humanos foi traduzida por John Done, inglês, poeta, pastor e advogado, 1572-1631, em Meditações VII, descrevendo o quanto é complexo os cosmos e suas interligações convergentes para o todo único:

> Nenhum homem é uma ilha, isolado em si mesmo; todos são parte do continente, uma parte de um todo. Se um torrão de terra for levado pelas águas até o mar, a Europa ficará diminuída, como se fosse um promontório, como se fosse o solar de teus amigos ou teu próprio; a morte de qualquer homem me diminui porque sou parte do gênero humano. E por isso não perguntes por quem os sinos dobram; eles dobram por ti.[25]

Não só os homens são interligados, mas tudo. Quando falamos de Direito, estamos falando de um sistema complexo ... uma teia normativa.

É como escolher o petrecho mais indicado para a nossa pesca: uma vara e um anzol ou uma tarrafa! A tarrafa é mais difícil de fazer e de manejar, mas abraça.

VI A opção metodológica do Estado do Paraná para a construção do regulamento da Lei nº 14.133/2021

No Estado do Paraná coube à Procuradoria-Geral do Estado elaborar a minuta do regulamento da Lei nº 14.133/2021.

A opção adotada foi a de regulamentação da lei por meio de apenas um ato normativo. Com isso, houve uma facilitação de aplicação do método sistêmico, uma vez que os diversos institutos a serem regulamentados seriam discutidos simultaneamente, verificando as implicações de uns sobre os outros, isto é, as inafastáveis interconexões. Com isso, não quer se concluir que não seja possível utilizar o método sistêmico quando a opção for expedir não um único ato normativo para a regulamentação da lei, mas vários.

Foram formados sete Grupos Especiais de Trabalho:[26]

---

[25] DONNE, John. *Meditações*. Edição bilíngue. São Paulo: Landmark, 2012.
[26] BRASIL. Procuradoria-Geral do Estado do Paraná. *Res. nº 055*, de 15 de abril de 2021. Disponível em: https://www.legislacao.pr.gov.br/legislacao/listarAtosAno.

a) GET-1 - Sistematização, Normas Gerais e Redação Final;
b) GET-2 - Aquisições de Bens e Contratação de Serviços em Geral;
c) GET-3 - Obras e Serviços de Engenharia;
d) GET-4 - Bens Públicos;
e) GET-5 - Tecnologia da Informação e de Comunicação;
f) GET-6 - Convênios, Acordos, Ajustes, Parcerias e Outros Instrumentos Congêneres;
g) GET-7 - Mecanismos Alternativos de Solução de Controvérsias.

O Grupo GET-1 se caracterizou como um Grupo Especial de Trabalho temático e sistemático, e os Grupos GET-2 ao GET-7 como Grupos Especiais de Trabalho temáticos.

Para interconectar os temas, coube ao GET-1[27] sistematizar os trabalhos dos demais grupos e elaborar a redação final do regulamento, bem como ficou incumbido de elaborar as normas gerais e as disposições finais do regulamento, tendo em vista que esses temas possuem interconexão com os demais. Ainda foi este grupo que exerceu o papel de coordenação geral, tendo as atribuições administrativas.

Cada um dos grupos teve a atribuição de elaborar o texto do respectivo tema do regulamento da Lei nº 14.133 e, para garantir a interligação entre os temas, um grupo poderia propor alterações nos tema dos demais grupos especiais de trabalho, e trabalhar e cooperação com os demais grupos especiais de trabalho.[28]

Depois de elaborada a versão com os textos de todos os Grupos de Trabalho, a Coordenação do GET-1 encaminhou a primeira versão,

---

do?action=exibir&codAto=246781&indice=5&totalRegistros=277&anoSpan=2022&anoSelecionado=2021&mesSelecionado=0&isPaginado=true. Acesso em: 8 fev. 2022.

[27] Art. 6º Compete ao GET-1:
a) sistematizar os trabalhos dos Grupos Especiais de Trabalho;
b) elaborar as normas gerais e as disposições finais relativas ao Regulamento da LLCA;
c) elaborar a redação final do Regulamento da LLCA;
d) exercer a orientação e a supervisão dos Grupos Especiais de Trabalho com o fim de uniformizar os procedimentos e garantir o cumprimento do cronograma das atividades;
e) complementar, quando couber, os textos dos demais Grupos Especiais de Trabalho;
f) estabelecer cronograma para as atividades relativas a esta Resolução;
g) submeter o texto sistematizado aos demais Grupos Especiais de Trabalho, na forma desta Resolução.

[28] Art. 8º Compete a cada um dos demais Grupos Especiais de Trabalho:
a) elaborar o texto do respectivo tema do Regulamento da LLCA, que lhe compete;
b) propor alterações nos textos dos temas dos demais Grupos Especiais de Trabalho;
c) trabalhar em cooperação com os demais Grupos Especiais de Trabalho;
d) cumprir os prazos previstos no cronograma relativo às atividades desta Resolução;
e) reunir-se periodicamente para as atividades inerentes a cada um dos Grupos Especiais de Trabalho.

em que os membros de todos os Grupos poderiam sugerir alterações, acréscimos e substituições em qualquer parte do referido texto.

Recebidas todas as contribuições, coube ao GET-1 sistematizar e elaborar o novo texto, agora com as alterações sugeridas pelos membros dos grupos.

Essa versão foi submetida à prévia consulta pública, mediante a disponibilização de seu texto a todos os cidadãos e entidades interessadas, que formularam mais de 500 (quinhentas) sugestões. Para isso, em que pese o prazo estabelecido na Resolução previsto ser não inferior a 15 (quinze) dias, foi dado o prazo de 30 (trinta) dias.

Uma vez recebidas as sugestões relativas à Consulta Pública, elas foram distribuídas aos Grupos Especiais de Trabalho de acordo com o tema abordado. Cada Grupo analisou e opinou pela aceitação ou não das sugestões que lhes foram apresentadas e encaminharam ao GET-1 para, de posse dos textos de todos os grupos, sistematizar e deliberar sobre o seu conteúdo e, concebendo o projeto integral da minuta de Regulamento, encaminhar a Redação Final ao Gabinete da Procuradoria-Geral do Estado, e, por sua vez, após análise de sua assessoria técnica e deliberação da Procuradora-Geral do Estado, encaminhar ao Governador para os procedimentos de estilo.

Como se observa, durante todo o procedimento buscou-se manter unidade integradora, realizada, principalmente, pelo GET-1, privilegiando a interdisciplinaridade, possibilitando o envolvimento entre os diversos institutos previstos na Lei nº 14.133/2021 e ousando praticar a transdisciplinaridade, excluindo as fronteiras entre os institutos. Prevaleceu a ideia da tarrafa, do sentido de rede e, mais que tudo, a intenção de que a somatória das partes não é suficiente para representar o todo, é preciso agregar a essa somatória a interconexão entre cada uma das partes, para que se concretize que cada uma das partes constitui uma teia inseparável de relações.

A ideia é que se percebesse que os institutos previstos na Lei nº 14.133/2021 são interdependentes. Mesmo que se possa individualizar estas partes, cada um dos institutos, cada um dos temas estudados e escritos pelos GETs, eles interagem.

VII Considerações finais

Quando se decidiu elaborar o regulamento do Estado do Paraná utilizando o método sistêmico, a ideia, que acreditamos ter se concretizado, foi a de garantir que cada uma das partes, cada um dos institutos previstos na lei e detalhados no regulamento tivesse a potencialidade de influenciar o todo, de tal forma que todas as partes interagissem e tendessem a afetar umas às outras. Portanto, o regulamento se consolidou de forma que os institutos se influenciam mutuamente formando um sistema harmônico. "Um sistema *é* um todo percebido cujos elementos mantêm-se juntos porque afetam continuamente uns aos outros, ao longo do tempo, e atuam para um propósito comum".[29] Tal afetação, além do Regulamento, deve se dar em relação a todo sistema normativo.

Frisamos que acreditamos que expedir um único ato normativo para a regulamentação da lei, tal qual fez o Estado do Paraná, não é uma forma exclusiva de regulamentar a Lei nº 14.133/2021 pelo método sistêmico. Não vemos óbices que, mesmo que se opte por elaborar diversos atos normativos em função dos institutos previstos na lei, seja possível adotar esse método. É uma questão de escolha.

Para finalizar, ousamos deixar um poema que compomos quando escrevemos outro trabalho[30] e que, assim entendemos, resume o que significa escrever, construir, elaborar o que quer que seja, com base no pensamento sistêmico, tal qual procurou-se construir o regulamento da Lei nº 14.133/2021, do Estado do Paraná.

> Tralhar as malhas,
> Unir os nós,
> Fieira a fieira, numa crescente
> Tralhar a vida
> Unir a gente
> Tudo é um só: espaço-tempo,
> Mar, continente.
>
> Tarrafa pronta, fio de algodão,
> Fieira, roda e chumbada
> Rufo pronto, tentos na mão.
> Terra interconectada
> Ética, critérios, vida sustentada
> Processo, padrão, estruturas
> A grande aventura entrelaçada.
>
> Lançar tarrafa.

---

[29] SENGE, Peter. *A Quinta Disciplina*: arte e prática da organização que aprende. Tradução: Gabriel Zilde Neto e OP Traduções. 27. ed. Rio de Janeiro: Bestseller, 2011.

[30] BONATTO, Hamilton. *Tarrafa. Critérios éticos para a Construção de Edifícios Públicos Sustentáveis.* Curitiba: Negócios Públicos, 2015.

Construir círculo, abraçar a água
Tainha, betara, robalo
Cidade, Terra, Galáxia
Com um só fio, tralha o sistema
Une os nós da vida,
Escreve o único poema.

Como se verifica, a ideia essencial é mudar a perspectiva das partes para o todo com ênfase na elaboração de um sistema normativo como um conjunto integrado, de tal forma seja compreendido como um todo, e não cada uma de suas partes isoladamente.

Referências

AMORIM, Victor Aguiar Jardim. O que "sobra" para Estados e Municípios na competência de licitações e contratos? Disponível em: https://www.conjur.com.br/2017-jan-22/sobra-estados-municipios-licitacoes-contratos.

BONATTO, Hamilton. *Habemus Legem*: é tempo de travessia. Disponível em: https://repositorio.ufsc.br/bitstream/handle/123456789/221852/11.%20Artigo%20HABEMUS%20LEGEM%21%20%c3%89%20O%20TEMPO%20DA%20TRAVESSIA%20de%20Hamilton%20Bonatto.pdf?sequence=1&isAllowed=y.

BONATTO, Hamilton. Pedra de Espia. Fragmento do conto que recebeu Menção Honrosa no Concurso Estadual de Contos e Poesias e Fotografias dos Servidores Públicos do Estado do Paraná. Programa "Servir com Arte" do Governo, Curitiba, 2009.

BONATTO, Hamilton. *Critérios éticos para a Construção de Edifícios Públicos Sustentáveis*. Curitiba: Negócios Públicos, 2015.

BONATTO, Hamilton. *Tarrafa*. Critérios éticos para a Construção de Edifícios Públicos Sustentáveis. Curitiba: Negócios Públicos, 2015.

BONATTO, Jocelina Santana. *Gigi*: De Volta ao Passado. Curitiba: Venezuela. 2008.

BRASIL. Estado do Paraná. Decreto Estadual nº 10.086/2022. Disponível em: https://www.legislacao.pr.gov.br/legislacao/pesquisarAto.do?action=exibir&codAto=259079&indice=1&totalRegistros=2&dt=9.1.2022.8.38.45.237.

BRASIL. Procuradoria-Geral do Estado do Paraná. *Res. nº 055*, de 15 de abril de 2021. Disponível em: https://www.legislacao.pr.gov.br/legislacao/listarAtosAno.do?action=exibir&codAto=246781&indice=5&totalRegistros=277&anoSpan=2022&anoSelecionado=2021&mesSelecionado=0&isPaginado=true. Acesso em: 8 fev. 2022.

CAPRA, Fritjof. *A teia da vida*: uma nova compreensão científica dos sistemas vivos. São Paulo: Cultrix, 2006.

CAPRA, Fritjof; MATTEI, Ugo. *A Revolução Ecojurídica*: o direito sistêmico em sintonia com a natureza e a comunidade. Tradução Jefferson Luiz Camargo. São Paulo: Cultrix, 2018.

CAPRA, Fritjof. *O Ponto de Mutação*. A ciência, a sociedade e a cultura emergente. São Paulo: Cultrix, 1982.

CARDOZO, José Eduardo Martins. Leis Estaduais e Municipais em matéria de Licitação. *Fórum de Contratação e Gestão Pública*, Belo Horizonte, ano 4, n. 39, mar. 2005.

CAVA, Patrícia Pereira. Pensando em direção a uma "pedagogia da complexidade". *UniRevista*, v. 1, n. 2, 2006.

DONNE, John. *Meditações*. Edição bilíngue. São Paulo: Landmark, 2012.

SENGE, Peter. *A Quinta Disciplina*: arte e prática da organização que aprende. Tradução: Gabriel Zilde Neto e OP Traduções. 27. ed. Rio de Janeiro: BestSeller, 2011.

Informação bibliográfica deste texto, conforme a NBR 6023:2018 da Associação Brasileira de Normas Técnicas (ABNT):

BONATTO, Hamilton. O método sistêmico adotado pelo Estado do Paraná para a construção do regulamento da Lei nº 14.133/2021. *In*: PRUDENTE, Juliana Pereira Diniz; MEDEIROS, Fábio Andrade; COSTA, Ivanildo Silva da. *Nova Lei de Licitações sob a ótica da Advocacia Pública*: reflexões temáticas. Belo Horizonte: Fórum, 2022. p. 159-180. ISBN 978-65-5518-381-8.

BREVES NOTAS SOBRE A PREVISÃO DOS MÉTODOS CONSENSUAIS DE RESOLUÇÃO DE CONFLITOS NA LEI Nº 14.133/2021 (ARTS. 151 A 154)

HELOYSA SIMONETTI TEIXEIRA

Introdução

O escopo do presente artigo é trazer algumas reflexões sobre a previsão na Lei nº 14.133/2021 do uso, nos contratos administrativos, de métodos consensuais de resolução de conflitos, o que demonstra a preocupação do legislador em oferecer caminhos alternativos de pacificação social e de acesso à justiça.

Nesse contexto, importa reiterar que a Constituição de 1988 apresenta uma ordem de normas voltadas a estabelecer nova relação entre cidadãos e Administração Pública, algumas de forma específica. É exemplo a previsão do princípio da eficiência, no *caput* do art. 37, que tem também por objetivo proporcionar respostas céleres e efetivas às demandas dos administrados, ou seja, direciona-se aos bons resultados da atuação da Administração. Com isso, entende-se que o progresso experimentado pelo Estado de Direito traz consigo a ideia de participação e de controle da Administração pela sociedade, cenário no qual a presença do cidadão é imprescindível e se fundamenta no efetivo exercício da cidadania, na forma preconizada no artigo 1º, inciso II, da Constituição brasileira.

Sob tal óptica, assiste-se à radical transformação, inclusive, do conceito de Administração Pública, que passa do modelo imperativo para ser compreendida como uma função do Estado a ser desempenhada, prioritariamente, em conjunto com a sociedade, desde o seu planejamento, depois a decisão, a execução e, por fim, o controle de suas atividades (MOREIRA NETO, 2016).

O consenso, nesse cenário, assume importante posição, haja vista o setor público, diante de sua gigantesca dimensão, ser um dos mais frequentes litigantes no Brasil, o que redunda na necessidade de adequação da postura da Administração em relação à racionalidade negocial pós-moderna, sempre em busca da concretização do interesse público. Importa frisar que essas mudanças devem se espraiar por todos os campos de atuação do Estado, não somente nas demandas judiciais. Necessário, pois, também, esse novo agir em processos internos.

Dentre os processos administrativos, podem-se realçar, para citar alguns, aqueles relativos às sanções impostas aos contratados, aos pagamentos devidos e não honrados e às questões relacionadas ao equilíbrio econômico-financeiro nos contratos administrativos decorrentes de reajuste ou de revisão, alterações do contrato, além de variadas situações vivenciadas cotidianamente pelos agentes nos órgãos e nas entidades públicas, que geram discordâncias entre o administrado e o ente público.

Nesse caminhar, a relevância do uso de mecanismos consensuais pela Administração Pública é insofismável, uma vez que as soluções acordadas têm o condão de mitigar as dificuldades, elevar ao máximo os ganhos, de modo a diminuir os incômodos para os envolvidos, e as ideias discutidas e ponderadas livremente entre as partes constituem-se meios mais adequados e proveitosos para o cumprimento das decisões. Trata-se do denominado "Estado Consensual", modelo segundo o qual o Estado, gradativamente, troca a posição imperialista pela negocial, o que possibilita eficiência em suas ações e, consectariamente, influencia a atividade privada (MOREIRA NETO, 2016).

Assevera Mendonça (2004) que o consenso entre a Administração e os cidadãos resulta da ideia de participação na função administrativa, razão por que deve ser vista como uma decisão administrativa. De fato, faz-se necessário que a Administração assuma a posição de priorizar a consensualidade e adotar medidas para concretizá-la na esfera administrativa, caso contrário estará a decidir unilateralmente ou a optar pela litigiosidade e seguir em frente na esfera judicial. Essa participação do cidadão faz com que o interessado na composição da controvérsia se torne o protagonista da solução que for apresentada, haja vista que serão ouvidas sua opinião e suas ideias e, assim, o fim do embate será obtido de modo satisfatório para as partes.

Como bem assinala Silva (1965), a evolução da vida em sociedade reflete inexoravelmente no Direito, levando-o a adaptar seus institutos à nova realidade para que não se transforme em instrumento retrógrado em vez de contribuir para o aperfeiçoamento da vida social, a exemplo das transformações verificadas na seara dos contratos, os quais, pela forma como integram a vida das pessoas, precisam progredir com a sociedade. Esse panorama de mudanças passa a alcançar as Constituições, pelo fato de ser ela o elemento legitimador e indissociável do poder do Estado constitucional, porque constitui o próprio Estado, e "[...] não se limita a organizá-lo, pressupondo-o como existente, mas constitui-o enquanto dimensão da comunidade", na exata medida em que sendo uma lei superior "limita o exercício dos poderes públicos em ordem a garantir a autonomia da sociedade" (MACHETE, 2007).

Nessa conjuntura sociocultural, surgiu o conceito do *constitucionalismo contemporâneo*, em que se garante mais longevidade à legitimidade convencional substantiva, representada pelos *direitos fundamentais* ligados ao homem, e, conjuntamente, "maior disponibilidade à legitimidade contratual formal, espelhada nos *direitos organizacionais*, próprios do Estado", de cuja junção surge "[...] uma visão pós-moderna da ordem jurídica, axiologicamente aberta, integrada e equilibrada", haja vista a submissão tanto à legitimidade quanto à legalidade, em vez de se submeter à legalidade hermética, estrita. Nesse momento, o Direito consegue reaver os valores em todas as fases de sua realização, desde a criação, parlamentar ou não, como na sua aplicação, privada, administrativa ou judicial, promovendo-se a nova hermenêutica, como ideia inovadora do Direito (MOREIRA NETO, 2008).

Em assim sendo, Moreira Neto disserta que é possível observar que, por meio dos métodos consensuais, pode nascer o Direito, eis que são figuras fundamentadas no Estado Democrático de Direito, em sua faceta substancial, a destacar os dois principais componentes da Constituição de 1988, quais sejam, *as pessoas*, que integram o conceito de sociedade, e os órgãos do poder político, que fazem parte do significado complexo de Estado.

Isto posto, os métodos consensuais, enfim, inserem-se no acesso à justiça, a ser assegurado a todas as camadas da população, preconizado na Constituição brasileira, por ser uma das características da democracia à qual deve ser acrescida como dimensão social ao Estado de Direito (CURY, 2018). A adoção de tais mecanismos tem sido fortemente defendida como o caminho de se evitar a judicialização, em especial quando se cuida de políticas públicas, que tem ocasionado episódios de ativismo judicial, que enfraquece a discricionariedade administrativa para eleger as prioridades, além de desrespeitar a harmonia e a independência dos Poderes e provocar a politização da Justiça (MENDES, 2018).

No campo dos conflitos dos contratos administrativos, a solução pode ser alcançada pelas partes envolvidas, sobretudo nas questões que envolvem aspectos técnicos atinentes ao caso concreto em discussão. Não raras vezes, nessas situações, algumas demandas se arrastam por longos anos sem resposta adequada, seja no âmbito administrativo, seja no judicial. Por intermédio de resoluções consensuais, pode-se assegurar celeridade e efetividade às decisões, evitando-se prejuízos aos cofres públicos e ao particular, quer dizer, tem-se o desfecho esperado pelo cidadão.

A participação da sociedade está conectada com o que se tem apregoado sobre os novos contornos da teoria dos contratos administrativos, que deve considerar o uso do elemento consensual como um caminho para propiciar a pacificação social, visto que o ajuizamento de demandas, conforme tem sido amplamente discutido, não se tem mostrado eficiente, com o perigo de colapso do Poder Judiciário frente aos desafios que lhes são levados a resolver.

Alie-se a desconfiança dos cidadãos no Estado, seja pela ineficiência da máquina administrativa, seja pelas constantes descobertas de atos ilícitos praticados pelos agentes públicos em prejuízo dos interesses da coletividade. Essa tendência pela consensualidade se faz perceber não apenas teoricamente, como também na atuação dos órgãos e na legislação que privilegia as formas de resoluções negociais de conflitos, conquanto seja um movimento gradativo, observando-se que essa mudança de paradigmas no campo do Direito Administrativo pode levar um tempo mais longo para se consolidar.

Essa posição dialogal, não adversarial, na Administração, é importante, pois conduz a uma atuação cooperativa e se expressa por meio de contratos ou acordos como "recurso de gestão" com base na negociação, estabelecida entre os órgãos e entre estes e os administrados (CENTENO, 2018). Todavia, Centeno registra a existência de posições contrárias à utilização de métodos consensuais pela Administração Pública, entre outras razões, por temor de que sejam utilizados para fins ilícitos ou na formação de conluio para favorecimentos indevidos de particulares, além de que, para alguns, esses instrumentos seriam incompatíveis com os princípios da supremacia e o da indisponibilidade do interesse público, pilares do regime jurídico administrativo.

Em sentido contrário às críticas propaladas pelos que temem a utilização desses métodos, defende-se que se trata de entendimento equivocado, visto que se as negociações travadas entre os particulares e a Administração Pública respeitam a razoabilidade e a probidade administrativa, consectário natural é que não ofendam os princípios da supremacia e da indisponibilidade do interesse público, possibilitando a consecução de negociações ou transações que tragam benefícios para ambas as partes (CENTENO, 2018).

Assim também anotam Pozzo e Fecuri (2018), que sustentam a necessidade de se ter uma compreensão mais adequada da realidade que se vive, com o fim de se conferir melhor interpretação ao Direito, de forma a atender às alterações sociais, mas, à obviedade, não sem obediência à legalidade. No entanto, o que se deixa claro é que várias mudanças se têm operado, como exemplo a transação na esfera penal, em que se balanceia o direito fundamental da liberdade, em troca de sanções mais brandas.

Enfatiza tal posicionamento Manganaro (2000), ao apontar que, na realidade constitucional, a busca pelo consenso dos cidadãos é um meio de se demonstrar a legitimidade substancial nas decisões administrativas, do que resulta ser a Administração consensual o corolário dessa sua legitimação não mais na lei, mas, sim, na real satisfação das necessidades da sociedade, reservando-se as decisões unilaterais e autoritárias para as situações em que seja imprescindível superar obstáculos existentes para a realização de um resultado no qual a função administrativa é apenas instrumental.

A inserção benéfica da consensualidade é, assim, induvidosa entre os meios de concretização da democracia participativa, na medida em que se valoriza a presença do cidadão nas decisões administrativas. A partir dessas premissas, passa-se aos breves comentários aos artigos da Lei nº 14.133/2021, que preveem o uso dos métodos consensuais de resolução de conflitos nos contratos administrativos.

Dos meios alternativos de resolução de conflitos (art. 151)

Não obstante a existência dos mecanismos de resolução consensual de conflitos na legislação brasileira para o uso de mediação, conciliação e arbitragem, a nova lei de licitações e contratos administrativos prevê expressamente a possibilidade de sua utilização nos contratos celebrados por ente público. Dessa feita, os interessados poderão compor os conflitos sem a presença do Poder Judiciário. E cada tipo de conflito poderá ser solucionado por meio de um desses métodos extrajudiciais de resolução de controvérsias. Pode-se dizer que a nova lei abraçou expressamente o sistema multiportas, já preconizado no Código de Processo Civil/2015.

A bem da verdade, mesmo antes da regulamentação específica desses instrumentos, nos idos da década de 70, o Supremo Tribunal Federal decidiu que a União poderia ser parte em processo arbitral, ao julgar o conhecido "Caso Lage", cuja discussão volvia a desapropriação de imóveis promovida pela União. Levado à apreciação do Plenário do Supremo Tribunal Federal – STF,[1] a decisão ali proferida representou respeitável precedente para se reconhecer a participação da União em arbitragem, do que se extrai o seguinte excerto: "[...] a legalidade do Juízo Arbitral, que o nosso Direito sempre admitiu e consagrou, até mesmo nas causas contra a Fazenda".

Esse caminhar, de modo geral, já vem sendo trilhado em várias searas da esfera pública. Por exemplo, vale citar, embora não trate de matéria relacionada a contratos administrativos, no tocante à prestação dos serviços judiciais, que a Política Judiciária Nacional do Conselho Nacional de Justiça firmou-se por intermédio da edição da Resolução nº 125, de 29 de novembro de 2010, essencial para incentivar a utilização da mediação e da conciliação na esfera judicial, conquanto já existisse previsão de conciliação no âmbito do processo civil e da semana nacional de conciliação.

No entanto, não se via a efervescência que se tem atualmente, para sedimentar a cultura da consensualização. Posteriormente à edição da citada resolução, releva anotar a promulgação do Código de Processo Civil, Lei nº 13.105, de 16 de março de 2015, que incluiu esses mecanismos no Direito Processual, e a Lei nº 13.140, de 26 de junho de 2015, conhecida como Lei da Mediação, que dispõe sobre mediação entre particulares como meio de solução de controvérsias e sobre a autocomposição de conflitos no âmbito da Administração Pública.

Tal proceder segue a linha do disposto na legislação sobre a arbitragem, disposta na Lei nº 9.307/1996, alterada pela Lei nº 13.129, de

---

[1] BRASIL. Supremo Tribunal Federal. *AI 52.181/GB* Relator Min. Bilac Pinto. *DJ.* 15 fev. 1974. Reconhecido como um dos marcos para possibilitar o uso da arbitragem na esfera da Administração Pública, que versou sobre desapropriação, promovida pela União, de bens de propriedade da pessoa jurídica "Organização Lage", à época de declaração de estado de guerra, em 1942.

26 de maio de 2015, cujo art. 1º, parágrafo 1º, autorizou expressamente o uso da arbitragem pela Administração Pública direta e indireta para dirimir conflitos relativos a direitos patrimoniais disponíveis.

Por sua vez, no que diz respeito a contratos administrativos, é importante ainda mencionar que outras leis, como a Lei nº 8.987/1995, de concessões e permissões de serviços públicos, a Lei nº 11.079/2004, das parcerias público-privadas, a Lei nº 12.462/2012, que regulamenta o regime diferenciado de contratações públicas (RDC), e a Lei nº 13.303/2016, chamada de Lei das Estatais, já permitiam expressamente o uso desses mecanismos de resolução consensual de conflitos.

Outra legislação que também trazia a possibilidade de arbitragem, antes da regulamentação geral, é a chamada Lei dos Portos, Lei nº 12.815, de 5 de junho de 2013, regulamentada pelo Decreto nº 8.465, de 8 de junho de 2015, que estabeleceu requisitos específicos para a arbitragem no setor portuário que envolva a União ou as entidades da Administração Pública federal indireta e as concessionárias, arrendatárias, autorizatárias ou os operadores portuários em questões relacionadas ao inadimplemento no recolhimento de tarifas portuárias ou outras obrigações financeiras perante a administração do porto e a Agência Nacional de Transporte Aquaviário (ANTAQ), na forma prevista no art. 1º.

Por sua vez, o setor de energia elétrica também, por intermédio da Resolução ANEEL nº 109, de 26 de outubro de 2004, que criou a Convenção de Comercialização de Energia Elétrica e estabeleceu a forma de funcionamento da Câmara de Comercialização de Energia Elétrica (CCEE), possibilitou a arbitragem para resolução de demandas no setor de energia elétrica. No anexo à referida Resolução, a definição de Câmara de Arbitragem é de que se trata de, *in verbis*, "entidade externa eleita pelos Agentes da CCEE destinada a estruturar, organizar e administrar processo alternativo de solução de Conflitos, que, no exercício estrito dos direitos disponíveis, deverá dirimir Conflitos por meio de arbitragem, nos termos desta Convenção e do Estatuto da CCEE". O art. 16, inciso V, do Regulamento prevê que, dentre os direitos dos agentes da CCEE, está o de, *in verbis*, "submeter eventuais conflitos ao Conselho de Administração da CCEE, sem prejuízo de sua submissão a processo de arbitragem".

Instrumentos previstos e características

O *caput* do art. 151 enumera, de forma exemplificativa, alguns dos meios de que pode a Administração Pública lançar mão para solucionar extrajudicialmente as controvérsias: conciliação, mediação, comitê de resolução de disputas (*dispute board*) e a arbitragem. Portanto, outros mecanismos poderão ser adotados, de acordo com o tipo de conflito contratual, conforme a natureza da controvérsia, a exemplo de: terceiro neutro, adjudicação, juiz de aluguel, dentre outros.

A condição essencial para ser objeto de solução consensual é que sejam conflitos relativos a direitos patrimoniais disponíveis, como está claramente descrito. No campo da arbitragem, tal condição é denominada de arbitrabilidade objetiva. Dentre as matérias que podem ser resolvidas pelo uso desses mecanismos consensuais estão as questões relacionadas ao restabelecimento do equilíbrio econômico-financeiro do contrato, ao inadimplemento de obrigações contratuais por qualquer das partes e ao cálculo de indenizações. Assuntos esses de cunho econômico e, portanto, disponíveis.

Conciliação e mediação

O ponto de contato entre os dois institutos – conciliação e mediação – é que ambas as técnicas são de solução consensual e não adversarial, como sucede nas lides instauradas no âmbito do Poder Judiciário. Nesse sentido, a solução da demanda é arquitetada pelas partes e, não, por um terceiro. Apesar da interveniência de terceiro no papel de construir a solução, os dois meios de solução de controvérsias não se confundem, apenas se aproximam.

O Código de Processo Civil prevê no artigo 165, parágrafos 2º e 3º, que na conciliação o terceiro deve se manter imparcial e contribuir para o bom desfecho do conflito. Tem uma interferência efetiva, mais ativa e pode colaborar com possíveis soluções capazes de auxiliar as partes a pôr fim ao conflito, por meio de concessões recíprocas que atendam a seus interesses.

A mediação, na conceituação de Sales (2010), é entendida como um dos mecanismos de solução de conflitos (boa administração do conflito) que tem como premissa o diálogo inclusivo e cooperativo entre as pessoas e a participação de um terceiro imparcial – o mediador –, que, com a capacitação adequada, facilita a comunicação entre as partes sem propor ou sugerir, possibilitando a construção de uma solução satisfatória por elas próprias. Na mediação, buscam-se as convergências capazes de minorar as divergências e facilitar a comunicação entre os interessados na resolução da demanda (SALES, 2010).

Dispute Board

Um ponto relevante a ser mencionado é a previsão legal do *Dispute Board (DB)*, ou comitê de resolução de disputas, muito utilizado em contratos de infraestrutura. Esse tipo de painel, também assim denominado de DB, tem natureza preventiva, é ágil, flexível, consensual e pragmático, na medida em que é formado por técnicos especializados (em geral, dois engenheiros e um advogado), que acompanham a execução do contrato (GARCIA, 2020). Os integrantes desses comitês atuam com independência, imparcialidade e proatividade, de modo que se espera a realização de visitas periódicas, revisão da documentação da obra, com acompanhamento da execução, desde o início do contrato (GARCIA, 2020).

O *dispute board* pode assumir três modalidades, mais aceitas, pois podem existir outras, quais sejam: a) *Dispute Review Boards* – DRB, na qual o comitê pode fazer recomendação, eis que assume somente função consultiva, respondendo a consultas informais e emitindo recomendações, que são recorríveis; b) *Dispute Adjudication Boards* – DAB, em que o comitê pode tomar decisões vinculantes; e c) *Combined Dispute Boards* – CDB, em que o comitê assume as duas funções (WALD, 2005). Entrementes, as partes possuem poderes para formatá-lo como desejarem, permitida a criação de regras específicas que contribuem para resolver as controvérsias surgidas no desenvolver da execução do ajuste contratual ou adotar procedimentos de entidades privadas (CABRAL, 2018).

Quanto às diferenças entre as modalidades, na DRB as partes não estão vinculadas à recomendação e, assim, não se obrigam a cumpri-la, mas podem se insurgir contra a orientação, com a discordância bem fundamentada. No entanto, passado determinado prazo, previamente estipulado, sem manifestação das partes, a recomendação passa a ser vinculante; na DAB, a mais utilizada no âmbito internacional, a prolação de uma decisão tem caráter vinculativo, o que não impede de ser contestada perante o Poder Judiciário ou na arbitragem; por fim, na CDB, a decisão pode gerar efeito vinculativo se houver solicitação de uma das partes e se o pedido não sofrer contestação.

Aspecto importante é o que diz respeito à constituição dos comitês, pois a qualquer momento podem ser instituídos, desde a celebração até o cumprimento total do contrato, denominado pela doutrina de *Standing Dispute Board*. E, ainda, o comitê pode ser constituído para resolver um conflito específico que venha a surgir durante a execução, por meio do *Dispute Board Ad Hoc*, composto com a quantidade de integrantes que as partes entenderem apropriada, desde uma pessoa (*Dispute Review Expert*) ou mais, até por questão de custos (CABRAL, 2018).

Vale registrar que as vantagens da escolha dos DBs têm sido reconhecidas por várias razões. Primeiro porque a diminuição de custos, uma vez que evita as paralisações comumente verificadas quando utilizadas outras formas de resolução, interessa às duas partes do contrato, sobretudo à Administração Pública, que precisa realizar as obras no mais curto espaço de tempo possível (PEREIRA, 2019). Segundo, representa mais eficiência na gestão dos contratos, pois alguns conflitos podem ser evitados quando a instituição do DB ocorre no momento da celebração do contrato, além de propiciar que os integrantes do comitê possam ter profundo conhecimento da relação entre as partes, o que gera recomendações ou decisões mais seguras e mais céleres.

Os membros que integram o comitê ficam familiarizados com as plantas, os orçamentos, o diário de obras, as fotografias, os relatórios e com tudo o que diga respeito à obra, com o acompanhamento do andamento da execução, o que facilita a relação com os contratantes. A dinâmica que se imprime ao *dispute boards* compostos por profissionais qualificados e imparciais constitui sua característica marcante e possibilita a solução do impasse antes de ocorrer o litígio. Assim, o comitê pode ser considerado um "mecanismo de gestão contratual preventivo e viabilizador de uma atuação *ex ante* do próprio conflito, dotado de uma racionalidade procedimental extremamente pragmática" (GARCIA, 2016, p. 7).

Esse instrumento também facilita a comunicação e a cooperação entre as partes, inibindo as iniciativas de recorrer ao Poder Judiciário sem argumentação jurídica consistente. Por fim, considerando que no DB os especialistas detêm profundo conhecimento técnico sobre a matéria, as decisões proferidas trazem eficiência e as controvérsias são resolvidas mais rapidamente. Além de todas as vantagens, os custos com o comitê são repartidos entre as partes, o que o torna mais vantajoso do que a arbitragem, nesse ponto (CABRAL, 2018).

Adite-se que, quando o *dispute board* não consegue pôr fim ao conflito, auxilia para o deslinde da controvérsia, uma vez que a matéria levada ao Poder Judiciário ou à arbitragem já terá passado por uma análise aprofundada tecnicamente, emitida ao tempo da ocorrência do conflito, o que facilita sobremaneira a decisão final a ser exarada pelo juiz ou pelo árbitro (GARCIA, 2016).

No Brasil, esse mecanismo já constou de contratos financiados com recursos do Banco Mundial, como os referentes à construção da Linha Amarela do Metrô de São Paulo, em 2003, e depois o contrato de parceria público-privada para a construção do Complexo Criminal Ribeirão das Neves, em Belo Horizonte, Minas Gerais. Os contratos para construção ou reforma de estádios para a Copa do Mundo de 2014 também contemplaram cláusula de *dispute boards* e passaram a ser previstos em outros instrumentos contratuais, como na parceria público-privada da Rodovia MG-050; na parceria público-privada da Arena Fonte Nova, em Salvador; na parceria público-privada da Arena das Dunas, em Natal; no Aeroporto de São Gonçalo do Amarante, em Pernambuco; e nos contratos para a construção do trecho Norte do Rodoanel de São Paulo (RIBEIRO; RODRIGUES, 2015), para citar alguns.

Arbitragem

O art. 152 dispõe acerca da arbitragem, que somente poderá ser de direito e observará o princípio da publicidade. Na lição de Carmona (1998), esse instituto pode ser conceituado como um instrumento privado de solução de litígios no qual há a intervenção de uma ou mais pessoas com poderes oriundos de convenção particular. A arbitragem pode ser entendida, portanto, como uma das formas alternativas de solução de conflitos, de acordo com a lei, para solucionar os impasses identificados nos contratos, fazendo-se necessária a nomeação de árbitros, pelas partes, sempre em número ímpar.

Os árbitros devem ser imparciais e independentes, em outros dizeres, não podem ter qualquer comprometimento com quaisquer dos contratantes, nem interesse no resultado da demanda (LEMES, 2017). A decisão arbitral é vinculante e não pode ser revista pelo Poder Judiciário, à exceção da existência de vício que pode gerar nulidade, situação em que o juiz declarará a nulidade da sentença arbitral.

O contrato deve conter cláusula compromissória ou, em não acordada previamente, a lei prevê a celebração de compromisso arbitral. Em uma ou noutra hipótese, as partes se obrigam a instaurar o procedimento arbitral, sob pena de, em havendo resistência quanto à sua instituição, a parte prejudicada recorrer ao Poder Judiciário para requerer a citação da outra para lavratura do compromisso. Nessa hipótese, a sentença que julgar procedente o pedido valerá como compromisso arbitral.

A tendência no uso da arbitragem, genericamente, tem sido atribuída à demora e ao despreparo do Estado no julgamento de determinados conflitos, o que provocou a transferência das demandas do Poder Judiciário para os, assim denominados, tribunais arbitrais, que se sedimentaram com a edição da Lei nº 9.307/1996, denominada de Lei da Arbitragem Brasileira (MARINONI *et al.*, 2019).

Arbitragem de direito

A Lei nº 9.307/1996, no art. 2º, prevê duas formas de resolução de conflitos por arbitragem, de direito ou de equidade, mediante a opção das partes. Quando for parte a Administração Pública, a arbitragem somente poderá ser de direito, previsão do parágrafo 3º do art. 2º da referida Lei. O dispositivo legal se coaduna com o princípio da legalidade, em subserviência ao art. 37 da CF/88, haja vista na arbitragem de equidade ser possível às partes negociarem critérios alternativos, que não se respaldem em lei.

A opção do legislador na Lei nº 14.133/2021 segue o já previsto na lei nacional de arbitragem, no sentido de se admitir apenas a modalidade "de direito" para as demandas que envolvam ente público.

Para esclarecer a diferença entre as duas modalidades de arbitragem, esclarece Oliveira (2017) que a equidade é aplicável aos métodos heterocompositivos de resolução de controvérsias, de modo a permitir que terceiro decida com base "[...] na utilização de conjunto axiológico próprio para a análise dos fatos e provas constantes nas alegações das partes". Na arbitragem por equidade, a decisão surge de critérios subjetivos adotados pelo julgador.

Ainda assim, no julgamento arbitral por equidade, nas lições de Nelson Nery Jr. (2014), o árbitro não pode decidir em total confronto com as leis vigentes. À amplitude decisória do árbitro se impõem limites, pois não podem ser ignorados os preceitos preconizados na Constituição Federal. A Lei de Arbitragem Brasileira não ficou alheia a isso e estabeleceu limites consistentes na violação aos bons costumes e à ordem pública. Reitera Nery Jr. que o julgamento arbitral por equidade, "[...] ainda que seja dado *contra legem*, não pode ser proferido em confronto com dispositivos legais que encerram matérias de ordem pública".

É certo que há acirrados debates sobre o tema, em especial porque "ordem pública" encerra conceito indeterminado. Isso não obstante, é inaceitável que o árbitro permaneça alheio à ordem pública, pois, ao revés, deve estar atento às questões relacionadas à constitucionalidade do ato, principalmente os atos decisórios, haja vista que envolvem matérias afetas "[...] às garantias constitucionais, a forma federativa do Estado, o Estado Democrático de Direito, a sociedade pluralista [...]", quer dizer, pontos jurídicos cuja violação romperia com o modelo de organização de valores prescritos na Constituição Federal, remarca Nelson Nery Jr. (2014).[2] Mas não é permitida, nos contratos públicos, a arbitragem por equidade, somente de direito.

Princípio da publicidade

A publicidade dos atos administrativos sempre foi considerada princípio administrativo pela relevância de se dar irrestrito conhecimento à sociedade das ações praticadas pelos administradores, para que a comunidade saiba como são aplicados os recursos públicos, tornando legítima essa exigência constitucional. A transparência dos atos do Poder Público é primordial, sobretudo para aqueles com efeitos externos, ou seja, os que atingem a órbita do direito dos administrados.

A publicidade alcança todos os atos, inclusive aqueles em formação, excetuando-se os sigilosos, como preconizado no art. 5º, XXXIII, da Constituição Federal. Na advertência de Silva (2006), com apoio em Meirelles, a publicidade não é requisito de forma; ao contrário, sua função é a de conferir eficácia aos atos e a de instrumento de moralidade, por isso mesmo não se pode convalidar atos ilegais com a mera publicação e os regulares, por sua vez, não a dispensam se exigida tal condição em lei ou em regulamento para sua eficácia.

O dever de comunicação dos atos administrativos, previsto na CF/88, é direito dos cidadãos frente a qualquer órgão público, aí incluídas as informações de interesse coletivo e do próprio interessado, a serem prestadas no prazo assinalado em lei, sob pena de responsabilidade, previsto no sobredito artigo 5º. Com esse desiderato, a denominada Lei da Informação – Lei nº 12.527, de 18 de novembro de 2011 – tornou-se importante marco legal para assegurar a transparência na gestão pública. Excetuam-se as situações protegidas pelo sigilo, conforme previstas no art. 23 da Lei de Acesso à Informação. Corroboram os ensinamentos de Gustavo Justino (2019), que adverte ser regra geral, nas arbitragens público-privadas, somente as informações consideradas imprescindíveis à segurança da sociedade ou do Estado, hipótese de sigilo legal e informações pessoais relativas à intimidade, vida privada, honra e imagem são ressalvadas ao princípio da publicidade.

---

[2] Em importante julgado, o Superior Tribunal de Justiça reconheceu limites ao julgamento por equidade, ao admitir que jamais poderia haver a supressão de garantias constitucionais, mormente quando "[...] representar o direito de defesa do interditando. STJ, REsp. 623047/RJ (2004/0010077-2), 3ª T., j. 14.12.2004, v.u., rel. Min. Nancy Andrighi, *DJ* 07.03.2005".

Em arremate, quando for parte a Administração Pública, a Lei nº 13.129/2015, no art. 2º, complementado pelo parágrafo 3º, prevê a obediência à publicidade dos atos praticados. Por conseguinte, trata-se de obrigação cometida à Administração e por ela suportada, de acordo com previsão constitucional (QUINTÃO, 2018). Trilhou esse mesmo caminho a novel Lei de Licitações e Contratos Administrativos, ao impor a ampla publicidade.

Entendimento do Tribunal de Contas da União – TCU

O Tribunal de Contas da União tem evoluído muito lentamente em relação à adoção da arbitragem nos contratos administrativos, com entendimento contrário proferido no Acórdão nº 286/1993, em resposta à consulta encaminhada pelo Ministro de Estado de Minas e Energia à época, de que "(...) o juízo arbitral é inadmissível em contratos administrativos, por falta de expressa autorização legal e por contrariedade a princípios básicos de direito público (princípio da supremacia do interesse público sobre o privado, princípio da indisponibilidade do interesse público) (...)".[3]

Manteve-se refratário à arbitragem nos contratos administrativos, como no Acórdão nº 2.573/2012, quando vedou o uso da arbitragem para solução de conflitos em contrato de concessão, firmado por agência reguladora com especialização técnica e no Acórdão nº 2.145/2013, Plenário, rel. Min. Benjamin Zymler, que considerou incabível, como regra geral o compromisso arbitral nos contratos administrativos. Na mesma ocasião, ressalvou a aplicabilidade nos contratos celebrados por sociedades de economia mista exploradoras de atividade econômica, consoante o inciso II do art. 173 da CF, que as sujeita ao regime próprio das empresas privadas.

Não obstante o TCU ter avançado no entendimento pela possibilidade de uso da arbitragem nos contratos administrativos, a exemplo do Acórdão nº 157-3/12 Plenário, Relator Min. Aroldo Cedraz, é possível, ainda, apesar da legislação autorizadora, identificar manifestações que dão sinais de ressalvas ao uso da arbitragem. Nesse sentido, cite-se o Acórdão nº 4.036/2020, relatoria Min. Vital do Rêgo, em que houve a recomendação para a ANTT revisar o normativo que trata do uso do

---

[3] Entendimento reproduzido em outros acórdãos, com singelas modificações: Acórdãos nºs 906/2003, 584/2003, 1.271/2005, 1.099/2006, 2.094/2009 e 2.145/2013.

juízo arbitral para restringir o elenco de direitos patrimoniais disponíveis passíveis de decisão por arbitragem.[4]

Entendimento do Superior Tribunal de Justiça – STJ

No que tange à jurisprudência do STJ, de um modo geral, pode-se afirmar que consolidou a arbitragem no Brasil. No Recurso Especial nº 1.297.974, relatora Min. Nancy Andrighi, decisão da 3ª Turma pacificou que o Judiciário não pode intervir em discussões que já acontecem em juízo arbitral. Também no Recurso Especial nº 933.371, a 1ª Turma concluiu na mesma direção, pois contratos que prevêem arbitragem estão sujeitos à Lei nº 9.307/96, sendo possível sua aplicação retroativa.

No que diz respeito à Administração Pública, o entendimento é de que é válida a arbitragem nos contratos administrativos. No MS nº 11.308-DF,[5] à época, o Min. Luiz Fux consignou que "(...) destarte, é assente na doutrina e na jurisprudência que indisponível é o interesse público, e não o interesse da administração". Os entendimentos do STJ configuram um alinhamento com a decisão paradigma do Supremo Tribunal Federal, proferida no Caso Lage, que concluiu pela legalidade da arbitragem pela União.

Aditivo para incluir meios alternativos de resolução de conflitos no contrato

O art. 153 consigna que "os contratos podem ser aditados para permitir a adoção dos meios alternativos de resolução de controvérsias". Entende-se, assim, que, ainda que no momento da lavratura do contrato

---

[4] A Resolução nº 5.960 da ANTT foi editada em 3.2.2022 para atender à recomendação.

[5] STJ. Mandado de Segurança nº 11.308, Rel. Min. Luiz Fux, 2008. A mesma tese é sustentada por Eros Roberto Grau: "não há qualquer correlação entre disponibilidade ou indisponibilidade de direitos patrimoniais e disponibilidade ou indisponibilidade do interesse público. Dispor de direitos patrimoniais é transferi-los a terceiros. Disponíveis são os direitos patrimoniais que podem ser alienados. A Administração, para realização do interesse público, pratica atos, da mais variada ordem, dispondo de determinados direitos patrimoniais, ainda que não possa fazê-lo em relação a outros deles. Por exemplo, não pode dispor dos direitos patrimoniais que detém sobre os bens públicos de uso comum. Mas é certo que inúmeras vezes deve dispor de direitos patrimoniais, sem que com isso esteja a dispor do interesse público, porque a realização deste último é alcançada mediante a disposição daqueles. [...] Daí por que, sempre que puder contratar, o que importa disponibilidade de direitos patrimoniais, poderá a Administração, sem que isso importe disposição do interesse público, convencionar cláusula de arbitragem" (Arbitragem e Contrato Administrativo, *RTDP* 32/20).

não haja cláusula com essa previsão, a lei autoriza a celebração de termo aditivo para tal finalidade.

Também o dispositivo deixa em aberto qualquer método de resolução consensual de conflitos. No campo da arbitragem, vale ressaltar que o art. 4º da Lei nº 9.307/96 prevê que a "cláusula compromissória é a convenção através da qual as partes em um contrato comprometem-se a submeter à arbitragem os litígios que possam vir a surgir, relativamente a tal contrato". No parágrafo 1º, a lei dispõe que a cláusula deve ser escrita, inserida no instrumento contratual ou em documento apartado que a ele se refira. Desse modo, pode ser firmado o compromisso arbitral na hipótese de o contrato primitivo não contemplar a realização de arbitragem.

No que diz respeito à conciliação, à mediação, ao *dispute board* ou outro meio alternativo, o art. 153 autoriza a inclusão por aditamento. No caso dos comitês de resolução de disputas (*dispute board*), convém sublinhar que a ausência de regulamentação específica sempre remeterá ao contrato a forma de sua utilização. Relevante, ademais, registrar que os Enunciados 49, 76 e 80 do Conselho da Justiça Federal[6] tratam sobre o *dispute board*, aplicáveis aos contratos.

Processo de escolha dos árbitros e dos membros dos comitês de disputas. Observância à isonomia

Conforme o art. 154, é dever da Administração observar critérios isonômicos, técnicos e transparentes para a escolha dos árbitros, instituições arbitrais e dos comitês de resolução de disputas. O legislador definiu, nem poderia ser diferente, que o modo para a escolha deve ser, antes de tudo, impessoal. Por essa razão, devem ser justificadas as escolhas, de sorte a se evitar qualquer tipo de direcionamento.

---

6 Enunciado 49 - Os Comitês de Resolução de Disputas (*Dispute Boards*) são método de solução consensual de conflito, na forma prevista no §3º do art. 3º do Código de Processo Civil Brasileiro.
Enunciado 76 - As decisões proferidas por um Comitê de Resolução de Disputas (*Dispute Boards*), quando os contratantes tiverem acordado pela sua adoção obrigatória, vinculam as partes ao seu cumprimento até que o Poder Judiciário ou o juízo arbitral competente emitam nova decisão ou a confirmem, caso venham a ser provocados pela parte inconformada.
Enunciado 80 - A utilização dos Comitês de Resolução de Disputas (*Dispute Boards*), com a inserção da respectiva cláusula contratual, é recomendável para os contratos de construção ou de obras de infraestrutura, como mecanismo voltado para a prevenção de litígios e redução dos custos correlatos, permitindo a imediata resolução de conflitos surgidos no curso da execução dos contratos. Disponível em: https://www.cjf.jus.br/enunciados/enunciado/937.

Na seara da arbitragem, por exemplo, os entes públicos têm se utilizado da figura do credenciamento de câmaras, com abertura de editais para que os interessados possam participar. A escolha da instituição arbitral e do árbitro não exige disputa licitatória, pois, se assim o fosse, haveria escolha unilateral pela Administração Pública, o que não condiz com o procedimento de arbitragem, que exige o acordo entre as partes.

O credenciamento, na vigência da Lei nº 8.666/93, restou fundamentado no *caput* do art. 25, por contratação de todos os interessados que atendem às condições do edital, com critérios previamente fixados de preço e condições de execução. Importante pontuar que, na Lei nº 14.133/2021, o art. 74, inciso IV, preconiza a inexigibilidade de licitação para objetos que devam ou possam ser contratados por meio de credenciamento. Essa figura está entre o rol de procedimentos auxiliares do art. 78 e as hipóteses de sua utilização previstas no art. 79, com a determinação de se manter edital de chamamento de interessados (art. 79, parágrafo único) e de se estabelecer a forma objetiva de distribuição da demanda.

Sustenta, nesse entender, Justino (2019) que:

> Quanto à escolha da câmara, é conveniente que a Administração adote procedimento preliminar que assegure a economicidade das prestações, a adequação e qualificação dos serviços e dos regulamentos etc. Assim, previamente à celebração do contrato administrativo com o particular, a Administração deve realizar um procedimento administrativo visando selecionar, cadastrar ou credenciar instituições arbitrais.[7]

No tocante à justificativa da câmara ou do árbitro, ao fixar critério técnico, a lei prestigia a eficiência, pois a entidade deve gozar de ótima reputação no mercado e o profissional (árbitro) deve deter conhecimento acerca do assunto que será objeto de arbitragem, de maneira que sua atuação não trará prejuízos ao procedimento. Aplica-se à escolha dos árbitros também o que for utilizado para as câmaras.[8]

Outro aspecto que vale ser mencionado diz respeito ao que alguns autores defendem, dentre estes Gustavo Justino (2019), que,

---

[7] A Lei nº 13.448/2017 preconiza o credenciamento de câmaras arbitrais pelo Poder Executivo (art. 31, §5º). No Rio de Janeiro, o Decreto Estadual nº 46.245/2018 dispõe que o órgão arbitral institucional seja cadastrado perante repartições estaduais. E, ainda, o Decreto Federal nº 10.025/2019, no art. 10, traça o rito do credenciamento da câmara arbitral a ser realizado pela Advocacia-Geral da União.

[8] No Decreto Federal nº 10.25/2019, art. 12, requisitos mínimos para a escolha dos árbitros.

embora não haja proibição à arbitragem *ad hoc*, é mais indicada para a Administração Pública direta e indireta a arbitragem institucional, e pontua que:

> (...) do ponto de vista prático, é conveniente o fornecimento de infraestrutura específica para a realização de audiências, oitivas, reuniões, assim como para a preservação dos documentos a serem compulsados ao longo do processo. Ademais, a arbitragem institucional assegura que a administração da arbitragem seja feita de uma maneira mais organizada, previsível eficiente e segura. Tecnicamente, pois, a arbitragem institucional se alinha com o princípio constitucional da eficiência de modo mais adequado. Afinal, a relação processual fica presidida por uma instituição especializada, e não pela pessoa natural, que exerce, tipicamente, o papel de julgar, e não o de administrar.

Para a escolha dos membros que irão compor os comitês de disputa, entende-se que se aplicam a qualificação técnica e o reconhecimento profissional, uma vez que isto se faz imprescindível para acompanhar a execução do ajuste contratual e oferecer soluções aos problemas que possam surgir.

No que concerne à mediação, os arts. 4º a 8º da Lei nº 13.140/2015 estipulam as condições para a escolha dos mediadores, que deve ser feita pelas partes, além de aplicar as hipóteses de impedimento e suspeição do juiz. No caso dos mediadores extrajudiciais, como ocorre para as contendas nos contratos administrativos na esfera administrativa, o art. 9º estabelece que "poderá funcionar como mediador extrajudicial qualquer pessoa capaz que tenha a confiança das partes e seja capacitada para fazer mediação, independentemente de integrar qualquer tipo de conselho, entidade de classe ou associação, ou nele inscrever-se".

Também importa remarcar que a previsão contratual de mediação extrajudicial deve apresentar requisitos mínimos, conforme dispõe o art. 22 da Lei nº 13.140/2015, ou indicar regulamento, publicado por instituição idônea, prestadora de serviços de mediação, em que constem os critérios da escolha do mediador e de realização da primeira reunião de mediação, consoante parágrafo 1º do art. 22 do mesmo estatuto legal.

Na Lei nº 13.140/2015, o art. 33 trata da criação das câmaras de prevenção e resolução administrativa de conflitos, no âmbito dos respectivos órgãos da advocacia pública da União, dos Estados, Distrito Federal e Municípios com a finalidade de:

I - dirimir conflitos entre órgãos e entidades da administração pública;
II - avaliar a admissibilidade dos pedidos de resolução de conflitos, por meio de composição, no caso de controvérsia entre particular e pessoa jurídica de direito público;
III - promover, quando couber, a celebração de termo de ajustamento de conduta.

A atuação da Administração Pública deve se harmonizar com a legislação específica acerca dos métodos extrajudiciais de resolução de controvérsias.

Conclusão

Pelo exposto, observa-se a vontade do legislador em fomentar essa prática pela Administração Pública a quem incumbe prospectar formas alternativas que ampliem as possibilidades de se realizar a pacificação social, sem a necessidade da presença do Poder Judiciário, com o fim precípuo de solucionar as contendas no âmbito dos contratos administrativos.

Tem-se assim a Administração Pública com um papel inclusivo, que deve se direcionar para atender ao interese público e concretizar a pacificação social.

É preciso frisar que no campo dos contratos administrativos, vê-se que muitas ações judiciais manejadas pelos particulares poderiam ser solucionadas amigavelmente, uma vez que tratam de matérias exaustivamente discutidas na esfera administrativa, por meio de pareceres e orientações normativas. Por essa razão, a previsão desses instrumentos na nova lei de licitações e contratos administrativos – Lei nº 14.133/2021 – vem ao encontro dos anseios da sociedade e dos entes públicos, a fim de contribuir para uma solução mais célere e eficiente às demandas que lhe são propostas na execução dos contratos celebrados.

Referências

CABRAL, Thiago Dias Delfino. Os comitês de resolução de disputas (*dispute boards*) no sistema multiportas do Código de Processo Civil. *Revista de Arbitragem e Mediação – RArb*, São Paulo, ano 15, v. 59, out./dez. 2018.

CARMONA, Carlos Alberto. *A arbitragem e processo*: um comentário a Lei nº 9.037/96. São Paulo: Malheiros, 1998.

CENTENO, Murilo Francisco. *Câmaras de prevenção e solução consensual de conflitos das administrações públicas*. Rio de Janeiro: Lumen Juris, 2018.

CURY, César Felipe. Mediação. *In*: ZANETI JR., Hermes; CABRAL, Trícia Navarro Xavier. *Justiça multiportas* – Mediação, conciliação, arbitragem e outros meios adequados de solução de conflitos. Salvador: Juspodivm, 2018.

GARCIA, Flávio Amaral. *Dispute boards* e os contratos de concessão. *In*: CUÉLLAR, Leila et al. *Direito Administrativo e Alternative Dispute Resolution*. Belo Horizonte: Fórum, 2020.

GARCIA, Flávio Amaral. O *dispute board* e os contratos de concessão. n. 121. 2016. Disponível em: http://www.direitodoestado.com.br/colunistas/flavio-amaral-garcia/o-dispute-board-e-os-contratos-de-concessao. Acesso em: 19 jul. 2019.

LEMES, Selma. *A independência e imparcialidade do árbitro e o dever de revelação.* 2017. Disponível em: http://selmalemes.adv.br/artigos/artigo_juri15.pdf. Acesso em: 30 jul. 2019.

OLIVEIRA, Gustavo Justino. *Curso Prático de Arbitragem e Administração Pública*. São Paulo: Revista dos Tribunais, 2019.

MACHETE, Pedro. *Estado de direito democrático e administração paritária*. Coimbra: Almedina, 2007.

MANGANARO, Francesco. *Principio di legalità e semplificazione dell'attività amministrativa*: i profili critici e principi ricostruttivi. Napoli: Edizioni Scientifiche Italiane, 2000.

MARINONI, Luiz Guilherme; ARENHART, Sérgio Cruz; MITIDIERO, Daniel. *Novo curso de processo civil*: teoria geral do processo. 4. ed. São Paulo: Revista dos Tribunais, 2019. v. 1.

MENDES, Viviane Alfradique Martins de Figueiredo. Mecanismos de consenso no direito administrativo e sua contribuição para a desjudicialização da política pública. *Publicações da Escola da AGU*. Advocacia-Geral da União 25 anos: o Brasil com segurança jurídica, Brasília, ano 10, n. 3, jul./set. 2018.

MENDONÇA, Maria Lírida Calou de Araújo. *Entre o público e o privado [manuscrito]*: as organizações sociais no direito administrativo brasileiro e participação democrática na administração pública. Tese (Doutorado em Direito). Disponível em: https://repositorio.ufpe.br/handle/123456789/268/browse?value=L%C3%ADrida+Calou+de+Ara%C3%BA-jo+e+Mendon%C3%A7a%2C+Maria&type=author. Acesso em: 3 jun. 2019.

MOREIRA NETO, Diogo de Figueiredo. *Novas mutações juspolíticas* – Em memória de Eduardo García de Enterría. Jurista de dois mundos. Belo Horizonte: Fórum, 2016.

MOREIRA NETO, Diogo de Figueiredo. *Quatro paradigmas do direito administrativo pós-moderno*. Legitimidade – Finalidade – Eficiência – Resultados. Belo Horizonte: Fórum, 2008.

PEREIRA, Anna Carolina Migueis. *Dispute boards* e contratos administrativos: uma medida de eficiência. *Revista Eletrônica da Procuradoria Geral do Estado do Rio de Janeiro*, jan. 2019. Disponível em: http://www.revistaeletronica.pge.rj.gov.br/atualidades/2019/01/dispute-boards-e-contratos-administrativos-uma-medida-de-eficiencia. Acesso em: 01 jan. 2019.

POZZO, Augusto Neves Del; FECURI, Ana Cristina. Panorama acerca da nova Lei de Mediação e seus reflexos na Administração Pública. *In*: POZZO, Augusto Neves Del; FECURI, Ana Cristina. *O direito administrativo na atualidade* – Estudos em homenagem ao centenário de Hely Lopes Meirelles (1917-2017). São Paulo: Malheiros, 2017.

QUINTÃO, Luisa. Breves Notas sobre arbitragem e administração pública no Brasil. *Revista de Arbitragem e Mediação*, São Paulo, ano 15, v. 59, p. 121-146, out./dez. 2018.

SALES, Lilia Maia de Morais. *Mediare* – Um guia prático para mediadores. 3. ed. Rio de Janeiro: GZ, 2010.

SILVA, Luiz Alberto da. Dirigismo contratual. *Revista da Faculdade de Direito – UFMG*, n. 5, 1965. Disponível em: https://www.direito.ufmg.br/revista/index.php/revista/article/view/974. Acesso em: 15 jan. 2019.

WALD, Arnoldo. A arbitragem contratual e os *dispute boards*. *Revista de Arbitragem e mediação,* São Paulo, ano 2, v. 6, jul./set. 2005.

NERY JUNIOR, Nelson. Julgamento arbitral por equidade e prescrição. Doutrinas essenciais arbitragem e mediação. *Revista dos Tribunais online*, v. 1, p. 163-214, set. 2014.

Breves notas sobre a previsão dos métodos consensuais de resolução de conflitos na Lei nº 14.133/2021 (arts. 151 a 154).

Informação bibliográfica deste texto, conforme a NBR 6023:2018 da Associação Brasileira de Normas Técnicas (ABNT):

TEIXEIRA, Heloysa Simonetti. Breves notas sobre a previsão dos métodos consensuais de resolução de conflitos na Lei nº 14.133/2021 (arts. 151 a 154). *In*: PRUDENTE, Juliana Pereira Diniz; MEDEIROS, Fábio Andrade; COSTA, Ivanildo Silva da. *Nova Lei de Licitações sob a ótica da Advocacia Pública*: reflexões temáticas. Belo Horizonte: Fórum, 2022. p. 181-201. ISBN 978-65-5518-381-8.

A PROMOÇÃO DA DESAPROPRIAÇÃO PELO CONTRATADO PRIVADO NA NOVA LEI DE LICITAÇÕES – LEI Nº 14.133/2021

ANDRE LUIZ DOS SANTOS NAKAMURA

Introdução

A antiga lei de licitações (Lei Federal nº 8.666/1993) não tratava do assunto "desapropriação". Entretanto, a Nova Lei de Licitações (Lei nº 14.133/2021) trouxe inovações relevantes na disciplina normativa das desapropriações. Sem a pretensão de esgotar o assunto, trataremos a seguir das mudanças introduzidas no instituto da desapropriação pela Lei nº 14.133/2021.

1 Ampliação do rol de legitimados à promoção de desapropriações

O art. 3º do Decreto-Lei nº 3.365/1941 previa que poderia promover a desapropriação, além dos entes legitimados à declaração de utilidade pública (União, Estados, Distrito Federal e Municípios), os concessionários ou delegados de funções públicas. Como os concessionários e permissionários de serviço público atuam em substituição ao Estado na prestação do serviço público, é natural que algumas das prerrogativas do Poder Público sejam a estes transferidas, tal como o poder de promover a desapropriação dos bens relacionados à concessão ou permissão. Não havia a previsão legal de outorga do poder de executar desapropriações por meio de contratos administrativos fora do âmbito da concessão ou permissão de serviços públicos.

A Medida Provisória nº 700/2015 inseriu o inciso IV ao art. 3º do Decreto-lei nº 3.365/1941, o qual previu que a desapropriação poderia ser promovida pelo contratado pelo Poder Público para fins de execução de obras e serviços de engenharia sob os regimes de empreitada por preço global, empreitada integral e contratação integrada. Para tanto, o edital deveria prever expressamente o responsável por cada fase do procedimento expropriatório, o orçamento estimado para sua realização e a distribuição objetiva de riscos entre as partes, incluído o risco pela variação do custo das desapropriações em relação ao orçamento estimado. A Medida Provisória nº 700/2015 propunha uma relevante inovação na legitimidade para executar desapropriações, tendo em vista que a Lei nº 12.462/2011 (que introduziu o regime de contratação integrada no Brasil) não previa a possibilidade do contratado conduzir desapropriações. Entretanto, a Medida Provisória nº 700/2015 não foi convertida em lei.

A Lei nº 14.133/2021, retomando a proposta da Medida Provisória nº 700/2015, ampliou de forma relevante o rol dos legitimados à execução da desapropriação. Conforme previsão do art. 25, §5º, inciso II, o edital de licitação poderá prever a responsabilidade do contratado pela realização da desapropriação autorizada pelo Poder Público. Na execução indireta de obras e serviços de engenharia, conforme disciplina do art. 46 da Lei nº 14.133/2021, realizados nos regimes de contratação integrada e semi-integrada, o edital e o contrato, sempre que for o caso, deverão prever as providências necessárias para a efetivação de desapropriação autorizada pelo Poder Público, bem como: i) o responsável por cada fase do procedimento expropriatório; ii) a responsabilidade pelo pagamento das indenizações devidas; iii) a estimativa do valor a ser pago a título de indenização pelos bens expropriados, inclusive de custos correlatos; iv) a distribuição objetiva de riscos entre as partes, incluído o risco pela diferença entre o custo da desapropriação e a estimativa de valor e pelos eventuais danos e prejuízos ocasionados por atraso na disponibilização dos bens expropriados; v) em nome de quem deverá ser promovido o registro de imissão provisória na posse e o registro de propriedade dos bens a serem desapropriados.

A primeira questão que surge é se a possibilidade de o contratado promover desapropriações se restringe às obras e serviços de engenharia realizados nos regimes de contratação integrada e semi-integrada ou poderia ocorrer em qualquer contratação pública, na forma da Lei nº 14.133/2021. A previsão do art. 25, §5º, inciso II, da Lei nº 14.133/2021 aplica-se a todas as contratações públicas disciplinadas pela Nova Lei de Licitações. Entretanto, somente nos dispositivos que tratam da contratação integrada e semi-integrada é expressamente prevista a desapropriação autorizada pelo Poder Público ao contratado (§4º do art. 46).

A contratação integrada é o regime de contratação de obras e serviços de engenharia em que o contratado é responsável por elaborar e desenvolver os projetos básico e executivo, executar obras e serviços de engenharia, *fornecer bens* ou prestar serviços especiais e realizar montagem, teste, pré-operação e as demais operações necessárias e suficientes para a *entrega final do objeto*. Por outro lado, a contratação semi-integrada é regime de contratação de obras e serviços de engenharia em que o contratado é responsável por elaborar e desenvolver o projeto executivo, executar obras e serviços de engenharia, *fornecer bens* ou prestar serviços especiais e realizar montagem, teste, pré-operação e as demais operações necessárias e suficientes para a *entrega final do objeto. O bem a ser fornecido pelo contratado ao Poder Público contratante pode abranger a área a ser desapropriada onde será realizada a obra que será a este entregue ao final.* Assim, a princípio, a primeira impressão que se tem é que a desapropriação realizada pelo contratado teria mais pertinência nas contratações integrada e semi-integrada.

Entretanto, em razão da previsão genérica do art. 25, §5º, inciso II, não haveria qualquer óbice ao Poder Público de autorizar o contratado a promover a desapropriação, mesmo fora do regime das contratações integrada e semi-integrada.

Evidentemente, não será cabível atribuir ao particular a atribuição de executar desapropriações em todas as contratações públicas, mas somente naquelas em que o contrato tenha por objeto a realização de obras que resultem na necessidade de aquisição de propriedade(s) pelo Poder Público. A contratação de obra por empreitada integral é a contratação de empreendimento em sua integralidade, compreendida a totalidade das etapas de obras, serviços e instalações necessárias, sob inteira responsabilidade do contratado até sua entrega ao contratante em condições de entrada em operação, com características adequadas às finalidades para as quais foi contratado e atendidos os requisitos técnicos e legais para sua utilização com segurança estrutural e operacional. *É perfeitamente possível que a contratação de obra por empreitada integral abranja a promoção da desapropriação para a aquisição da área onde será erigido o empreendimento.* Também seria possível a promoção da desapropriação nas contratações de obras e serviços de engenharia sob o regime de empreitada por preço global, tal como foi previsto anteriormente na Medida Provisória nº 700/2015.

2 Procedimento da desapropriação no âmbito da Lei nº 14.133/2021

Primeiramente, deve-se atentar que o contratado privado não tem o poder de declarar de utilidade pública ou de interesse social, ou seja, o poder expropriatório. Este somente o Estado possui. Conforme lição de Cretella Júnior, "só o Estado declara, mas outras entidades, autorizadas pelo Estado, podem promover a desapropriação".[1] Assim, deve-se definir e distinguir o poder expropriatório (poder de declarar de utilidade pública ou de interesse social) da competência para promover a desapropriação.

O poder de desapropriar é o poder de declarar de utilidade pública ou de interesse social. A declaração de utilidade pública ou de interesse social incumbe aos Chefes dos Poderes Executivos de cada um dos entes federativos e se instrumentaliza por meio de decreto do Prefeito, Governador do Estado ou Distrito Federal e Presidente da República. Sem a declaração prévia de utilidade pública, não se pode promover a desapropriação. *Promover a desapropriação nada mais é do que ajuizar a ação de desapropriação, a desapropriação arbitral ou formalizar o acordo da desapropriação amigável.* Conforme lição da doutrina,

> Pelo ato de declaração, o Poder Público avisa aos interessados que determinado bem é de utilidade pública, ou anda, de interesse social, para fins de desapropriação. Para que se concretize, é preciso promovê-la. O decreto declaratório de utilidade pública, que muitos erroneamente, denominam decreto de desapropriação, é ato-condição da expropriação; todavia, por si só, não importa, como dissemos, em desapropriação. ...

---

[1] CRETELLA JÚNIOR, José. *Tratado geral da desapropriação.* v. 1. Rio de Janeiro: Forense, 1980, p. 99.

Promover a desapropriação é leva avante a desapropriação. Significa concretizá-la.[2]

A Lei nº 14.133/2021, ao permitir que o contratado promova a desapropriação, está permitindo que o Estado possa, após declarar determinado bem de utilidade pública ou de interesse social, indicar quem será o responsável pela realização do procedimento expropriatório, quem realizará o pagamento da indenização, bem como quem irá receber a propriedade e a posse do bem expropriado. Assim, o poder de expropriar sempre é do Estado, tendo em vista que "a desapropriação traduz um juízo político fundamental, cujo exercício é reservado aos representantes do povo".[3]

A declaração de utilidade pública será editada pelo Poder Público contratante. O contratado promoverá a desapropriação em nome próprio, com fundamento na declaração de utilidade pública expedida pelo poder público contratante. O bem expropriado poderá ser registrado em nome do contratado ou do poder público, conforme previsão do inciso V do §4º do art. 46 da Lei nº 14.133/2021. Entretanto, a princípio, *em razão do disposto no inciso XXIV do art. 5º da Constituição Federal, não parecer possível que o bem desapropriado fique permanentemente registrado em nome do particular contratado.*

Os pressupostos para a desapropriação, conforme dispõe o art. 5º, XXIV, da Constituição Federal, são três: (i) *necessidade pública*: surge quando a Administração defronta-se com situações de emergência, que, para serem resolvidas satisfatoriamente, exigem a transferência urgente de bens de terceiros para o seu domínio e uso imediato; (ii) *utilidade pública*: apresenta-se quando a transferência de bens de terceiros para a Administração é conveniente, embora não seja imprescindível ou urgente; (iii) *interesse social*: ocorre quando as circunstâncias impõem a distribuição ou o condicionamento da propriedade para seu melhor aproveitamento, utilização ou produtividade em benefício da coletividade ou de categorias sociais merecedoras de amparo específico do Poder Público.[4]

Do exposto, *a única interpretação conforme a Constituição Federal do inciso V do §4º do art. 46 da Lei nº 14.133/2021 aponta no sentido de que o bem*

---

[2] SALLES, José Carlos de Moraes. *A desapropriação à luz da doutrina e da jurisprudência*. 4. ed. São Paulo: Revista dos Tribunais, p. 159.
[3] JUSTEN FILHO, Marçal. *Curso de direito administrativo*. 8. ed. Belo Horizonte: Fórum, 2012, p. 605.
[4] Cf. MEIRELLES, Hely Lopes. *Direito administrativo brasileiro*. 35. ed. São Paulo: Malheiros, 2009, p. 608-616.

desapropriado pode ser registrado em nome do contratado, mas somente até o término da obra e entrega desta ao poder público contratante, juntamente com a propriedade do bem expropriado. Entender que o inciso V do §4º do art. 46 da Lei nº 14.133/2021 permitiria a desapropriação de bens objetivando sua transferência definitiva para a propriedade do contratado privado, para interesse deste, ou como contrapartida do contrato administrativo, ofenderia a garantia constitucional da propriedade privada (art. 5º, XXII, da CF), que somente admite a perda compulsória da propriedade para o ente público em razão de necessidade pública, interesse público ou interesse social. Somente nas desapropriações por interesse social o bem desapropriado não permanece na propriedade do Estado expropriante, mas será transferido aos beneficiários do programa social; assim, mesmo na desapropriação por interesse social, não se vislumbra qualquer possibilidade de o bem expropriado permanecer na propriedade do contratado.

Corrobora tal entendimento o disposto nos §§4º e 5º do art. 5º do Decreto-Lei nº 3.365/1941 (com a redação dada pela Lei nº 14.273/2021), os quais permitem apenas para fins de execução de planos de urbanização, de renovação urbana ou de parcelamento ou reparcelamento do solo, desde que seja assegurada a destinação prevista no referido plano, que os bens desapropriados para fins de utilidade pública e os direitos decorrentes da respectiva imissão na posse poderão ser alienados a terceiros, locados, cedidos, arrendados, outorgados em regimes de concessão de direito real de uso, de concessão comum ou de parceria público-privada e ainda transferidos como integralização de fundos de investimento ou sociedades de propósito específico. Ou seja, somente em situações excepcionais, como nos casos planos de urbanização, de renovação urbana ou de parcelamento ou reparcelamento do solo, permite-se que os bens desapropriados sejam alienados para particulares.

Ainda sobre o destino do bem desapropriado, os casos de necessidade e utilidade pública são previstos no art. 5º do Decreto-Lei nº 3.365/1941. O entendimento da jurisprudência é que o rol deste dispositivo é taxativo. A perda da propriedade por desapropriação é uma restrição a um direito fundamental. Os casos de restrições a direitos devem ser interpretados restritivamente. Desapropriar para entregar o bem desapropriado para uso do contratado pelo poder público, fora das hipóteses em que o bem será utilizado pela Administração Pública para um dos casos de utilidade pública previstos no art. 5º do Decreto-Lei nº 3.365/1941 é um ato nulo, conforme entendimento do Superior Tribunal de Justiça:

As hipóteses previstas pelo art. 5º, do Dec-lei 3.365/41, para a desapropriação por utilidade pública, conforme a dicção da letra "q" ("os demais casos previstos por leis especiais"), são taxativas. (). Dessa forma, deve a desapropriação por utilidade pública se enquadrar em alguma das hipóteses do art. 5º do Decreto-lei nº 3.365/41 ou em alguma lei especial, sob pena de nulidade da desapropriação.[5]

No mesmo sentido, o Supremo Tribunal Federal já considerou inconstitucional a desapropriação para que o bem desapropriado fosse utilizado por ente privado:

> Desapropriação – Lei que autoriza desapropriação do imóvel para ser doado a entidade de direito privado, declarada de utilidade pública. Inconstitucionalidade. Cabe ao Poder Judiciário decidir se a desapropriação corresponde a finalidade constitucionalmente prevista de destinar-se o bem expropriado a fins de necessidade ou utilidade pública. A expropriação de imóvel a favor de pessoa jurídica de direito privado somente se legitima se tratar de concessionário de serviços públicos ou de delegado de função pública, ou afetado, o bem expropriado, ao serviço público.[6]

A indenização poderá ser paga tanto pelo ente público contratante como pelo particular contratado. Deve-se ter muita cautela em se atribuir ao contratado o poder de desapropriar e atribuir-se ao Poder Público o dever de pagar a indenização. Se o contratado for o responsável pelo pagamento da indenização, irá zelar pelo pagamento do preço justo. Diferentemente, se o processo de desapropriação for conduzido pelo contratado, com o preço a ser pago pelo poder público, existe o risco de má condução do processo e de prejuízos aos cofres públicos. O contratado privado que conduz o processo de desapropriação cuja indenização será paga pelo poder público poderá não ter interesse em lutar, perante o Judiciário, pelo pagamento do justo valor da indenização. Ademais, tal situação pode abrir oportunidades para fraudes, ensejando acordos entre peritos judiciais, expropriados e contratados privados para sobrevalorizarem os imóveis em prejuízo aos cofres públicos.

---

[5] STJ - REsp 1046178/GO, Rel. Min. MAURO CAMPBELL MARQUES, SEGUNDA TURMA, julg. 16.12.2010.
[6] STF - RE 78229, Rel.: RODRIGUES ALCKMIN, Tribunal Pleno, julgado em 12.06.1974.

3 Necessidade de demonstração da vantajosidade da escolha pela promoção da desapropriação pelo contratado

Deve-se ressaltar novamente que a desapropriação é uma exceção à intangibilidade da propriedade privada, um direito fundamental (art. 5º, XXIII, da CF) que somente pode ser efetivada pelo Estado e pelos particulares, dentro dos limites trazidos pela Constituição Federal. Não seria possível a privatização ampla e geral, por meio da contratação pública, da função de desapropriar, sob pena de grave inconstitucionalidade. Assim, não poderá a licitação ter por objeto unicamente a tarefa de desapropriar, pois esta é uma função essencialmente realizada pelo poder público, não havendo a necessidade de contratar um particular como mero intermediário do procedimento expropriatório.

A desapropriação promovida pelo particular contratado, prevista na Lei nº 14.133/2021, não deve ser o fim único da contratação pública. A desapropriação promovida pelo particular deve ser apenas o meio para executar um contrato que deverá ter por objeto principal a construção de obra pública ou a instalação de um serviço de utilidade pública. Ademais, somente nas contratações em que se apresente como a melhor opção para atender ao interesse público permitir que o contratado promova a desapropriação, mediante demonstração objetiva da vantajosidade de tal autorização, é legítimo o uso da autorização dada pelo art. 25, §5º, inciso II, da Lei nº 14.133/2021.

Deverá o poder público contratante justificar a razão pela qual não realizou a desapropriação prévia da área onde será executada a obra pública ou instalado o serviço público. Somente se mostra legítima a promoção da desapropriação pelo particular contratado, como parte do objeto do contrato administrativo, se demonstrada a vantajosidade de tal escolha. Não é uma escolha discricionária desapropriar previamente à contratação pública ou delegar tal função ao contratado. Devem ser apresentadas justificativas técnicas, fundadas em razões objetivas, que demonstrem a vantajosidade e economicidade da escolha pela promoção da desapropriação pelo particular contratado.

Não se pode permitir que a atribuição ao contratado da execução da desapropriação seja utilizada como um expediente destinado a burlar o regime dos precatórios previsto no art. 100 da Constituição Federal. Conforme entendimento vigente no Supremo Tribunal Federal, a indenização da desapropriação deve ser paga por meio de precatório na forma do art. 100 da Constituição Federal, somente admitindo o pagamento fora do regime dos precatórios do valor destinado à imissão provisória:

> EMENTA: AGRAVO REGIMENTAL NO RECURSO EXTRAORDINÁRIO. DESAPROPRIAÇÃO. IMISSÃO NA POSSE. DEPÓSITO PRÉVIO. VALOR INSUFICIENTE. DIFERENÇA. PRECATÓRIO. Verificada a insuficiência do depósito prévio na desapropriação por utilidade pública, a diferença do valor depositado para imissão na posse deve ser feito por meio de precatório, na forma do artigo 100 da CB/88. Agravo regimental a que se nega provimento.[7]

Anoto, entretanto, que existe a possibilidade de mudança nesse entendimento, tendo em vista o Recurso Extraordinário nº 922144, objeto de repercussão geral ainda não julgada, que tem por objeto avaliar a compatibilidade do regime de precatórios com a garantia da prévia indenização na desapropriação:

> Ementa: DIREITO CONSTITUCIONAL E DIREITO ADMINISTRATIVO. DESAPROPRIAÇÃO. GARANTIA DE JUSTA E PRÉVIA INDENIZAÇÃO EM DINHEIRO. COMPATIBILIDADE COM O REGIME DE PRECATÓRIOS. PRESENÇA DE REPERCUSSÃO GERAL. 1. Constitui questão constitucional saber se e como a justa e prévia indenização em dinheiro assegurada pelo art. 5º, XXIV, da CRFB/1988 se compatibiliza com o regime de precatórios instituído no art. 100 da Carta. 2. Repercussão geral reconhecida.[8]

Salvo mudança de entendimento decorrente do julgamento do Recurso Extraordinário 922144, a regra do precatório deve ser observada no processo de desapropriação. A indenização na desapropriação promovida pelo contratado privado não se submeteria ao regime dos precatórios. Entretanto, não se pode interpretar a possibilidade do contratado privado promover desapropriações como uma forma de contornar a sistemática dos precatórios estabelecida no art. 100 da Constituição Federal. Assim, *não é permitido ao poder público atribuir a função de promover o processo judicial de desapropriação ao contratado, bem como imputar a este a responsabilidade pelo pagamento da indenização na*

---

[7] STF - RE 598678 AgR, Relator(a): EROS GRAU, Segunda Turma, julgado em 01.12.2009, *DJe*-237 DIVULG 17.12.2009 PUBLIC 18.12.2009 EMENT VOL-02387-10 PP-01931 LEXSTF v. 32, n. 373, 2010, p. 261-264.
[8] RE 922144 RG, Relator(a): ROBERTO BARROSO, Tribunal Pleno, julgado em 29.10.2015, PROCESSO ELETRÔNICO *DJe*-229 DIVULG 13.11.2015 PUBLIC 16.11.2015.

desapropriação, com a única finalidade de não se submeter à regra do pagamento por precatório para beneficiar o desapropriado.

Em regra, seria mais econômico que o ente público primeiramente desapropriasse e somente depois realizasse a licitação para a contratação do ente privado destinada à construção da obra pública ou instalação do serviço de utilidade pública. O contratado privado, para conduzir a desapropriação, teria que contratar advogados para conduzir o processo judicial ou arbitral, bem como engenheiros, agrônomos e arquitetos para atuarem como assistentes técnicos na elaboração de laudos de avaliação. Tais contratações implicariam custos ao contratado que seriam acrescidos ao preço final e pagos pelo ente público contratante.

Se o ente público contratante possuir, dentro de sua estrutura burocrática, advogados públicos e corpo técnico especializado (engenheiros, arquitetos e agrônomos), regularmente pagos pelo orçamento destinado às despesas de pessoal, a instauração e condução do processo de desapropriação, bem como a elaboração de laudos de avaliação, não ocasionariam custos extras ao erário público. Não parece ser uma escolha inteligente ou lógica a transferência à iniciativa privada de uma atividade que a Administração Pública já possui uma estrutura pronta para executá-la. Não há razão para pagar os custos da desapropriação promovida pelo contratado privado se o Estado possuir estrutura para realizá-la sem custos adicionais. *Assim, salvo se apresentadas razões que justifiquem a vantajosidade e economicidade da escolha de atribuir ao contratado a função de desapropriar, não é justificável que o ente público arque com os custos do contratado decorrentes da promoção das desapropriações, se puder executá-las com o seu corpo burocrático já existente.*

Apesar da possibilidade de se atribuir ao contratado o risco das desapropriações, deve-se sempre atentar que todo risco é precificado no contrato. Não se pode partir do pressuposto que seria sempre vantajoso ao poder público que as desapropriações fossem promovidas pelos contratados privados. Deve ser realizado um estudo prévio para que se possa decidir quem deverá ser o promotor da desapropriação na contratação pública mediante licitação. *A função de desapropriar deve ser atribuída a quem tiver melhores condições, com menores custos, de realizá-la.*

A parte que irá executar a desapropriação deve ter interesse em litigar para reduzir o custo das indenizações nas desapropriações. Um mecanismo que pode se mostrar eficiente para os casos em que a desapropriação seja promovida pelo contratado seria a inserção dos mecanismos do contrato de eficiência, previsto no inciso LIII do art. 6º da Lei nº 14.133/2021, mediante a fixação de um preço fixo máximo a ser pago pelo poder público e, caso o contratado consiga adquirir a propriedade por desapropriação por menor preço, sua remuneração poderá ser acrescida de percentual que incidirá de forma proporcional à economia efetivamente obtida na obtenção da propriedade por desapropriação, com fundamento no art. 39 da Lei nº 14.133/2021.

4 Possíveis vantagens na promoção da desapropriação pelo contratado privado

Há possíveis vantagens na atribuição da promoção das desapropriações e do pagamento das indenizações pelo contratado privado, o qual, ao menos em tese, poderia ter a oportunidade de adquirir os bens expropriados a um custo menor e de forma mais célere que o Estado, por não possuir as limitações negociais deste. A desapropriação feita pelo Estado tem uma disciplina rígida que limita negociações entre expropriante e expropriado em razão da indisponibilidade do interesse público por parte da Administração Pública.[9] Esta não pode pagar um valor superior ao encontrado no laudo de avaliação; nem mesmo o argumento de que a diferença paga a maior seria compensada na rapidez da obtenção da imissão provisória na posse e consequente término da obra pública seria aceito pelos órgãos de controle. Também é incomum a Administração Pública negociar com o expropriado para que este receba um valor menor que o de mercado, com base, por exemplo, na rapidez do pagamento se comparado ao tempo médio de negociações no mercado, a denominada liquidação forçada.[10]

Diferentemente do Estado, o contratado privado poderia negociar diretamente com os proprietários os valores das indenizações, ora pagando um pouco acima do valor do laudo avaliatório para um proprietário mais relutante em desocupar seu bem, ora negociando com outro em condições mais vantajosas, para um rápido pagamento e, no final, conseguir reduzir os custos globais das aquisições imobiliárias e concluir a obra pública em menor tempo.

Ademais, o particular sempre desconfia da oferta do Poder Público, o qual é visto como aquele que oferece valores irrisórios nas

---

[9] "Sendo os interesses qualificados como próprios da coletividade, não se encontram à livre disposição de quem quer que seja, por inapropriáveis; o órgão administrativo não tem disponibilidade sobre eles, tendo somente que curá-los" (MELLO, Celso Antônio Bandeira de. *Curso de Direito Administrativo*. 22. ed. São Paulo: Malheiros, 2007, p. 70).

[10] Liquidação forçada é o "valor de um bem, na hipótese de uma venda compulsória ou em espaço de tempo menor do que o normalmente observado no mercado". ASSOCIAÇÃO BRASILEIRA DE NORMAS TÉCNICAS. PROJETO CE-002:134.002: avaliação de bens parte 1: procedimentos gerais. Rio de Janeiro, 2017.

desapropriações, bem como não paga em dia os precatórios. Em razão desta fundada desconfiança em relação ao Poder Público, as negociações diretas com os particulares nem sempre se concretizam. Os advogados dos expropriados, em sua grande maioria, contestam o valor oferecido, arrastando o processo de desapropriação por anos, com a premissa de que, contra o Poder Público, é melhor postular um valor maior, tendo em vista a demora no recebimento. Se o expropriante for um privado contratado, talvez ocorra um ambiente em que as negociações possam fluir até a uma solução consensual.

5 A ideologia do Estado mínimo e a falácia da ineficácia da atuação dos agentes públicos: os verdadeiros entraves ao rápido andamento das desapropriações que não serão solucionados pela promoção da desapropriação pelo contratado privado

A Lei nº 14.133/2021, ao prever a possibilidade de se atribuir ao contratado privado promover as ações de desapropriação, prestigia a ideologia do Estado mínimo. Uma das falsas premissas que fundamentam o ideal de Estado mínimo é o de que toda a atuação dos agentes públicos é ineficiente e que a iniciativa privada teria condições de substituir, de forma mais célere e eficiente, os servidores públicos.

Não se deve pressupor que os atrasos em obras públicas decorrem de uma suposta ineficiência da advocacia pública em conduzir os processos de desapropriação, razão pela qual seria mais eficiente a promoção da desapropriação pela iniciativa privada. Os processos de desapropriação são lentos, mas não em razão da ineficiência da Advocacia Pública. A desapropriação é um processo que pode ser demorado em razão da carência ou insuficiência de instrução documental antes da propositura da ação, bem como da morosidade do perito judicial e do próprio Poder Judiciário.

A imissão provisória na posse na desapropriação enfrenta vários desafios. Há peritos judiciais que não cumprem os prazos judiciais e legais para apresentarem os laudos prévios de avaliação. Se o valor ofertado pelo expropriante não coincidir com o valor encontrado no laudo prévio de avaliação, inicia-se um contraditório sobre a prova pericial que pode ocasionar grande morosidade no processo de desapropriação. Mesmo o deferimento da imissão provisória na posse é passível de recurso, que, se deferida liminar, pode também ocasionar mais demora na obtenção da posse das áreas e início das obras públicas.

As soluções para agilizar o processo de desapropriação são várias e devem ser concomitantemente adotadas e valem tanto na desapropriação conduzida pelo ente público como pelo contratado privado.

A primeira solução para agilizar os processos de desapropriação é a elaboração cuidadosa dos laudos de avaliação dos imóveis, evitando-se a elaboração de laudos gerais. Estes, comumente elaborados em projetos de infraestrutura de grande extensão, avaliam os imóveis de acordo com a área onde estão localizados, sem uma análise individualizada dos imóveis. O erro de tal método de avaliação é que ele não considera fatores de valorização e desvalorização existentes em cada imóvel. No processo judicial, o laudo prévio de avaliação não encontrará o mesmo valor visto no laudo geral de avaliação, ocasionando controvérsia judicial e a demora na liberação da área expropriada. Assim, devem ser elaborados laudos individualizados de cada imóvel desapropriado.

Devem ser realizadas reservas orçamentárias em valores superiores aos que foram encontrados em avaliações realizadas pelo expropriante. Caso o valor do laudo prévio seja maior que o ofertado, poderá o expropriante depositar um valor maior, com a finalidade de obter a imissão provisória na posse e liberar a área expropriada para a obra pública. Eventual discussão sobre o acerto ou desacerto do laudo irá continuar no processo judicial, mas com a área desapropriada já liberada para o início das obras.

Devem ser utilizados os meios extrajudiciais de solução de conflitos na desapropriação, introduzidos pela Lei Federal nº 13.867/2019.[11] Poderá ser feita a opção pela mediação ou pela via arbitral, quando então será indicado um dos órgãos ou instituições especializados em mediação ou arbitragem previamente cadastrados pelo órgão responsável pela desapropriação. A mediação seguirá as normas da Lei nº 13.140, de 26 de junho de 2015, e, subsidiariamente, os regulamentos do órgão ou instituição responsável. Deve a Administração Pública dar preferência à mediação e arbitragem na desapropriação. Também, deve haver a necessária regulamentação, no âmbito de cada ente federativo, da forma como devem ser conduzidas a mediação e arbitragem na desapropriação.

---

[11] Sobre a utilização da mediação e arbitragem na desapropriação, vide: NAKAMURA, Andre Luiz dos Santos. *Desapropriação*: comentários do Decreto-lei nº 3.365/1941. Belo Horizonte: Fórum, 2021.

A mediação e arbitragem na desapropriação ainda tem sido muito pouco utilizada.

Anoto, também, que há fatores insuperáveis que causam a demora no procedimento expropriatório, tais como falta de comprovação da propriedade do imóvel, eventual inconsistência do cadastro dos imóveis, grande quantidade de herdeiros dos titulares do bem expropriado, fragmentação das áreas interferentes, direitos de terceiros como posseiros, invasores, locatários e outros que podem tumultuar o processo de desapropriação.

Por fim, anoto que não se pode considerar uma escolha discricionária transferir, mediante contrato, a função de realizar desapropriações. A função de desapropriar é tipicamente estatal e deve ser conduzida pela Advocacia Pública. Segundo determina o art. 132 da Constituição Federal, os Procuradores dos Estados e do Distrito Federal, organizados em carreira, na qual o ingresso dependerá de concurso público de provas e títulos, com a participação da Ordem dos Advogados do Brasil em todas as suas fases, exercerão a representação judicial e a consultoria jurídica das respectivas unidades federadas. Se uma desapropriação vai ser custeada pelo Poder Público, é um assunto de interesse do Estado e a defesa deste interesse somente pode ser feita pela Procuradoria do Estado e não por escritórios de advocacia contratados pelo vencedor da licitação para a realização de obra pública. Não é possível, mediante a via contratual, privatizar as atividades de representação judicial e a consultoria jurídica das respectivas unidades federadas.

Conclusões

Ante todo o exposto, conclui-se que a promoção da desapropriação pelo contratado, prevista na Lei nº 14.133/2021, é aplicável a todos os contratos administrativos, não se limitando aos regimes de contratação integrada e semi-integrada.

A desapropriação é um ato tipicamente estatal e deve, em regra, ser realizada pelo Estado. Não existe discricionariedade da Administração Pública em transferir a promoção dos processos de desapropriação para os contratados privados. Deve ser comprovada a vantajosidade concreta da escolha de atribuir ao contratado privado a promoção dos processos de desapropriação.

A ideia de Estado mínimo não pode ser marcada pelo preconceito de que toda a atuação dos agentes públicos é ineficiente. A demora na obtenção da imissão provisória na posse nas ações de desapropriação não decorre da atuação ineficiente da Advocacia Pública. Somente a adequada instrução dos procedimentos de desapropriação, uma atuação mais célere de peritos judicias e do Poder Judiciário, bem como o maior uso dos meios alternativos de resolução de conflitos pode acelerar a obtenção das imissões provisórias na posse. A mera atribuição da promoção da desapropriação para a iniciativa privada em nada irá acelerar os procedimentos expropriatórios.

Não se pode privatizar a atividade expropriatória mediante contratação pública, sob pena de ofensa ao disposto no art. 132 da Constituição Federal.

Referências

ASSOCIAÇÃO BRASILEIRA DE NORMAS TÉCNICAS. PROJETO CE-002:134.002: avaliação de bens parte 1: procedimentos gerais. Rio de Janeiro, 2017.

CARVALHO FILHO, José dos Santos. *Manual de direito administrativo*. 22. ed. Rio de Janeiro: Lumen Juris, 2009

CRETELLA JÚNIOR, José. *Tratado geral da desapropriação*. v. 1. Rio de Janeiro: Forense, 1980.

JUSTEN FILHO, Marçal. *Curso de direito administrativo*. 8. ed. Belo Horizonte: Fórum, 2012.

MEIRELLES, Hely Lopes. *Direito administrativo brasileiro*. 35. ed. São Paulo: Malheiros, 2009.

MELLO, Celso Antônio Bandeira de. *Curso de Direito Administrativo*. 22. ed. São Paulo: Malheiros, 2007.

NAKAMURA, Andre Luiz dos Santos. *Desapropriação:* comentários do Decreto-lei nº 3.365/1941. Belo Horizonte: Fórum, 2021.

SALLES, José Carlos de Moraes. *A desapropriação à luz da doutrina e da Jurisprudência*. 4. ed. São Paulo: Revista dos Tribunais.

SUPERIOR TRIBUNAL DE JUSTIÇA – REsp 1046178/GO, Rel. Min. MAURO CAMPBELL MARQUES, SEGUNDA TURMA, julg. 16.12.2010.

SUPREMO TRIBUNAL FEDERAL. RE 78229, Rel.: RODRIGUES ALCKMIN, Tribunal Pleno, julgado em 12.06.1974.

SUPREMO TRIBUNAL FEDERAL. RE 598678 AgR Relator(a): EROS GRAU, Segunda Turma, julgado em 01.12.2009, *DJe*-237 DIVULG 17.12.2009 PUBLIC 18-12-2009 EMENT VOL-02387-10 PP-01931 LEXSTF v. 32, n. 373, 2010, p. 261-264

SUPREMO TRIBUNAL FEDERAL. RE 922144 RG, Relator(a): ROBERTO BARROSO, Tribunal Pleno, julgado em 29.10.2015, PROCESSO ELETRÔNICO DJe-229 DIVULG 13.11.2015 PUBLIC 16.11.2015

VELOSO, Mário Roberto N. *Desapropriação*: aspectos civis. São Paulo: Juarez de Oliveira, 2000.

Informação bibliográfica deste texto, conforme a NBR 6023:2018 da Associação Brasileira de Normas Técnicas (ABNT):

NAKAMURA, Andre Luiz dos Santos. A promoção da desapropriação pelo contratado privado na Nova Lei de Licitações – Lei nº 14.133/2021. *In*: PRUDENTE, Juliana Pereira Diniz; MEDEIROS, Fábio Andrade; COSTA, Ivanildo Silva da. *Nova Lei de Licitações sob a ótica da Advocacia Pública*: reflexões temáticas. Belo Horizonte: Fórum, 2022. p. 203-218. ISBN 978-65-5518-381-8.

SOBRE OS AUTORES

Anderson Sant'Ana Pedra
Procurador do Estado do Espírito Santo. Advogado e Consultor (Anderson Pedra Advogados). Pós-doutor em Direito (Universidade de Coimbra). Doutor em Direito do Estado (PUC-SP). Professor de Direito Constitucional e Administrativo da FDV/ES. Autor de obras jurídicas e palestrante (http://andersonpedra.adv. br; @andersonspedra).

André Lopes Carvalho
Procurador do Estado de Mato Grosso do Sul. Atualmente lotado na Coordenadoria Jurídica da Superintendência de Gestão de Compras e Materiais (CJUR/SUCOMP). Bacharel em Direito pela Universidade Federal de Minas Gerais (UFMG).

Andre Luiz dos Santos Nakamura
Procurador do Estado de São Paulo. Doutor em Direito Político e Econômico pela Universidade Presbiteriana Mackenzie. Mestre em Direito do Estado pela Pontifícia Universidade Católica de São Paulo.

Hamilton Bonatto
Procurador do Estado do Paraná, onde é Coordenador da Procuradoria Consultiva, foi responsável pela Coordenação Geral dos Grupos Especiais de Trabalho e Coordenador do GET-1 para a elaboração da minuta do regulamento da Lei nº 14.133/2021 do Paraná. É mestre em Planejamento e Governança Pública, graduado em Engenharia Civil e em Matemática Plena. Especialista em Construção de Obras Públicas, em Direito Constitucional, em Advocacia Pública e em Ética e Educação.

Heloysa Simonetti Teixeira
Procuradora do Estado do Amazonas. Diretora da Escola de Advocacia Pública da PGE/AM. Doutora em Direito Constitucional pela UNIFOR. Professora de Direito Administrativo e de Resolução Consensual de Conflitos da Faculdade CIESA.

Horácio Augusto Mendes de Sousa
Procurador do Estado do Espírito Santo. Membro do grupo de trabalho do Estado do Espírito Santo para a implementação do novo marco jurídico de parcerias do Estado com as *startups*. Membro do grupo de trabalho do Estado

do Espírito Santo para a implementação do novo marco jurídico das licitações e contratações públicas no Estado.

Iuri Carlyle do Amaral Madruga
Subprocurador-Geral do Estado para Assuntos Administrativos do Estado do Espírito Santo.

Jasson Hibner Amaral
Procurador-Geral do Estado do Espírito Santo.

Kunibert Kolb Neto
Especialista em Direito Público pela Universidade Católica Dom Bosco. Procurador do Estado do Paraná. Ex-Procurador do Estado de Sergipe, do Estado de Pernambuco e da Fazenda Nacional.

Pericles Ferreira de Almeida
Mestre em Direito Administrativo pela PUC-SP. Procurador do Estado do Espírito Santo.

Rafael Koehler Sanson
Procurador do Estado de Mato Grosso do Sul. Procurador-Chefe da Coordenadoria da PGE. Bacharel em Direito pela Universidade Estadual de Ponta Grossa (UEPG). Pós-graduado em Direito *lato sensu* pela Escola da Magistratura do Paraná, pós-graduado em Direito Público pela rede LFG de ensino. Pós-graduado em Direito Administrativo pela PUC-SP (em parceria com a ESA de Mato Grosso do Sul).

Vanessa de Mesquita e Sá
Procuradora do Estado de Mato Grosso do Sul. Chefe da Coordenadoria Jurídica de Compras e Contratos. Pós-graduação em Advocacia Pública pela Escola da Advocacia-Geral da União (2021). Pós-graduação em Regime Próprio de Previdência Social pela Faculdade Damásio (2017). Pós-graduação em Direito Tributário pelo Instituto Brasileiro de Estudos Tributários (2014). Pós-graduação em Direito Administrativo pela Pontifícia Universidade Católica de São Paulo, em parceria com a ESA de Mato Grosso do Sul (2013). Pós-graduação em Direito Constitucional pela Anhanguera-Uniderp (2013). Graduação em Direito pela Universidade Católica Dom Bosco (UCDB) (2003).